阅读成就思想……

Read to Achieve

Blockchain and the Supply Chain

Concepts,
Strategies and
Practical Applications

区块链供应链

构建智慧物流新范式

[美] 尼克·维亚斯（Nick Vyas）
[荷] 阿尔乔斯佳·贝耶（Aljosja Beije） ◎著　晏明峰 ◎译
[美] 巴斯卡尔·克里希纳马查里（Bhaskar Krishnamachari）

中国人民大学出版社
·北京·

图书在版编目（CIP）数据

区块链供应链：构建智慧物流新范式 /（美）尼克·维亚斯，（荷）阿尔乔斯佳·贝耶，（美）巴斯卡尔·克里希纳马查里著；晏明峰译. -- 北京：中国人民大学出版社，2022.1
ISBN 978-7-300-30073-3

Ⅰ. ①区… Ⅱ. ①尼… ②阿… ③巴… ④晏… Ⅲ. ①区块链技术②供应链管理 Ⅳ. ①F713.361.3②F252.1

中国版本图书馆CIP数据核字(2021)第257465号

区块链供应链：构建智慧物流新范式
[美] 尼克·维亚斯（Nick Vyas）
[荷] 阿尔乔斯佳·贝耶（Aljosja Beije） 著
[美] 巴斯卡尔·克里希纳马查里（Bhaskar Krishnamachari）
晏明峰　译
Qukuailian Gongyinglian: Goujian Zhihui Wuliu Xinfanshi

出版发行	中国人民大学出版社			
社　　址	北京中关村大街31号		邮政编码	100080
电　　话	010-62511242（总编室）		010-62511770（质管部）	
	010-82501766（邮购部）		010-62514148（门市部）	
	010-62515195（发行公司）		010-62515275（盗版举报）	
网　　址	http://www.crup.com.cn			
经　　销	新华书店			
印　　刷	天津中印联印务有限公司			
规　　格	170mm×230mm　16开本		版　次	2022年1月第1版
印　　张	16.5　插页1		印　次	2022年1月第1次印刷
字　　数	248 000		定　价	69.00元

版权所有　　侵权必究　　印装差错　　负责调换

推荐序

最初,区块链几乎与宇宙一样神秘。幸运的是,有几位了不起的供应链爱好者自告奋勇地去探索它,他们写的书既帮助我们了解了区块链,又为我们提供了一个判断使用区块链是否有意义的过程。

我与这几位作者有几十年的交情。这些来自沃顿商学院的专家喜欢追根究底,当我得知他们决定研究这个课题时,我一点也不意外。多年来,沃顿商学院在供应链思想、研究和实践知识方面贡献颇多。作为美国供应链管理专业协会(Council of Supply Chain Management Professionals,CSCMP)的总裁兼首席执行官,我见证了几位作者如何运用他们广泛的经验塑造着这门学科。他们的努力让我们(即美国供应链管理专业协会)和整个供应链管理领域,得以持续创新、发展并紧跟时代步伐,在很多方面,这正是我们行业的核心任务所在。

供应链管理很像开关和电灯。我们扳动开关,灯就亮了,但我们并不会打电话给电力公司并致谢。我们不会花时间去思考电灯是如何亮的,除非我们扳动开关时灯没有亮。供应链的工作人员什么时候会接到电话呢?当出现问题的时候。

但这种情况正在发生变化,而且在诸多方面都发生了变化,这主要是因为技术创新(如区块链)使供应链从业者的声音在其组织和行业中更受重视了。我们见证了这一领域如何从最初被视为"成本"发展为现代全球商业中的强大武器。1980年,美国的物流成本占国内生产总值的16%;今天,这项成本占7.7%(约为1.5万亿美元)。技术进步提高了生产力、生产效率,从而让我们能够将人员重新部署到更具附加值的职位上。

我知道我对我们的学科及其影响有一定的偏向性,但我坚信供应链管理可以改善企业的财务状况,促进经济的发展。我们的地位和声誉在不断提高,技术创新是一个重要原因。数十年来,我们受益于技术进步,并在此基础上改进了业务流程。这些流程之所以成功,是因为富有创新精神的领导者勇于承担风险,勇于试验和使用技术来开发新的和更好的工作方式。如果新技术没有改变我们做生意的方式，那就意味着我们要去寻找更先进的技术。现代供应链领导者完全有能力证明（或反驳）这项新技术实际上值得应用。

区块链就需要这样的证明，这正是这本书要做的。

诚如作者所述，尽管区块链受到了领导者的高度关注，但目前他们对其知之甚少，也很少参与相关活动。虽然对这项技术存在不少质疑，但如果它最终成为供应链领导者赖以塑造更优流程的基础，这种情况就将得到改变。目前各路先驱和技术的早期采用者正在铺平道路。作者采访了很多来自不同行业，并且对区块链有不同理解的人，旨在寻求一些基本信息：现状如何？要如何发展？最佳路径是什么？可以理解的是，这些从业者中有一些人仍然持怀疑态度，而另外一些人一旦了解更多，他们的观点就将发生重大转变。一些人相信区块链可以带来变革，并"为我们的经济和社会体系奠定新的基础"，正如哈佛大学教授马可·伊西蒂（Marco Iansiti）和卡里姆·拉卡尼（Karim Lakhani）在《哈佛商业评论》（*Harvard Business Review*）中提到的。所有人都同意唯有时间才能证明一切，我们还有很多东西需要学习、体验和证明。

新技术的应用需要时间，而它们通常会产生比以往更好的流程。这些流程被部署并投入使用，也就不足为奇了。而我们更想知道的是我们过去是如何完成这些事情的。泰森食品（Tyson Foods）公司业务解决方案架构师保罗·洛锡安（Paul Lothian）在接受本书作者采访时这样说道："我相信区块链很重要，但普通人不需要知道它正在影响他们，直到被它影响。"

本书适用于领导者，尤其是那些希望走在知识曲线前面的供应链管理领域的领导者。他们想了解区块链有望为供应链带来哪些机遇，如果这些机遇有意义，他们就会用它们来跟上（或超越）他们的竞争对手。他们不希望被这项技术搞得手足无措，更不希望掉队。

如果时光倒流，你就会发现，现代供应链固有的很多技术都经历了相同的探索过程。我记得射频识别（radio frequency identification，RFID）技术早期的情形，那时有怀疑者，有早期采用者，也有认定它将产生重大积极影响的人。当时看似不可能的事情现在都已成为我们全球供应链实践中非常实用的一部分。我们对区块链的认识其实正处于类似的阶段。

关键是作者的研究证明了供应链管理正处在基础性变革的早期阶段。本书对区块链如何应用以及如何适用于供应链管理进行了阐释。"透明"供应链的概念（即所有关键参与者都可以同时获得信息，且无法更改这些信息）是非常合乎逻辑的。关于实施它的难点以及我们可以做些什么，作者都给出了他们自己的见解。

他们还提供了一张真正的行动路线图。确定路线图通常是任何旅行中最困难的一步。他们带我们了解定义，讨论用例和试点项目。最重要的是，他们还解释了应如何评估试点项目，并为如何应对可能出现的大量有价值的观点提出了见解。

没有人能解答所有问题。在本书中，作者的研究以及他们探索和预测未来各种可能性的热情是以一种易于理解的方式呈现出来的。最成功的供应链领导者天生就对新技术充满好奇，他们会吸收这些内容并做出自己的判断，而随着区块链技术的发展，他们必定会做好更充分的准备。

我有幸在食品行业工作了25年，更有幸领导了供应链以及那些通过使用新技术取得巨大进步的组织。我清晰地记得那些勇于研究和提出复杂概念的领导者，大多数概念都已成为现实，使我们受益。这就是本书的作者和这本关于区块链的书所要讲述的。我热爱这门学科，并对它满怀激情。这本书很重要，我认为你不仅会喜欢它，而且通过阅读它，你将更从容地面对未来的旅程。

瑞克·布拉斯根（Rick Blasgen）
美国供应链管理专业协会总裁兼首席执行官

前言

本书缘起

信息技术的发展正在迅速改变供应链管理规则。得益于万维网,我们现在可以获得海量数据和超强算力,这为人工智能、物联网和区块链的应用发展夯实了基础,并使我们能够实现自动化,而不是数字化供应链操作。在这些技术中,区块链是最新的技术之一,但其在概念和实践方面可能是最难理解的。尽管有大量关于区块链的学术、行业和普及读物,但它们要么技术性太强,要么缺乏必要的深度,不适合供应链管理从业人员和研究人员使用。

这本书揭开了区块链供应链这一课题的神秘面纱,与读者分享了有关区块链技术的洞察和观点,并阐述了如何将其作为有效的供应链利器整合到商业计划中。

关于本书

本书旨在帮助读者清晰了解区块链在供应链中的应用,以了解它所提供的优势。在这个过程中,我们特意将区块链与其在加密货币中的应用进行了分解,主要是因为这种关联掩盖了该技术给供应链带来的真正优势。

我们将在接下来的章节中分别探讨和强调区块链在供应链不同环节(包括设计、采购、制造、合同、财务、整合、仓储和物流,也包括最后一英里的交付和逆向物流)中的使用优势。区块链技术还将整合物联网、机器学习和人工智能的角色,成为供应链的一个整体集成技术平台。

本书将解决以下有关区块链的主要问题。
- 未来,我们如何应用区块链来真正提升供应链的能力?
- 我们能否消除目前存在的一些争议和冲突?

- 我们如何通过分布式账本来提高交易的透明度？那将是什么样的？
- 区块链应该是公有的还是私有的？
- 区块链在哪些场景下可以成为高效的工具，在哪些场景下将不是最高效的工具？
- 这种正在进化的技术对供应链的伦理影响是什么？

我们对所有这些问题以及所有可能性的理解都将在接下来的章节中呈现。我们还加入了相关用例，以了解我们应如何整合物联网等新兴技术，并在未来提供一个真正的供应链平台。我们希望揭开区块链供应链的神秘面纱。

本书结构

本书的第 1 章和第 2 章回顾了供应链管理的发展史。我们从历史的角度出发，审视了当今供应链面临的诸多挑战，并对后续章节中使用的一些概念和供应链运作参考（supply-chain operations reference，SCOR）模型进行了介绍。

第 3 章和第 4 章分别介绍了区块链、人工智能和物联网，以及阅读本书所需的技术背景知识，并以直观的方式讲解了哈希算法（hashing algorithm）、非对称加密（asymmetric cryptography）等复杂概念。

第 5 章和第 6 章旨在为整合供应链管理章节和技术章节提供衔接，着重探讨了供应链区块链中哪些问题是实际的解决方案，以及区块链技术将对供应链有何影响。

第 7 章和第 8 章介绍了实际的区块链用例，深入探讨了区块链和其他技术带来的机遇和挑战。

第 9 章探讨了创新的商业案例。

如何使用本书

由于本书每一章的内容均具有独立性，因此你可以根据自己的需要选择阅读，但我们仍建议你牢记本书的结构。作为对本书的补充，我们还创建了在线资源（包括幻灯片、讨论问题、案例研究和研究思路），以进一步强化你的学习。你可以在 www.koganpage.com/bsc 下载这些资源。

Blockchain
and
the Supply Chain | 目录

第 1 章　供应链进化史 / 1

求知无厌的力量 / 2

信息与创新：推动进化的双引擎 / 3

人和货物的移动：更快、更高、更远 / 7

日本的重建与全面质量管理的馈赠 / 11

认知计算：超越人类能力 / 12

颠覆性力量 / 16

区块链将如何改变供应链 / 20

第 2 章　2018 年的供应链：昂贵、脆弱且日益复杂 / 23

什么是供应链管理 / 26

高风险 / 26

关于区块链的争论 / 30

区块链的局限性 / 33

区块链在供应链中的应用：提高效率和有效性 / 35

SCOR 流程与区块链 / 40

第 3 章　区块链的基础知识 / 45

数字化交易：双花问题 / 46

比特币协议 / 47

智能合约 / 54

超越比特币 – 区块链 / 56

许可链 / 57

超级账本 / 58

第 4 章　物联网、数据分析和其他信息技术 / 61

物联网 / 62

云计算 / 69

大数据：计算与存储 / 72

数据分析与机器学习 / 74

安全、隐私和信任 / 79

物联网和其他供应链技术与区块链的整合 / 80

第 5 章　区块链战略 / 83

为什么是区块链而不是其他技术 / 85

混合世界 / 94

从概念上看供应链管理和区块链技术 / 96

第 6 章　区块链将影响哪些供应链管理流程和指标 / 99

供应链管理目标与 SCOR 模型 / 101

计划流程 / 102

采购流程 / 106

制造流程 / 110

交付流程 / 111

退货流程 / 116

赋能流程 / 118

附录 / 126

第 7 章　区块链项目实践 / 177

参与方介绍 / 179

背景介绍 / 180

试点项目的目标 / 183

联盟创建与协调 / 184

Deliver 试点项目的生态系统 / 186

架构 / 188

互操作性和互联互通 / 188

试点项目的治理 / 191

Deliver 试点项目与 SCOR 流程 / 195

第 8 章　区块链在供应链中的用例 / 205

集装箱运输：IBM 与马士基公司 / 206

棕榈油供应链 / 215

利用区块链跟踪茶叶供应链 / 221

汽车工业的区块链 / 221

各种场景中的区块链与其他技术：值得考虑的问题和挑战 / 233

第 9 章　经济影响和未来前景 / 237

区块链经济 / 238

全球化的逆流 / 240

在线市场 / 242

超大城市和千禧一代消费者 / 242

产业日益复杂化 / 244

区块链标准化与 ROI^2 / 245

用区块链重新想象未来 / 248

反思 / 249

Blockchain and
the Supply Chain

第 1 章
供应链进化史

全球供应链是一种世界性的技术现象，唯有认真审视其演变才可能真正了解它。回望历史，我们可以看到，技术并不只是从物理地创建工具或组件开始的；相反，它是人类自然本能催生的产物和延伸。人类本能和技术进化是相互依赖的，因为它们在一个无休止的反馈循环中相互塑造。如果我们仔细观察全球供应链，就会发现三个独特的演变维度，即贸易、技术和微观－宏观模式。虽然人工智能和物联网等趋势性技术大有主导当今话题之势，但上述三个独特维度是基础，它们在全球供应链的未来发展中必将发挥独特的作用。

本书将探讨全球供应链与区块链技术的关系。区块链是一种开放的分布式账本，可以有效且以可验证的方式记录点对点交易。这种技术能够从根本上颠覆每个行业。它必定会改变供应链，而且供应链整合的可能性也将呈指数级增长。本书将介绍这些技术演变和发展趋势的历史背景，并研究各种用例。书中还有一些对技术演变的伦理、潜在的滥用、能源使用和自然资源的限制等问题的反思。

求知无厌的力量

自从迎来文明的曙光，人类就一直对周遭的一切充满好奇。在自然进化的过程中，早期人类已被赋予了强大的探索本能。简单地收集满足人类最自然本能的信息已经让我们收获颇丰。如今，信息已成为任何个人、企业和国家都可以拥有的最有意义的资产之一。

供应链的核心思想

供应链的最初形式可以说与人类这个物种迁出非洲大陆有关。我们可以从人类获得生存和发展所需的基本供给看出人类觅食、寻求栖身之所和为种族延续而奋斗的唯一目的。

我们可以从最早的迁徙方式看出某种趋势，并推断出这种探索的根本原因。气候变化、未来的不确定性、与信息交流相伴相生的强烈求知欲，以及互信和协作的重要性，都是我们今天看到的核心供应链理念不可或缺的属性。这种探索和定居可以与供需的基本概念联系起来看。尽管这些属性在当时无法量化，但通过感官和本能的识别足以满足人类的需求，并确保种族的存续。

同样重要的是，气候变化发挥了关键作用。最后一次冰河时期始于大约110 000年前，一直持续到大约11 700年前。人们认为，大约在那个时候，人类的数量减少到几百万，幸存下来的人类都是因为迁徙到了适合居住的地方。

很有可能正是在这种情况下，遗传漂变（genetic drift）和奠基者效应（founder effects）才得以最大化。如今，飞越几块大陆仅需要几个小时的时间，而我们往往会低估当时人类迁徙有多么繁难。人类的需求比周围的动物更复杂，所以说涉险探索未知领域是一项令人生畏的壮举一点都不为过。迁徙中的人类并不知道在森林和山脉之外还有什么。他们与一群同样无知（或不知情）的人一起迁徙，不停地考验自我的认知疆界，不停地拓展真实与想象的空间。

信息与创新：推动进化的双引擎

在当今时代，我们应用了卓越运营，并优化了成本、差错和对客户至关重要的因素，却往往忽视了人类长期以来通过创新来应对挑战所形成的思维结构。例如，用动物的皮毛缝制衣服、建造存储肉食和谷物的场所等都表明，人类通过纯粹的即兴创造和创新来克服重重困难并非从现在才开始。

现在，我们会对供应链中的仓储和报废成本进行精细的监控。很多人都认为理念的进步是理所当然的。这是因为大脑发育了,以通过执行其最重要的职能——"弄清楚"来帮助人类生存下来。我们看到了与可见的身体特征有关的适应力,却不时忽略我们作为一个种群是如何通过智力发展来达到高度安全的状态的。

最早的供应链网络

大约在公元前 8000 年,新石器革命开启了农耕的生活方式。农业催生了有组织的定居形式、劳动力、贸易以及政治和等级意识的发展。最古老形式的供应链此时也已存在。

公元前 5500 年,已知最早的文明出现在美索不达米亚的苏美尔。由运河、灌溉和集中劳作组成的网络出现了,造就了供应链网络的最初形态之一。

由于缺少大部分关于人类进化的历史记录,我们无法了解人类到达早期历史里程碑时的感受。记录历史和保存一些书面记录的需要是很久以后才出现的——大约在公元前 6 世纪——当时世界某些地区的人类发展了一种"信息"意识,这对人类的生存至关重要。

信息共享(当今供应链的重要组成部分之一)最早出现于公元前 3400 年—公元前 3200 年,虽然它在美索不达米亚、埃及、中国和中美洲出现的时间不同,但传达的却是相同的理念。通过书面文本传递信息是信息交流和知识共享的开始。

埃及:供应链创新的摇篮

约公元前 2560 年,吉萨金字塔经过 20 多年的修建终于落成,这是在有记载的历史上最具标志性的时刻之一。交通、运输和建造等先进概念令人叹为观止。想象一下,埃及人如何将巨石从某处运至另一处,如何将石方精确地切割成合适的形状,并将石方一层一层地码放平整,从而建造出我们今日所见的奇迹?更令人惊讶的是他们所使用的材料,这些材料在沙漠干燥的气候条件下历经数千年却能保存完好。

埃及文明诞生了许多我们今天习以为常的概念（如太阳历）。那时的知识水平和信息交流可能比今天人们所意识到的更复杂。

格物致知

教育是精简人们的思想，并以某种方式记录思想的关键之一，它使人们可以继续深入研究，而无需重复发明轮子 100 次。公元前 385 年，教育被赋予了一种结构化的形式。苏格拉底的弟子、希腊哲学家柏拉图在希腊雅典的阿卡德米创立了一所哲学院校——柏拉图学院（the Academy）。

柏拉图学院因培养了很多杰出的校友而闻名于世。很多杰出的思想家都是柏拉图的学生，其中包括著名的希腊哲学家亚里士多德。后来，亚里士多德辅佐了亚历山大大帝，并在有史以来最伟大的军事帝国之一——马其顿王国中发挥了关键作用。

所有这些都促成了学习机构的成立。在这些机构中，教育以结构化和定义明确的形式进行。哲学这一学科的诞生为人们应对实存困境指明了道路，并带来了一种异于过往却被广受认可的思维过程。

伟大的帝国如何推进供应链的发展

尽管"城市中心"的概念直到公元前 8 世纪罗马城建立才得以发展，但很多防御工事发挥着区域市场的作用。公元前 8 世纪，希腊在色雷斯设立了第一个殖民地。

阿契美尼德王朝的最后一位国王大流士三世（公元前 336—前 330 年）在伊苏斯之战（公元前 333 年）中被亚历山大大帝彻底击败。亚历山大大帝的马其顿军团所向披靡，主要得益于它拥有远胜于当时其他军团的后勤物流体系。他收集有关行军路线、该地区的气候、沿途可用的物资储备和资源等情报，并选择沿河路线行军以便随时补充粮草和水，如今这些已尽人皆知。我们还阅读了关于亚历山大大帝以"简易冰箱"来存储葡萄酒和其他食物的记载，这些"简易冰箱"只不过是在地下挖的用来存放冰块的大坑。这些理念不但引入了新的做事方式，而且启发了学者对其进行深入思考，因此他们会赞颂亚历山大的"伟大"，并让"伟大"实至名归。

公元前49年，尤利乌斯·恺撒（Julius Caesar）和庞培（Pompey）的大规模冲突导致了罗马内战。人们将这些事件以戏剧、诗歌和文学的形式记录下来。我们注意到一件非常有意思的事情是，当时的人们以各种艺术形式记录事件，以便这些信息能够吸引后代，这表明人们已经认识到，让信息持续流动的最佳方式就是让它们尽可能地引起人们的注意。

当我们回顾这样的变迁、领土一块又一块地被征服，以及随之而来的人口重新安置时，总是免不了透过荣耀的棱镜，并从谁赢谁输、谁得谁失的角度出发。而如果我们进一步了解就会发现，尽管周围有大量资源丰富的土地，但所有这些战争都是为了争夺特定的土地和特定的商业贸易中心城市。百姓、国王和学者都明白征服商贸重镇有多么重要。他们研究了建筑发达和文化繁荣的城市，那里居住着具备多种技能的人，这些技能将使文明得以繁荣。当然，军事力量事关存亡，而社会的进步和繁荣依赖于工匠、商人以及商品和服务的提供者。

所有这些与文明进步有关的事件都表明，吸引征服者和入侵者的繁荣的城市中心的兴起可以归因于早期的供应链概念，它以尽可能最好的方式迎合了商业和资源的利用。

在世界的另一个地方，公元前268年，阿育王被加冕为古印度孔雀王朝的皇帝。由于记录保存方式更先进，有关这一时期的历史记录比之前的记录保存得更完好。从贸易和商业到教育、建筑和艺术，这个时期都取得了长足的进步。阿育王在全国各地组织了大规模的挖掘水井和植树活动。他修建了公共园林、医院和女子学习机构。

几十年后，中国开启了一个具有里程碑意义的建筑项目。公元前221年，为了防止游牧部落的入侵，中国人开始沿着历史悠久的北部边界修建长城。劳动力以及材料的采购和运输等都涉及远超那个时代的供应链规划和实施方法。

公元前 127 年，丝绸之路开始通商，这对整个贸易、运输、供应链、物流和商业的发展具有里程碑意义。从此，商品交换、易货系统、价格系统、货币、计算剩余和稀缺价格等都是以一种非常结构化的方式出现的。

人和货物的移动：更快、更高、更远

运输方式

1. 陆路运输

历史上最重要的发明是轮子（公元前 3500 年），它彻底改变了长途货物交换的陆路运输方式。最初，轮子是用来制作轮制陶器的，后来才被用于手推车。从卡车的轮子到飞机滑行依赖的轮子，我们很容易看出作为人类进化的一个方面，轮子如何为供应链的快速发展创造了一个平台。

公元 181—234 年间，诸葛亮发明了独轮手推车，用于伤兵运送和补给。这一事件是小规模运输和转移货物和补给的一个里程碑。

1662 年，数学家和物理学家布莱士·帕斯卡（Blaise Pascal）设计了第一辆在常规路线上行驶的马拉公共汽车，陆上交通取得了重大进展。1672 年，传教士南怀仁（Ferdinand Verbiest）制造了第一辆蒸汽动力汽车。当时，人们正在测试蒸汽是否可以作为一种可靠的动力源，很多发明家都在试图开发出可以由蒸汽驱动的机器和系统的原型。我们认为，蒸汽机是彻底改变运动和运输最重要的发明之一。它改变了跨国和洲际运输。1781 年，苏格兰工程师詹姆斯·瓦特（James Watt）为蒸汽机申请了专利，这种蒸汽机可以持续产生旋转动力。

汽车工业之所以有今天的局面，是因为它经历了创新。1883 年，卡尔·本兹（Karl Benz）发明了第一辆由内燃机驱动的汽车，它被称为奔驰专利汽车。

1908 年，亨利·福特（Henry Ford）开发了汽车流水线装配方法，并同时推出了福特 T 型车。这在定义生产和贸易方式方面留下了重要的一笔，并且塑造了当今供应链的概念（如图 1-1 所示）。

图 1-1　1908 年，亨利·福特开发了汽车流水线装配方法

图片来源：Hulton Archive，Getty Images.

2. 水路运输

水路运输是当今最主要的货物运输方式之一，按重量计算，它承载了全球 95% 的运输吨位。公元前 3500 年左右，生活在埃及文明下的人们在尼罗河上以河船作为运输工具。1350 年，伊本·沙蒂尔（Ibn al-Shatir）发明了罗盘刻度盘，这对海上和陆上运输都具有里程碑意义。现在，无论是船只还是商队，都可以沿着预先确定的路线，并根据合适的航行计划抵达目的地，而无需由星相指引。

海上运输在创新方面取得了良好进展，葡萄牙、西班牙、荷兰和英国一直在寻找增强其船队实力的途径。1819 年，"SS 萨凡纳号"成为第一艘部分使用蒸汽动力横渡大西洋的船只。它从美国佐治亚洲的萨凡纳出发，最终抵达了英国的利物浦。

人类并不满足于只在水面航行，还想潜到水下。1620 年，科尼利斯·范·德雷布尔（Cornelius Van Drebbel）发明了第一艘可投入使用的潜艇，它可以在水下

12～15英尺[①]处航行几个小时（如图1-2所示）。

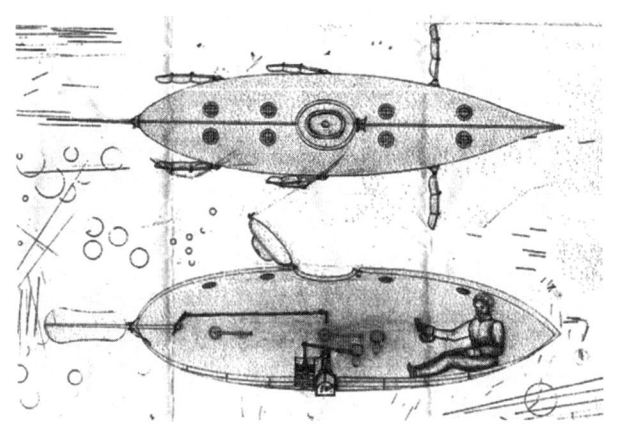

图1-2　1620年，科尼厄斯·范·德雷布尔发明了第一艘可投入使用的潜艇

3. 空中运输

纵观历史，人类对以更好、更快的方式来运送人员和货物的想象从未停止过。除了陆路和水路，他们还想在空中飞行。1783年，孟戈菲（Montgolfier）兄弟成功放飞了第一个热气球，人类第一次首尝胜果。这是一件了不起的事，孟戈菲兄弟因他们的创造而广受赞誉，人们用多种艺术形式对此进行了记录。他们的才华、时尚和风格在他们所设计的热气球上都得到了充分的体现。

1903年，奥维尔·莱特（Orville Wright）和威尔伯·莱特（Wilbur Wright）试飞了第一架动力飞机，使通过飞机运输货物成为可能。航空运输是当今供应链的重要组成部分，飞机能够将贵重物品运输到世界各地。联邦快递（FedEX）、UPS、DHL和很多其他公司都会使用由20~75架飞机组成的机队来运送货物。

集装箱化

供应链发展的一个重要里程碑是"集装箱化"理念的提出（如图1-3所示）。这是一种采用多式联运集装箱（也称海运集装箱或ISO集装箱）的货运系统。所

---

① 1英尺=0.3048米。——译者注

有集装箱都有标准尺寸，最常见的尺寸有 40 英尺、20 英尺和 45 英尺。1955 年，一位名叫马尔科姆·麦克莱恩（Malcolm McLean）的卡车货运公司前老板与一位名叫基思·坦特林格（Keith Tantlinger）的工程师合作开发出了现代多式联运集装箱。他们面临的挑战是设计一种可以有效地装运上船，并在长距离海上航行中安全且稳固存放的集装箱。

图 1-3　供应链发展的一个重要里程碑是集装箱化理念的提出

现代移民潮

在大规模移民时代，供应链受到了很大的影响。几次主要的移民潮塑造了如今的世界。大西洋移民潮（从欧洲到北美）发生在 19 世纪 40 年代。从 1801 年至 1914 年，大约有 500 万移民从欧洲移民至俄罗斯在亚洲的部分（西伯利亚），而在第一次和第二次世界大战之间，大约有 600 万人完成了同样的移民。

奴隶贸易和大规模驱逐造成的被迫移民一直是历史上颇具争议的敏感话题。尽管这些事件对历史和国际关系产生了重大影响，但它们很少被提及和记录。从 16 世纪到 19 世纪，在非洲闯荡的欧洲奴隶贩子发起了最大规模的奴隶迁移。虽然统计数字颇具争议，但在此期间，还是有近 2000 万奴隶通过船只被运往美洲。

在横渡大西洋的航程中，无数人葬身大海。

影响最大的大规模驱逐是德国纳粹实施的。在第二次世界大战期间（1939—1945 年），有 700 万 ~ 800 万人被驱逐。

自第二次世界大战以来，影响最大的移民潮是发展中国家的群体向工业化国家的迁移。从 20 世纪 60 年代到 80 年代，约有 1300 万移民成为西欧的永久居民。而同一时期，有超过 1000 万人被允许合法进入美国。

南亚也发生过一次大规模驱逐。资料显示，20 世纪 40 年代末英属印度分治期间，有近 1400 万人迁移至印度和巴基斯坦。20 世纪下半叶，大多数移民都是逃离战火的难民。20 世纪 80 年代，有 300 万 ~ 400 万人逃离了阿富汗。

除此之外，我们看到 20 世纪世界各国国内移民的主要趋势是从农村地区迁移至城市地区。因此，自第二次世界大战以来，世界大部分地区，尤其是发展中国家，城市的发展自然非常迅速。

日本的重建与全面质量管理的馈赠

日本从 20 世纪 50 年代到 80 年代的快速增长归功于日本的工业界采用了戴明（Deming）的质量管理原则，这些原则使生产力和产品质量达到了前所未有的水平。

日本实业家对戴明的理论表现得很狂热，这使日本在 20 世纪 80 年代成了超级工业强国，并开始超越美国和欧洲的工业化水平。即便如此，戴明和他的理论也仍未在他出生的国家得到认可。

1980 年，美国国家广播公司（National Broadcasting Company，NBC）电视台播放了纪录片《如果日本可以，我们为什么不能》(*If Japan Can, Why Can't We*)，介绍日本工业如何以及为何能够击败美国。这部纪录片不仅让戴明的理论在美国家喻户晓，而且帮助美国启动了一场质量管理运动。

1982年，戴明在其《质量、生产力与竞争格局》（*Quality, Productivity, and Competitive Position*）一书中阐述了他著名的基于14项管理原则的质量管理理论。

1984年，美国海军采纳了戴明的理论来提高作战效能。一年后，海军将该计划命名为全面质量管理（total quality management，TQM）。很快，美国联邦政府也采纳了全面质量管理原则，私营部门纷纷效仿，试图从日本制造商那里夺回其地位。

全面质量管理还促成了机器人和自动化技术在美国的进一步发展，这些技术最初是在美国发明的，却在日本重建期间得到了广泛应用。

认知计算：超越人类能力

自石器时代以来，人类一直在使用某些工具进行计算，这也将延续到未来。由木头或动物骨头制成的念珠和符木棍是目前发现的最早的计算工具，人类在公元前20 000年的旧石器时代晚期就已经开始使用它们了。算盘是一种体积更小的计算工具，大约在公元前2700年的古巴比伦被用于教授算术。

土耳其博学家伊斯梅尔·阿尔·加扎利（Ismail al-Jazari）在其于13世纪出版的《精密机械装置知识之书》（*The Book of Knowledge of Ingenious Mechanical Devices*）中首次表述了使用机械装置进行计算的想法。加扎利还因为在1206年发明了第一台可编程模拟计算机——城堡时钟（Castle Clock，即一座水力驱动的天文钟）而广受赞誉。城堡时钟可以重新编程，以适应昼夜长短的变化。

同一时期，西班牙哲学家和逻辑学家雷蒙·卢尔（Ramon Llull）将生成逻辑概念化，众多计算机科学家认为这是信息科学的开端。卢尔的想法在16世纪被德国博学家戈特弗里特·威廉·莱布尼茨（Gottfried Wilhelm Leibniz）采纳。人们之所以将莱布尼茨视为第一位计算机科学家，是因为他将二进制数字系统引入了计算。17世纪70年代中期，莱布尼茨发明了可以执行所有四种算术运算的莱布尼茨计算器（Stepped Reckoner）。

同时，17 世纪 20 年代发明的计算尺明显加速了乘法和除法运算。由伦敦大学教授埃德蒙·冈特（Edmund Gunter）和英国数学家威廉·奥特雷德（William Oughtred）于 17 世纪 30 年代中期设计的一种结合了计算尺的计算装置一直被工程师和科学家使用，直到人类发明了计算器。

现代计算机

英国机械工程师查尔斯·巴贝奇（Charles Babbage）被誉为"计算机之父"。19 世纪 30 年代中期，巴贝奇将现代数字计算机的先驱——分析引擎概念化。他设想该引擎具备使用打孔卡片上的指令来执行算术运算的能力。然而，分析引擎并未在他的有生之年完成。

19 世纪 80 年代后期，美国发明家赫尔曼·何乐礼（Herman Hollerith）使用打孔卡来存储数据。1890 年，美国人口普查使用了他的方法。1924 年，何乐礼的制表机器公司（Tabulating Machine Company）被更名为 IBM。

当美国于 1935 年建立社会保障制度时，IBM 打孔卡系统被用于处理 2600 万工人的记录。打孔卡在美国工业和政府的会计和管理领域无处不在。

商用计算机

1951 年，英国电气工程公司费伦蒂国际公司（Ferranti International Plc）开发并向曼彻斯特大学（University of Manchester）交付了第一台商用计算机费伦蒂 1 号（Ferranti Mark 1）。

英国餐饮公司 J. 里昂公司（J Lyons & Company）着手在商业领域应用计算机。1951 年 11 月，它的 LEO 计算机在存储的程序上运行了世界上第一个商业应用程序。

同年，美国商用机器制造商雷明顿兰德（Remington Rand）公司 [现更名为优利系统（Unisys）公司] 向美国人口普查局（United States Census Bureau）交付了世界上第一台量产的计算机 UNIVAC 1 号。雷明顿兰德公司售出了 46 台机器，每台机器的售价都超过了 100 万美元（现约合 943 万美元）。UNIVAC 用作主存储器串行访问水银延迟线，能够存储 1000 个 11 位十进制的字符。

三年后，IBM 公司推出了一款价值 50 万美元（现约合 456 万美元）的小型计算机，即 IBM 650。

1958 年，杰克·基尔比（Jack Kilby）和罗伯特·诺伊斯（Robert Noyce）在美国德州仪器（Texas Instruments）公司工作期间制造出第一个集成电路。20 世纪 60 年代末，集成电路开创了使用微处理器集成电路而不是晶体管的"第三代计算机"时代。

微处理器的使用使个人和小企业都能拥有的微型计算机的发展成为可能。第一个商用微型计算机套件是基于 Intel 8080 的 Altair 8800，1975 年 1 月出版的《大众电子学》(*Popular Electronics*) 月刊对其进行了报道。很快，克罗门克（Cromemco）和 Processor Technology 等公司开始为 Altair 8800 提供额外的 S-100 总线硬件。

很多人认为 Altair 8800 是第一台真正的个人电脑。传说，Altair 是苹果电脑电路板的灵感来源，史蒂夫·乔布斯和史蒂夫·沃兹尼亚克（Steve Wozniak）于 1976 年将该电路板卖给了苹果公司的第一位客户——字节商店（ByteShop）。

从个人电脑到超级计算机

对我们大多数人而言，早期的个人电脑看上去像是石器时代的工具。1976 年，由一块连接键盘和电视的电路板组成的 Apple 1 电脑被视为奇迹，而现在，连六年级学生都会使用的电脑可以生成 3D 设计、制作高质量的音乐，并存储高达 2.0 TB 的数据。

同时，世界上最快的超级计算机，即安装在中国无锡国家超级计算中心的神威太湖之光超级计算机，使用了 40 960 个中国自主研发的神威 26010 众核处理器，可用于气候研究、地球系统建模和数据分析。它的运算速度至少是同样由中国制造的、运算第二快的计算机天河 2 号（Tianhe-2）的三倍。

这种增强的算力从根本上超越了人类计算和有效使用数据的能力。超级计算机可以执行以前需要大量人工来完成的运算任务，速度和准确性均超过人工。

研究表明，超级计算技术可以使人类每年执行的计算量比所有现有的通用计算机可能执行的计算量多 60%。如今，用于智能手机的设备的处理能力是阿波罗 13 号总算力的 1000 多倍。

似乎神经核和量子计算等新技术以及石墨烯和砷化镓铟（InGaAs）等替代材料的引入意味着摩尔定律的终结（摩尔定律指出，可以放置在单个集成电路上的晶体管数量每两年就将翻一番）。所以，人类在技术方面的成就确实突飞猛进，这也为我们能够做现在所做之事铺平了道路。

所有这些算力都是通过智能芯片和超级计算技术来实现的，这些技术产生了速度、信息存储以及模仿人类学习的适应性认知。

供应链管理可能暂时不需要神威太湖之光或天河 2 号。然而，随着超级计算技术在过去 10 年的发展，计算机科学家已经开始采用这些工具来创造更实用的解决方案，例如，机器人不仅可以编程，而且可以在几微秒内执行复杂的功能，并通过学习开发新的能力。认知计算和智能计算领域的这些新发展可以减少对人工的需求，这些人工有时是错误的，可能会导致制造、订单执行和运输的放缓和中断。正如为军队开发的某些技术（如无人机）已经在私营部门开花结果一样，为计算机领域开发的技术也是如此。

由 Rethink Robotics 公司开发的用于协作工业应用的机器人 Baxter 及其更小巧的变体 Sawyer 都是将这些进展应用于认知计算和供应链中的人工智能的潜力的力证。Baxter 应用的是当前市场上一些最先进的人工智能技术，而不需要传统的编程。其制造商称，该机器人可由内部工作人员手动训练，减少了使用第三方程序员的时间且降低了成本，它适用于一系列应用程序，并可以跨生产线和任务重新训练。这意味着 Baxter 能够学会在工厂和配送中心执行多种任务，而不像人类同行，通常只专注于单一领域。例如，人们可以训练一台机器人处理生产线装载、机器维护、包装和物料处理。更重要的是，当它在一个工位完成一项任务后，它可以快速移动到下一个工位去完成下一项任务。

还有一个明显的区别：大多数工业机器人不仅仅是为了取代工人，它们还可以在各自不同的工作区域保护工人。另一方面，Baxter旨在与人类员工协作。在一个仓储应用程序中，Baxter机器人将产品装入执行包装和密封（以供装运）任务的机器上，而在同一工位的员工则将它们卸载并对产品进行目测检查，然后再将它们放在传送带上。机器人不是要取代人类，而是要与人类接触并监控人类的行为，从而有效地学习处理和重复完成任务。

在供应链中完成这些技术协作意味着机器人可以执行单调的任务，从而让熟练劳动力去完成那些难度更大的增值工作。除了承担繁琐的任务，认知技术还可以处理制造领域和军事行动中潜在的危险因素，减少伤亡和损失，并帮助员工更安全地完成工作。

国际数据公司（International Data Corporation，IDC）在其《全球机器人（2018）》（*Worldwide Robotics 2018*）报告中指出，机器人技术的进步已进入了嵌入式和/或基于云的人工智能的新时代。该报告的研究总监张敬兵（Jing Bing Zhang，音译）博士表示：

> 在机器人3.0新时代，智能机器人的特点是无处不在的感知与连接、信息物理融合和自主能力（如认知、决策、学习和适应等），以及更加人性化的多模交互。这一发展将对工业机器人和服务机器人产生深远的影响。领先的机器人技术供应商已经在竞相开发人工智能功能并将其纳入产品路线图，以在竞争中保持领先优势。

颠覆性力量

人工智能

进入现代化配送中心的移动协作机器人能够自主导航，因为它们可以用机载智能系统识别障碍物，并决定如何应对干扰。

沃森（Watson）是 IBM 公司的超级计算机。作为"问答"机，它将人工智能与复杂的分析软件相结合而具备最佳绩效。这台超级计算机以 IBM 公司的创始人托马斯·J. 沃森（Thomas J. Watson）的名字命名。

沃森的底层认知计算技术的应用几乎是无穷无尽的。由于该设备能够对大量非结构化数据执行文本挖掘和复杂分析，因此它可以支持搜索引擎或专家系统，其功能远远优于以前的任何设备。2016 年 5 月，总部位于美国俄亥俄州的百年律所 Baker Hostetler 签署了一份法律专家系统合同，该律所由 50 人组成的破产事务团队将与沃森合作。这个专家系统被称为罗斯（ROSS），它可以从大约 10 亿个文本文档中挖掘数据和分析信息，并在不到三秒钟的时间内为复杂问题提供精确的回答。自然语言处理允许系统翻译法律术语来回答律师的问题。ROSS 的创建者正着手添加更多的法律模块。类似的专家系统也正在改变医学研究。

物联网

物联网提供了一种实时通信和捕获数据的机制。通过这种数据捕获，组织现在可以捕获以前人工业务流程的相关数据。而物联网远不止数据捕获，通过物联网，我们能够让仓库管理系统将拣货清单直接发送给机器人，然后机器人可以确切地知道它需要去哪里以及到达那里的最有效方式。最后，我们可以想想库存管理能力：有了互联机器人，配送中心就有机会利用它们将库存信号直接发送到仓库管理系统。

全渠道

自电子商务问世以来，全渠道已取代了传统的零售供应链模型。在线平台方便了银行支付转账，创建了网络界面以实现市场聚合，使全渠道分销成为零售新常态。

3D 打印

3D 打印的承诺是简单和快速：通过在需求点生产产品，供应链变得更短、更精简、更简单。虽然这项技术仍处于发展阶段（且与无人机一样，仍然面临着技术缺陷和成本障碍），但是从时尚、汽车业、航空到医学等领域都在利用先进的打印技术来按需制造产品。

生产重型设备（如商用航空、喷气发动机和建筑设备等）的行业正在利用 3D 打印技术来制造对生产过程至关重要但需求有限的零件。波音公司等制造商发现，它们可以在工厂车间制造单个零件，而不是购买和存储可能几个月才能消耗完的最低订货量。随着技术的不断完善，我们将能生产出更多、更耐用的产品。

通过找到离战略市场更近的本地生产中心，3D 打印将对以下方面产生积极影响：

- 通过减少交付运输来减少碳足迹，优化组织在可持续发展方面的表现；
- 通过支持快速、按订单生产来降低仓储成本；
- 通过快速、廉价地生产替代零件来加快周转；
- 满足消费者对快速交付个性化产品的需求。

高速网络可以帮助整个供应链下载、打印和分销产品，从而减少供应链环节和浪费。

要了解在制造业中使用 3D 打印减少供应链环节的潜在影响，我们可以看看总部位于美国加利福尼亚州的太空探索技术公司（SpaceX），该公司将向美国航天局承诺的制造交付周期从 3 年半缩短至 18 个月。它可按需 3D 打印火箭的关键部分——钛制涡轮发动机部件。

无人机

数十年甚至几百上千年来，产品都是使用船舶、火车、卡车和飞机通过水路、陆路和空中运输的。在某些方面，这些运输方式所应用的技术随着时间的推移几乎没有发生根本性的变化，除了逐渐提高的燃油效率和速度以及数字和计算机跟踪技术的应用。

对某些流程而言，无人机正在成为一种可能改变游戏规则的替代方式。与很多颠覆性技术一样，无人机起源于军队。在那里，它们被用于减少人员伤亡，同时以更少的失误和更短的时间完成既定任务，并降低参与人员的安全风险。

在过去几年中，无人机引起了私营部门的关注。在供应链中，无人机可以通过减少供应链环节和加快交付速度，对农业、医药和零售等各行各业产生积极影响。潜在的好处是惊人的。作家彼得·萨克斯（Peter Sachs）曾说，与无人机使用相关的技术和法律几乎每周都在变化。谷歌和亚马逊等公司很快就意识到自主交付可以迅速改变产品通过供应链到达最终客户的方式。无人机将在以下几个方面改善供应链。

第一，无人机可在港口和空中使用，以减少搬运材料的人员需求。例如，堆场管理系统提供商 PINC Solutions 公司已经部署了一套解决方案，即利用无人机来识别难以到达区域的拖车、集装箱和其他资产的位置。有了全球定位系统、射频识别技术、光学字符识别和条形码读取器，无人机飞过时就能快速定位和识别堆场或港口已被标记的资产。

第二，虽然无人机将取代一些传统工作，包括一些目前很难替代的工作（如卡车司机和送货司机等），但它将为接受过技术培训和具备物流知识的员工创造新的工作岗位。

无人机无疑将改变消费者订购产品的方式，因为在某些情况下，它可以大大缩短从订购到收货的滞后时间。它还将改变零售商的运作方式，从如何、在哪里、是否存储产品到是否选择维持现状，或从实体和全渠道零售转向电子销售。

未来可能比我们想象的更近。美国交通部（US Department of Transportation）和联邦航空管理局（Federal Aviation Administration）已经批准了 10 个商用无人机项目，以测试无人机融入国家领空的能力，这一重大进展在科技界掀起了一股热潮。入选参与试点项目的 10 家科技（和航空）公司包括联邦快递、Alphabet 和优步（Uber）等。

关注未来

这里讨论的每项技术都将成为供应链管理人员的重要工具，因为他们会遵循指引来解决这些在我们所处网络中存在的新的且快速变化的问题。采用无人机、3D打印、高速网络和智能芯片等不断发展的颠覆性技术对于我们满足消费者的需求至关重要。卓越的思想领袖将看到利用这些技术来满足需求、拓展理想市场，并以更高的精益效率来实现这一目标的可能性。

区块链将如何改变供应链

要了解供应链中区块链演变的一些历史，我们可以从加密货币的概念开始。早在行业专家和小组成员以及拥有博士学位的数据科学家坐在会议中心讨论区块链之前，公元500年，密克罗尼西亚（Micronesian）雅浦岛上的居民就开始使用一种名为Rai的环形石头作为货币了。雅浦岛的居民们记住了哪块石头属于谁，因此在要发生财富转移时，他们会举行集会并进行公布，这样大家就都记住了。石头在哪里并不重要，因为所有人都知道它归谁所有。由于目前没有任何思想领袖参与过构建这样一个系统，因此将货币从物理形式转换为集体记忆（且不会被强盗和邪恶的酋长窃取）的认知形式的整体概念貌似令人印象非常深刻。

2008年，一位匿名人士以"中本聪"为名，通过比特币这种加密货币将区块链技术呈现在世人面前。这一年，bitcoin.org在互联网上建立，一篇题为《比特币：一个点对点的电子现金系统》（*Bitcoin: A Peer-to-Peer Electronic Cash System*）的文章在一群对在线加密货币技术感兴趣的网友间传阅。这篇文章是中本聪写的，电子邮件和在线消息均以此名落款，但人们对发明比特币的个人/组织以及被称为"区块链"的底层安全技术知之甚少。在这篇文章中，中本聪指出："我们需要的是一种基于密码证明而不是信任的电子支付系统，允许任何有意愿的参与方直接相互交易，而无需受信任的第三方。"消除第三方是区块链技术的基础。区块链技术是一种共享且可信的加密账本，参与货币和商品交换的各方均可访问该账本，以显示完全的透明度和条款。自比特币问世以来，区块链已成为一个关于该技术如何应用于其他行业的流行语。例如，医院现在正在开展概念验证项目，旨在保护医疗记录，并方便医生和专家在区块链技术支持的共享平台上访问这些记录。但是，这种技术如何能被用来彻底改变供应链行业，并对一个从 A 点转移到 B 点的小产品进行全球试验呢？

区块链是一个开放的分布式账本，它高效、安全、可扩展。它是一个跨越所有供应链职能（从采购到仓储、交付，当然还有支付）的应用程序，有望比以往任何时候都更能提高供应链的效率和安全性。

Blockchain and
the Supply Chain

第 2 章

2018 年的供应链：
昂贵、脆弱且日益复杂

大约在 2018 年 2 月中旬，连续 10 多天时间，在肯德基——这家市值 230 亿美元、百胜餐饮集团旗下的快餐连锁店的 900 多家英国门店中，有 640 家都没有鸡肉供应。门店纷纷歇业导致肯德基的常客跑到 Twitter 上发帖抱怨，甚至有人去警察局报案，称这是针对美食的犯罪行为，直到警方敦促公众别再浪费时间。

与此同时，英国媒体也用双关语对此进行了大肆报道。报纸在头版头条以"家禽"（fowl）[①] 和"一个非常大的错误"（a giant cock-up）为标题，紧接着是关于消费者抱怨或感觉饥饿的报道，其中还穿插着"为什么鸡要过马路"之类的笑话。大约过了两个星期，所有门店才恢复了鸡肉和酱汁供应，危机平息了。这家快餐连锁店平均每天损失 127 万美元，更不用说对"肯德基"这个品牌造成的不可估量的损害。

肯德基的供应链出了什么问题？所有报道都指出，问题的根源是肯德基公司决定将其配送供应商从食品物流服务供应商 Bidvest 物流公司更换为 DHL 公司和快速服务物流（Quick Service Logistics）公司。DHL 公司管理仓储和物流，而快速服务物流公司将使用一个专门的信息技术系统管理库存和需求计划。过去，Bidvest 物流公司从六个仓库为肯德基供应物资，而 DHL 公司在拉格比只有一个仓库。

[①] 与"犯规"（foul）同音。——译者注

早期报道指出，鸡肉短缺是因为 2 月 14 日发生了一系列交通事故，涉及 DHL 拉格比仓库附近三个路口的七辆货车。由于这些事故，DHL 的货车刚离开仓库就被堵在了路上，导致鸡肉供应出现了问题，引发了危机。不过，即使 M6 高速公路被迅速清理，人们也无法理解这些事故为何令肯德基供应链持续数天中断。

随着《每日电讯报》(*Telegraph*)和《卫报》(*The Guardian*)等媒体对危机进行了进一步的调查（对此，肯德基和 DHL 并没有提供什么帮助，它们都表现出了怠慢态度），人们发现新设计的仓储网络或事故都不是造成短缺的原因。毕竟，玛莎百货（Marks and Spencer）等数十家餐饮和零售企业都是依靠市中心的仓库来运营的。有报道称，由于餐厅老板拒收，有些货车司机直接将这些装有肯德基品牌鸡肉的箱子倾倒在了路边。显然，有比新的仓储网络设计更重要的东西在发挥作用。

事实证明，正如肯德基有关人士事后所说的，"麻烦"是由向新信息技术系统过渡引起的。技术分析师克里斯·格林（Chris Green）在《卫报》的一篇文章中说："DHL 及其软件合作伙伴快速服务物流公司似乎未能将肯德基的订餐流程数据与新系统进行正确的对接。"

从本质上说，新系统无法准确地提供订单和交付情况的可追溯信息，一旦供应链出现一些小故障，例如 2 月 14 日的事情，订单处理系统就会陷入混乱，引发大规模危机。《连线》(*Wired*)杂志英国版的一位专家解释说："这些供应链是由很多不同的公司、很多不同的关系构成的，它们都试图管理流程、基础设施、设备、信息系统及其工作人员，也试图以同步的方式使一切正常运转，这样顾客就可以得到他们想要的炸鸡。"

肯德基公司的惨败又一次证明了某个更深层次的问题。这个问题困扰着当今的供应链组织，即便它们已经经历了几十年的技术进步和全球化进程。问题在于供应链的两个主要流程——实物流程和信息流程之间的不同步。美国供应链管理专业协会对供应链的定义（如下文所述）将两个流程之间的"连接"视为供应链运作的关键。

什么是供应链管理

供应链管理（supply chain management，SCM）背后有以下两个核心原则。

第一，实际上，世界上每一个产品最终能够到达消费者都需要多个组织的共同努力，这些组织共同组成了供应链。

第二，供应链管理是对供应链活动的积极管理，以实现客户价值最大化，获得可持续竞争优势。供应链活动包括从产品开发、采购和生产到物流的所有活动，以及协调这些活动所需的信息系统。

组成供应链的组织通过实物流程和信息流程连接在一起，形成了为客户体验增加价值的伙伴关系。实物流程包括货物和材料的转换、移动和存储。信息流程可以使不同的供应链合作伙伴协调它们的长期计划，并管控货物和材料在供应链上下游的日常流动。

美国供应链管理专业协会对供应链的定义充分概括了供应链管理的新现实（即过去40年的快速全球化拓展了供应链的职能和地理空间），并开创了全球供应链管理这一学科。

当今的全球供应链运营包括（但不是无缝整合）一系列令人眼花缭乱的行政交易和金融交易，这些交易在多个地区进行，涉及众多贸易伙伴，其中大多数工作都是在纸面上完成的，还有一些是通过电子数据交换（这项技术有着50多年的历史）完成的。无数这样的信息竖井和大量中间商的存在导致了摩擦，从而减慢了供应链的速度。

高风险

纺织、汽车、航空、电子、医疗和制药行业使用的材料都来自多个远距离分布的采购地点，因此尤其容易发生这种摩擦。

2016年，美国最大的零售商沃尔玛和塔吉特（Target）公司发现，从印度纺织制造商Welspun印度公司采购的埃及棉质床单并非埃及货，因此它们不得不向顾客退还数百万美元。通过对这个问题的追溯，人们发现了一系列直至现在仍困扰全球纺织行业的供应链问题，即跨地域的多个供应商和中间商的参与以及管理重叠。Welspun印度公司在随后的几个月里采取了一系列措施，修复导致危机的跟踪问题和可追溯问题。但在这个过程中，它损失了近6000万美元的业务，也失去了塔吉特公司这个最大的客户。

由于供应链中数据点之间的摩擦和不匹配所造成的损失不仅限于收入或商誉，而且还有大面积的环境破坏，正如在棕榈油供应链中所看到的，至少有一个造成新生儿死亡的案例。2017年8月，印度北方邦（Uttar Pradesh）某个小镇的一家医院的氧气供应耗尽，导致60多名婴儿死亡。医院的氧气供应商几个月都没有收到付款，而多次催款的邮件都消失在与官僚主义的纠缠中，于是该公司停止了氧气供应。

在印度尼西亚和马来西亚，价值620亿美元的棕榈油产业一直因为热带雨林遭破坏、人权被侵犯等问题饱受诟病。这两个国家的棕榈油产量占全球产量的85%。在毁林造地的基础上建起的种植园为众多家喻户晓的品牌（包括麦当劳、玛氏、家乐氏和宝洁等）供应棕榈油。2017年7月，《卫报》的一篇文章称，百事、联合利华和雀巢等公司被指控共谋破坏了苏门答腊岛的最后一片雨林，那里是大象、猩猩、犀牛和老虎共享的生态系统。

棕榈油供应链相当复杂，因为产品往往是混合的，即很多不同来源的混合产品被送至一家供应商。为了简化棕榈油的生产，并消除其对环境的影响，人们已经采取了多种措施，但大多数措施并未起到多大作用。主要原因是棕榈油很难追溯到一个特定的种植园。2017年11月，国际业务连续性协会（Business Continuity Institute）调研了65个国家和地区发生的供应链中断事件，并发布了一份供应链弹性报告。报告指出，意外发生的信息和通信技术中断是供应链中断的主要原因。一个更能说明问题的发现是，69%的受访者对自己所在的供应链并不十分了解。苏黎世保险（Zurich Insurance）公司的全球供应链产品负责人尼克·维尔德甘古斯（Nick Wildgoose）自 2009 年该报告第一次发布开始就参与了研究工作。他表示："这并不让我感到意外。事实上，让我更惊讶的是有这么多组织声称它们对供应链了如指掌，但了解每一个供应商几乎是不可能的。"

制药行业专家、生命科学咨询公司 Maetrics 的负责人史蒂夫·科特雷尔（Steve Cottrell）在其发表于 Pharmaexec.com 上的一篇文章中引用了这项研究，他说：

> 鉴于药品供应链是世界上最复杂的供应链——在全球范围内应对与大量为药物生产提供原料和成分的供应商展开工作和互动的业务挑战——显而易见的是，如果能见度低的问题不解决，风险就很高。

因不同步而引起的供应链摩擦也是导致产品交付时间异常长（从几个星期到几个月不等）的原因，这种情况在这些行业中很常见。从原料来源地或生产地点到生产地点或消费地点之间的物理距离可能不超过几千英里[①]，通过空运可以在几天内送达，通过海运可以在几周内送达。大多数延误、浪费和中断在某些情况下占供应链总成本的 45%~50%，造成这种局面的原因包括行政流程、独立的财务交易以及由人工干预（包括中间商的参与、人为错误和迭代等）所引发的问题。

澳大利亚精益管理顾问、作家蒂姆·麦克莱恩（Tim Mclean）最近在一篇文章中将不必要的交付时间的来源归因于可预防的因素。例如，采购人员处理订单的延迟（特别是当他们将自己锁定在漫长的订购周期或试图累积大额订单以压低价格时）、供应商处理订单的延迟以及多条航线和港口因多次清关、越库和货运代理等造成的流程延迟，另外还有发生在采购方、供应方、政府机构和所有中间商之间的多重金融交易循环。

世界银行在 2013 年发布的报告《赋能贸易：重视成长机遇》（*Enabling Trade: Valuing Growth Opportunities*）中列举了几个案例，阐述了全球供应链中与流程相关的瓶颈如何抵消了很多国家在劳动力成本方面的优势，并提高了整体的供应链成本。案例包括：

---

① 1 英里 =1.609 千米。——译者注

- 在巴西，制作农产品出口的海关文书文件所耗费的时间是在欧盟的 12 倍（一整天与几个小时的差距）；
- 在某些非洲国家，低质量的服务可使消费品的投入材料成本增加高达 200%；
- 在美国，获得许可证和监管机构之间缺乏协调，导致一家公司在化学品运输方面出现了高达 30% 的延迟，每次延迟运输的费用为每天 60 000 美元；
- 在俄罗斯，计算机行业的产品测试和许可可能会导致高昂的管理成本，并导致产品的上市时间延迟（从十天到八周不等）。
- 航空货运业如果采用电子文档，每年就可以节省 120 亿美元，并避免 70% ~ 80% 与文书工作有关的延误。

Tungsten Network 公司于 2017 年发布的一份报告显示，仅在英国，冗繁的支付流程所导致的供应链摩擦使企业平均每年损失约 88 725 英镑（约合 113 765 美元）。这相当于在跟踪订单号、处理纸质发票和响应供应商查询等方面耗费了约 6500 个工时。接受调查的企业估计，它们平均每周要花大约 55 个小时手工处理纸质流程和支票，花 39 小时追踪发票的异常、差异和错误，花 23 小时响应供应商的查询。此外，它们还要花 5 个小时处理与合规有关的挑战（如处理国际税务事宜），花 3 个小时处理发票欺诈。

Tungsten Network 公司首席执行官里克·赫尔维茨（Rick Hurwitz）评论道：

> 在金融界，很多流程仍然繁琐而耗时，尽管它们已经没有必要了。技术的进步意味着我们可以摆脱那些阻碍工作流程的无聊且琐碎的任务，从而提高生产力和效率。但令人惊讶的是，在这个技术赋能的时代，企业每周仍要花费那么多工时去管理一个本可以实现自动化的流程。

通常情况下，导致摩擦的五大因素分别是：

- 收到的纸质发票比例很高；
- 非采购订单的发票过多；
- 大量供应商查询发票或付款状态；
- 缺乏意外自动处置机制；

- 缺乏自动审批。

在全球范围内，受到美中贸易争端和英国脱欧等危机的影响，强大经济体之间的贸易挫败感加剧，这就使正在扩张的全球供应链体系面临更大的压力。这也解释了为什么学者、供应链专家都在探索重新思考、重组和重塑供应链的方法。

关于区块链的争论

区块链诞生于 2008 年金融危机的高峰期，一位（或一群）匿名人士用"中本聪"这个名字写了一篇论文，为一种名为"比特币"的数字加密货币创建了一份协议，随后开采了第一个比特币区块，该区块被称为"创世区块"。这是因为人们需要建立信任，并在没有第三方的情况下进行交易。另一个流行的区块链——以太坊，是由一个名叫维塔利克·布特林（Vitalik Buterin）的加拿大人于 2015 年 7 月开发的，当时他创建了以太坊的起源区块。以太坊引入了各种新功能，其中之一就是构建智能合约——用于验证或执行合约的计算机协议。智能合约是一种自动执行的合约，它可以处理合约的所有阶段，包括管理、执行、履行和支付等。

简单地说，区块链是一个数字化、去中心化、防篡改的分类账平台，可以记录和验证交易，并剔除中间商。

金融服务业率先意识到这项技术改变游戏规则的潜力，特别是在降低成本、提高流程效率和支持大量业务方面。银行通常将区块链称为分布式账本技术（distributed ledger technology，DLT），以区别于比特币的区块链。它们之所以选择分布式账本技术，是因为该技术具有以下吸引人的特点，正如 2015 年发表的《金融科技 2.0 白皮书》(*The Fintech 2.0 Paper*)[①] 所述：

- 交易可以是不可撤销的，清算和结算可以被编程为近乎即时完成的，这可以使分布式账本的操作者提高交易数据的准确性，并降低结算风险；

---

① 这份白皮书是 Santander InnoVentures 公司与奥纬咨询（Oliver Wyman）公司和 Anthemis 集团合作完成的，它也被广泛视为第一份对企业做出区块链承诺的宣言。

- 系统在点对点的基础上运行，交易几乎肯定会被正确执行，这可以使分布式账本操作者消除监管成本和信息技术基础设施及其相关成本；
- 账本中的每笔交易都由网络用户社区而不是中央权威机构公开验证，从而使分布式账本具备防篡改能力，而且每笔交易都是自动管理的，这就使交易历史很难被逆转；
- 几乎任何无形文档或资产都可以用代码来表示，这些代码可以被编程进分布式账本或被分布式账本引用；
- 为所有交易创建可供公开访问的历史记录，使参与者、监督者和监管者能够进行有效的监控和审计。

特别是在过去的三年中，全球各个行业和地区的公司都在竞相为供应链转型而加紧部署区块链，各类组织也一直在利用区块链技术来改善其供应链的可追溯性。

2017年12月，联合利华公司启动了一个为期一年的试点项目，利用区块链技术跟踪消费品巨头、英国超市塞恩斯伯里（Sainsbury's）销售的茶叶的供应链。该公司与大银行和科技初创企业合作，跟踪那些为联合利华品牌供应茶叶的马拉维茶农。该项目通过使用技术来保持供应链的透明度，因此公司和消费者都能清楚茶叶的来源。在项目启动仪式上，剑桥大学可持续发展领导力学院（Cambridge Institute for Sustainability Leadership，CISL）可持续金融主任安德鲁·沃塞（Andrew Voysey）说："马拉维的茶叶是一个开始，而不是结束。"多达10 000名马拉维茶农有资格参加试点。该试点项目旨在通过优惠贷款和信贷支持等财政激励措施奖励那些种植出品质更好、更可持续的茶叶的人。

消费品和零售公司正面临越来越大的压力，它们需要找到更好的方式来证明自己的供应链在环境上是可持续的，没有滥用工人权利，也不存在腐败问题。

2017年3月，可口可乐公司和美国国务院以及另外两家公司宣布，它们将启动一个使用区块链数字分布式账本技术的项目，为员工创建一个安全的注册表，这将有助于在全球范围内打击强迫劳动的行为。美国科技公司Bitfury集团为该项目构建了区块链平台，数字货币和区块链服务平台Emercoin为该项目提供区块链服务。

2017年底，雀巢、联合利华和泰森食品等10家大型食品和零售企业加入了IBM公司的一个项目。这个项目研究的是区块链系统如何协助跟踪食品供应链并提高其安全性。

沃尔玛则打算自己通过区块链来改善其复杂的全球食品供应链的食品安全情况。沃尔玛主管食品安全与健康的副总裁弗兰克·亚纳思（Frank Yiannas）在参加由《麻省理工评论》（MIT Technology Review）杂志举办的区块链商业研讨会上向参会者透露，区块链能够将跟踪产品的时间从六天缩短至两秒。最近，沃尔玛开发的一个系统获得了专利，该系统可以将医疗设备上的医疗记录存储在区块链上。沃尔玛还为基于区块链的客户市场申请了一项专利，用于转售其商品。

船运业也加入了这场日益热闹的竞赛。2018年8月，IBM公司和马士基（Maersk）公司联合推出了一个基于区块链的航运平台TradeLens，该平台最初有94个使用者，其中包括20多家港口和码头运营商。TradeLens的许可驱动区块链分类账可以让所有参与方查看货物运输的实时详细信息，如货物到达时间、海关放行情况、商业发票和提单等。TradeLens可以跟踪供应链中每批货物的关键数据，并为所有参与方创建不可变更的记录。

Tradelens并不是参与这场竞争的唯一选手。Tradeshift公司是一家市值超过10亿美元的供应链支付初创企业。最新报道称，其平台上的总交易量同比增长了350%，新订单量同比增长了315%。Tradeshift还是第一个将供应链支付、金融和基于区块链的即时支付全部整合为一个统一的解决方案的平台。目前，Tradeshift平台可以集成Ripple区块链支付和R3的Corda支付。

全球在区块链解决方案上的支出正在增加。而且有研究称，美国在区块链方面的投资将是最多的，占全球投资支出的超过40%。西欧将是区块链支出的第二大地区，其次是中国。

2018年8月，南加利福尼亚大学（University of Southern California）马歇尔

全球供应链管理中心举办了第六届全球供应链年度峰会，会上聚集了众多行业领袖、技术投资者和创业人士。此次会议推出了 IBISK 计划，旨在与政府和跨国公司合作，共同推动未来对区块链最佳实践和标准的采用。

区块链的局限性

与任何新技术一样，区块链也有我们必须考虑的局限性。

可扩展性问题和激励措施的必要性

区块链的现有形式是不可扩展的，因为它受到网络可用算力的限制，这意味着它不能以现有形式用于大批量交易。

网络限制也使区块链单个区块的创建过程非常缓慢。单个区块成为公有链的一部分所需的时间可能从几秒钟到几天不等。让我们看看为何如此。区块链中的一个区块（亦称记录）包含一系列按时间顺序进行的交易。创建一个区块的完整过程包括两个步骤。首先，每笔交易都必须通过网络上的挖矿计算机（亦称矿机）通过解决一个复杂的数学难题来验证。比特币区块链软件每秒可以处理大约 7 笔交易，以太坊区块链每秒可以处理大约 15 笔交易。相比之下，VisaNet（Visa 的处理系统）每秒可以处理 47 000 笔交易。

单个区块链区块可以包含 2000 笔交易。区块验证的整个过程称为"区块时间"。考虑到网络计算机的原因，每个区块的大小被限制在 1 兆字节，因此比特币的区块时间是 10 分钟，以太坊的平均区块时间会短一些，大约是 20 秒，因为它的区块要小得多，约 20 千~30 千字节，不过它还有其他复杂的变量，我们将在后面的章节中介绍。

在公共账本上添加区块的第二步需要花费的时间不确定，从几秒钟到几天不等。这是因为受到了网络活动和区块链费用这两个变量的影响。区块链费用也被称为交易费或矿机费，是用户在执行交易时支付给矿机的钱。通常是 1 美元，但这个费用会随着网络活动的激增而大幅增加，正如 2017 年 12 月加密货币牛市期间，用户需要支付 60 多美元才能确认交易。区块链的速度和可扩展性问题引起了人们的关注，人们认为该技术不适用于高速或高频交易网络。有很多新的解决方案有望解决这些问题，如隔离见证（SegWit）、闪电网络（Lightning Network）和元哈希（#Metahash）等，但判断它们将带来何种影响还为时过早。

能源黑洞

区块链网络的所有节点都必须执行计算密集型程序来创建区块，这个过程需要很大的算力。

在 2018 年 6 月发布的一份报告中，总部位于瑞士的国际清算银行（Bank for International Settlements，BIS）[①] 称区块链为"环境灾难"。报告中提道："在撰写本文时，比特币挖矿的总用电量相当于瑞士等中型经济体的用电量，而且其他加密货币的用电量也很大。简而言之，对去中心化信任的追求已迅速成为一场环境灾难。"

英国能源比较收费服务公司 PowerCompare 的一项研究显示，仅在 2017 年，用于比特币挖矿的平均电力使用量就超过了大约 159 个国家的年能源使用量总和。Digiconomist 网站估计，在比特币区块链上验证交易需要耗电约 200 千瓦时，这足够为一个普通家庭供电四周以上。

51% 攻击

区块链是遵照民主治理的模式设计的，它与现实世界中的民主面临着相同的问题。在所谓的"51% 攻击"中，一群矿工可以通过控制超过 50% 的网络挖矿哈希率或算力来欺骗系统。比特黄金（Bitcoin Gold）、Verge 和 Monocoin 等加密货币网络都在 2018 年 5 月的某一周内遭受了 51% 攻击，估计有价值数百万美元的加密货币被盗。

[①] 国际清算银行是一个由 60 家央行拥有的金融机构。

区块链还有其他一些缺点和局限性，如分叉（forks），这是由于挖矿节点软件不兼容而导致的中断，其不良影响在于，它使交易有可能成为犯罪活动，并被视为一种反建制结构。但所有这些问题都可以在基于许可的区块链网络（如正在使用和即将用于供应链的区块链网络）的框架内解决。

区块链在供应链中的应用：提高效率和有效性

由于区块链技术研究到目前为止主要关注的是设计和功能方面的技术问题，忽略了应用、价值创造和治理等方面，因此对从业人员而言，他们缺少在供应链中区块链技术适应方面的实践指导。然而，"我们应关注哪些供应链流程""哪些绩效指标将受到影响"等问题都事关重大，我们需要以一种结构化且有意义的方式来回答这些问题。

因此，我们在本章中提出了一个考虑了提高效率和有效性的框架。该框架的局限性在于，它没有考虑区块链技术对业务模式的潜在影响，我们将在第9章中详细讨论这个问题。而且在第9章中，我们还将综合考虑基于供应链运作参考（SCOR）模型的效率模型和有效性模型，以及基于商业创新模型的效率模型和有效性模型。

接下来，我们将在概念层面介绍一下供应链管理目标和SCOR流程参考模型。

供应链管理目标

供应链的效率和有效性可以通过一系列的绩效目标来衡量。基于案例分析，克希特里（Kshetri）确定了一些会受到区块链技术积极影响的供应链管理目标，包括成本、速度、产品质量、可靠性、风险降低、可持续性和灵活性。SCOR模型[1]提供了另一组在某种程度上相似的目标，它们被称为绩效属性，与绩效指标相关。我们将SCOR模型作为基础，因为它不仅为每个绩效属性提供了特定的指

---

[1] SCOR模型是国际供应链理事会（Supply Chain Council，SCC）开发和维护的流程参考模型，是跨行业的供应链管理标准诊断工具。

标，而且根据应用的生产策略的类型提供了详细的流程描述。该模型的另一个优点是，它已经被从业者和研究人员广泛采用。

供应链管理的第一个目标是全系统成本最小化。① 虽然克希特里和SCOR模型分别使用了"费用"（cost）一词的单数和复数形式，但我们认为有必要强调一下全系统成本；仅仅减少库存或降低运输成本是不够的。这些决策应考虑整个系统，因为需要权衡不同成本，如仓储成本和订单处理成本。行政手续使集装箱的实际运输成本增加了大约250美元②，使用区块链技术使这些手续实现自动化可能会使额外交易的边际成本几乎降至零。

响应度或交易执行的速度是另一个重要目标。目前，处于现有供应链核心的纸质交易非常耗时。例如，一个集装箱从新加坡的港口运达印度尼西亚的雅加达大约需要36个小时，然而，完成信息沟通和财务结算可能需要长达7天的时间。智能合约支持机器与机器（machine to machine，M2M）的交易，从而减少了人类的交互和沟通。这些机器不仅不需要假期，而且可以每周7天、每天24小时不间断地工作。与人类不同，它们从不生病，只要编程正确，它们就不会出错。这一切使交易速度得到大幅提高，同时也降低了交易成本。

供应链的可靠性是指其满足客户交货约定的能力，例如在承诺交货日期当天或之前发出的所有订单的百分比。准确预测交货日期的能力对很多企业而言都是至关重要的，获得可靠和最新的数据是一个必要条件。此外，企业应在计划执行过程中应提前想好应对异常事件（如重新安排生产订单或更改运输方式等）的方法，以便仍能达到约定的服务水平。区块链技术提供经过验证的数据和身份的能力可以改进调度算法的结果，因为这些结果对正在处理的数据的质量非常敏感。另外，来自物联网设备和设备传感器的实时验证数据将有助于更好地管理异常事件（如延迟）。

可靠性的一个特定衡量指标是订单完美履约。SCOR模型定义了使订单完美履

---

① 由麻省理工学院教授大卫·辛奇-利维（David Simchi-Levi）教授等人于2000年提出。

② 这是Marine Transportation国际公司于2018年公布的数据。

约的各个组成部分。在运输过程中，产品质量可能会受到很大影响。例如，温度和湿度的变化会影响食品和药品的质量。通过访问不可更改的跟踪、湿度和温度数据，生产者和消费者会更加相信，他们购买的产品是在正确的条件下运输的。

供应链是一个随时间发展的动态系统。产品的生命周期短、客户期望高、政治的不确定性和全球化都给供应链带来了越来越大的压力。这反映在供应链的敏捷性水平上，即应对外部影响以获得或保持其竞争优势的能力。然而，当今企业间的供应链整合技术缺乏应对这些变化所需的灵活性。此外，随着基于 M2M 的物联网交易的兴起，供应链内的数据交换水平将有望大幅提高，并变得更加去中心化。这将进一步增加对更灵活和安全的数据交换形式的需求。区块链技术非常适合满足这些需求。

SCOR 模型的最后一项绩效属性是资产管理效率。资产既可以是实物资产，如卡车、仓库、库存和生产设施，也可以是营运资金，如现金和未付发票等。如第 1 章所述，区块链技术不仅可以改善供应链内实物、信息和财务流的整合，从而对营运资金产生积极影响，而且可以通过使用更精准的数据、更好的异常处理方式以及去中心化市场交易未充分利用的实物资产（如停泊空间或卡车、火车、船舶上的空载空间等）来提供更好的规划。

消费者、非政府组织、政府和企业对产品和材料的相关信息的需求日益增加。这不仅是因为人们对食品安全问题（如疯牛病和禽流感）的关注，还因为供应链各方面临着利益相关者对产品信息的需求，这些利益相关者要求对公平贸易、动物福利和减少碳足迹等可持续发展陈述进行验证。与此密切相关的是滥用商标和假冒产品问题，它们正在伤害消费者和企业。

区块链技术提供了经过验证的数据和身份，以及不可更改的审核轨迹，这使得可持续性指标更加量化，更有意义，同时降低了监控成本。虽然可持续性并不是 SCOR 模型中的一个独立的绩效属性，但还是有人基于 SCOR 模型开发了一款名为 SunstainableSCOR 的特殊应用，它是基于 SCOR 模型中的全球报告倡议组织（Global Reporting Initiative，GRI）发布的《可持续发展报告标准》（*Sustainability*

Reporting Standards）来开发的。

全球供应链是由设施和组织组成的复杂网络，这些设施和组织的目标往往相同又相互冲突。因此，供应链成员不得不应对多种不确定性。这些不确定性造成的风险需要被积极管控。组织面临的各种风险中包括个人的"利己主义行为"，这就需要对供应链成员以及合同条款的谈判和执行情况进行持续监控。智能合约将通过规定所有权转让和后续付款所需的条件使先期合规得以实现。虽然风险管理在 SCOR 模型中无所不在，但它并非一个独立存在的绩效属性；相反，它与敏捷绩效属性、赋能流程和最佳实践相关联。

SCOR 流程模型

SCOR 模型是一个流程参考模型。此类流程参考模型或业务流程框架的目的是以与关键业务职能和目标相一致的方式定义流程框架。该模型由以下四个主要部分构成。

- 绩效：描述流程绩效和定义衡量战略目标的标准。
- 流程：管理流程和流程关系的标准描述。
- 实务：显著改善流程绩效的管理实践。
- 人员：执行供应链流程所需技能的标准定义。

我们的分析框架明确地引用了绩效和流程的部分，而实践则隐含在对区块链技术在特定流程中的作用以及所采用机制的讨论中。例如，如果我们查看 sS1.2 流程"接收产品"，就可以看到与此流程相关的各种指标。由于本书第 7 章和第 8 章中提到的用例涉及使用区块链技术和物联网设备对库存（批次）进行跟踪，因此这就成了提供库存（批次）跟踪数据的机制。

由于本章要解决的主要问题是"为什么使用区块链技术"，因此我们目前并未将"人员"问题纳入我们的框架。在我们看来，人员问题的代价非常高，超出了本书的讨论范围。然而，由于区块链技术、人工智能和物联网可能将极大地改变商业模式，我们相信，这反过来将影响人员，也就是说，随着这些新技术的出现，供应链中也将出现新的岗位。

虽然 SCOR 模型并没有尝试描述每个流程或活动，但它描述了以下内容：

- 所有客户的交互，从订单录入到已付发票；
- 所有实物交易，包括供应商的供应商与客户的客户之间的交易，包括设备、原材料和中间产品、备件、服务以及软件等；
- 所有的市场交互，从对总需求的理解到每个订单的完成。

如表 2-1 所示，该模型旨在支持对供应链进行多层面的分析。SCOR 模型专注于前三个流程层面。该模型并没有试图规定组织应如何开展业务或如何定制其系统/信息流。每个使用 SCOR 模型实施供应链优化的组织都必须使用行业、组织和/或特定于地点的流程、系统和实践来扩展模型，并至少将模型扩展到第四个层面。

表 2-1　　　　　　　　　　SCOR 层面流程模型

层级	描述	点评
1	主要流程层面包含主要的 SCOR 流程，如计划、制造、采购、交付、退货和赋能	该层面设定了供应链管理的范围和目标
2	流程类别层面包含 SCOR 模型定义的主要运营策略，即按库存生产、按订单生产、按订单设计以及零售	每种运营策略都有自己独特的主要 SCOR 流程配置
3	流程要素层面为每个流程定义了企业自己的配置	执行这些流程的能力决定了企业供应链的竞争力
4	定义了精益管理和六西格玛等优化工具和活动，以及电子数据交换和物资资源规划等最佳实践	虽然 SCOR 模型的确为每个流程类别和/或流程要素定义了各种最佳实践，但它并未说明该如何实施这些最佳实践

我们的分析框架侧重于将流程要素作为分析单元，涉及计划、采购、制造、交付和退货等。对于"赋能"流程，我们的分析单元是流程类目，主要是因为对

大多数赋能流程要素[①]而言，在流程要素层面并没有为其定义指标。因此，用该框架分析就不太精确。该模型未来的扩展版本可以通过在赋能流程要素层面定义各种实践来定义赋能流程的指标。

值得注意的是，由于我们关注的是流程要素，因此我们的框架没有涉及区块链技术在运营策略方面的（潜在）作用和工作机制。关于如何评价区块链技术在采用新方法将基础资产商业化方面的作用，可以参考本书第 9 章。

由于对 SCOR 流程模型的详细介绍超出了本书范围，我们鼓励那些不熟悉该模型的读者到美国运营管理协会（American Production and Inventory Control Society，APICS）的网站 www.apics.org 下载最新版本的 SCOR 模型，因为在本书中，我们将围绕 SCOR 模型的定义和描述展开讨论。

SCOR 流程与区块链

我们已经在概念层面介绍了供应链管理目标和 SCOR 模型，现在我们将讨论区块链技术在这些流程中的一些实际应用问题。有关区块链在供应链流程中的作用和工作机制的详细分析可以参阅本书第 6 章。SCOR 模型为每个流程要素提供了绩效指标，这可以让我们更好地了解应用区块链技术的商业案例，这将有助于消除组织对"区块链技术是寻找问题的技术"这一理念的疑虑。

计划流程

SCOR 模型将计划流程定义为与确定需求和纠正措施以实现供应链目标相关的流程。

供应链流程和资产的完整和实时可见性可以成倍地提高计划流程的有效性。区块链可以帮助企业与供应商和服务商共享关于产品仓储、交付和维护的信息。很多企业已经在这样做了。全球最大的矿业公司必和必拓（BHPBilliton）宣布，

---

① 这些指标只在流程要素层面定义，如 sE5 "管理供应链资产"和 sE9 "管理供应链风险"。

将使用区块链技术来记录岩芯和流体样品的运输,并提高交付过程中生成的实时数据的安全性。

必和必拓公司的地球物理学家 R. 泰勒·史密斯(R. Tyler Smith)表示,新系统提高了内部效率,使公司能够更有效地与合作伙伴合作。

采购流程

SCOR 模型将采购流程定义为与原材料、零部件、产品和 / 或服务的订购、交付、接收和转移相关的流程。

基于区块链的创新可以通过改善产品的可追溯性和安全性来改变采购和供应商管理工作,特别是在拥有多层供应商的行业和地区。通过应用智能合约、实时支付结算和加强采购订单管理,该技术将改变采购环节的游戏规则。《福布斯》杂志最近报道称,沃尔玛正在使用区块链来跟踪其从中国进口的猪肉,区块链记录了每一块肉的来源、加工和存储方式以及保质期。联合利华、雀巢、泰森食品和都乐等公司也在将该技术用于类似目的。

制造流程

SCOR 模型将制造流程定义为与通过制造或创造产品或可交付成果,为产品或可交付成果增加价值相关的流程;在服务行业,制造流程是与创建可交付服务相关的流程。

值得注意的是,在最严格的制造流程中,区块链技术的实际应用空间是非常有限的。这主要是因为这个流程实际上是在企业内部进行的。因此,无须增加信任或部署去中心化应用程序。一些通常被称为区块链技术在制造行业的潜在应用(如生产部件审批流程)可以更好地体现在采购(提供有关产品或组件的来源及其运输状况的无可争辩的证据)或退货(发生保修纠纷时使用区块链超级审核跟踪技术)等流程中。

交付流程

SCOR 模型将交付流程定义为与执行面向客户的订单管理和订单履行活动相关的流程。

区块链可以在货物运输中为所有参与方（托运人、第三方物流、运输商和收货人）创建所有文件和交易（提单、发票和交付证明等）的端对端可见性。航运业领导者马士基公司和 IBM 公司创建的 TradeLens 是一个区块链赋能的航运解决方案，旨在促进全球贸易更高效、更安全。

全球区块链货运联盟（Blockchain in Trucking Alliance，BiTA）等组织的成立旨在为区块链在运输和物流行业的使用制定通用标准。在美国所有的卡车运输相关交易中，全球区块链货运联盟成员完成了其中约 85% 的交易。

萧氏工业（Shaw Industries）和京东等主要运输企业已经加入了全球区块链货运联盟，与包裹货运公司（如联邦快递和 UPS）、卡车运输企业 [如 JB 亨特运输服务公司（JB Hunter）和施耐德物流公司（Schneider International）]、第三方物流公司（如 Coyote 物流公司和 Echo 公司）、软件公司（如 TMW 公司、McLeod 公司和 Descartes 公司）、金融机构 [如凯洲资本（Triumph Capital）]、保险公司、律师事务所、科技初创企业和远程信息服务提供商等展开了合作。

UPS 公司企业架构和创新总监琳达·韦克兰（Linda Weakland）在该公司加入全球区块链货运联盟时表示："区块链在物流行业有多种应用，尤其是与供应链、保险、支付、审计和海关代理等相关的应用。这种技术具有提高托运方、承运商、经纪商、消费者、供应商和其他供应链利益相关者之间的透明度以及它们效率的潜力。"

其他行业的领袖都对此表示赞同。联邦快递 CEO 弗雷德里克·史密斯（Frederick Smith）在参加新闻网站 CoinDesk 举办的 2018 年区块链技术峰会，即共识 2018（Consensus 2018）时表示："我们非常有信心，区块链将对供应链、运输和物流产生巨大影响。"

退货流程

SCOR 模型将退货流程定义为与将物料通过供应链从客户处退回，以解决产品、订单或制造中的缺陷或执行维护活动相关的流程。

供应链的逆向流程对企业而言极具挑战性，因为其主要组成部分分散在不同的地理位置上，通常由多方控制，而各方之间互无沟通，因此协调起来非常繁琐、耗时且成本高。

区块链可以为整个供应链中的产品历史和相关金融交易创建不可更改的记录，这种能力可以改变供应链的逆向流程。在区块链的帮助下，汽车行业可以改善其逆向物流链（包括维修和养护等）。区块链还可以帮助改善从收集到制造的回收流程，证明企业遵守了可持续发展指导方针和回收认证计划。

总部位于英国的回收软件销售商 FRED 正在将区块链整合到其产品中，为参与回收供应链的各方（从供应商到货运商再到港口运营商）提供帮助。此次整合是作为集装箱物流行业区块链支持技术开发商 Marine Transport 国际公司进行的概念验证试验的一部分来完成的。在试验中，供应商 Parry & Evans 回收公司使用 FRED 软件从货运信息中抓取数据，这些数据包括重量、集装箱编号、商品、封条编号、件数、载重和集装箱图像、停靠港和卡车司机等相关信息。通过与 Marine Transport 国际公司的区块链链接，这些信息将立即与货主、托运方、港口运营商和海运承运商等共享。在不链接区块链网络的情况下，所有数据都需要上传到各方系统，这需要发送几十封电子邮件和大量格式化信息才能实现。FRED 的开发商 Increase Computers 公司的董事总经理菲尔·肖特（Phil Short）在一份新闻稿中说：

> 通过将区块链整合进实时流程，我们有机会帮助回收企业大大简化其物料运输方式。关于区块链已经有很多宣传了。通过概念验证，我们参与了一个真实且实用的应用，它在全球范围内都非常有潜力。

赋能流程

SCOR 模型将赋能流程定义为与创建、维护和监控供应链运营所需的信息、关系、资源、资产、业务规则、合规性和合约，以及监控和管理供应链整体绩效相关的流程。

基于前文提到的区块链技术的用例，我们可以看到，在计划、制造、采购、交付和退货等流程中运用这种技术也会影响赋能子流程，如业务规则、管理数据和信息以及供应链风险管理。我们将在第 6 章中详细介绍。

Blockchain and
the Supply Chain

第 3 章

区块链的基础知识

数字化交易：双花问题

万维网最有前途的应用之一是电子商务，它使买卖双方可以轻松地实现远距离交易。信用卡的使用和第三方付款服务对于允许买方向卖方转移资金，作为买到的商品和服务的回报的这个过程至关重要，但这始终会存在与交易相关的一些摩擦和大量费用，因为它要求两端有一个共同的、受信任的、集中的第三方。当今的系统面临的另一个挑战是维护客户的个人财务数据（包括商家服务器中保存的信用卡号码）会引发安全漏洞，多年来已频频出现有关数据泄露导致信用卡被盗刷的报告。

因此，技术专家一直在寻求开发一种真正去中心化的电子现金，不需要一个集中的第三方验证即可完成交易。早期，DigiCash 公司创始人大卫·乔姆（David Chaum）和哈希现金（HashCash）提出者亚当·贝克（Adam Back）等人都做出了一些努力。实现这种真正的去中心化数字货币的主要障碍是双花问题。传统纸币或金属硬币是以设计独特的防伪材料的实物形式体现价值的，如果以任何独特的位序列实现其数字化，电子现金或数字货币就总是可以被复制。长期存在且尚未解决的双花问题是指如何确保买方不会将相同的数字货币的两个或多个副本支付给多个供应商，从而使这些数字货币无效。

正如第 1 章所述，2008 年 10 月 31 日，有人（可能是一个人，也可能是一群人）以"中本聪"为名，在互联网上发表了一篇题为《比特币：一个点对点的电子现金系统》的论文，首次提出了一种可以真正实现去中心化数字货币的算法。此后不久，也就是 2009 年 1 月，比特币网络启动，并与开源软件实现一起提供。

正如我们将要看到的，比特币算法不仅为双花问题提供了一种解决方案，以实现去中心化的电子现金，而且引入并促进了与其他应用方式的相关理念的大发展，例如，创建一个几乎不可更改的分布式、有序、仅可添加的账本或数据库，允许客户之间的协议以分布式方式在代码中实现的智能合约，以及业务网络的创建和可扩展维护。

比特币协议

比特币协议的核心是一个简单且优雅的想法：如果所有的货币交易记录（如，谁给谁汇了多少钱）都被广泛复制，那么就不需要担心双花问题。无论何时，只要有人从发送者那里得到钱（比特币），他们就可以查看双方共有的记录，以决定这是一个有效的还是无效的（双花）交易，特别是通过简单地验证某人是否试图发送比他们实际拥有的多得多的比特币，如图 3-1 所示。

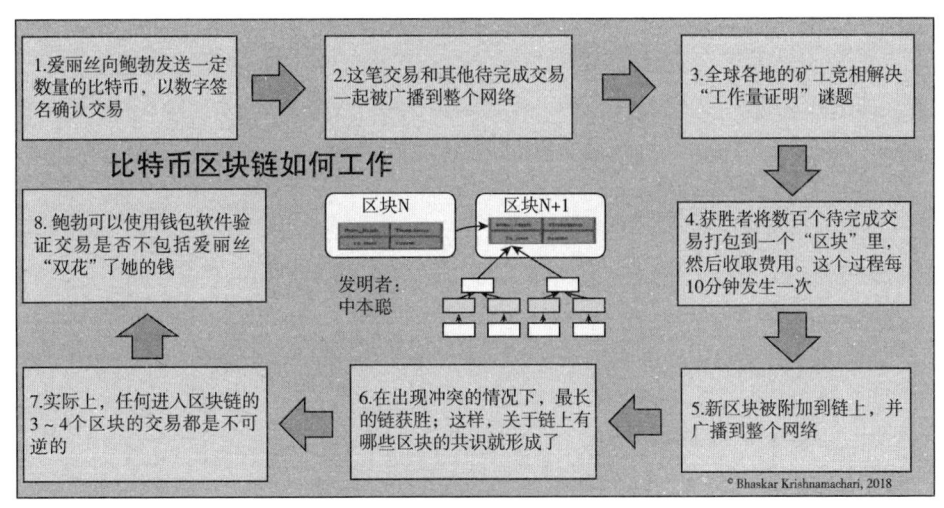

图 3-1　比特币协议的工作机制

比特币是由一组建构模块组成的，这些模块被精心地组织起来，以实现去中心化信任。下面，我们将简要地介绍一些建构模块。

散列

比特币的一个基本加密要素是运用哈希函数来散列数据。哈希函数以某些数据作为输入，通常输出少量固定长度（n位，如图3-2所示）的随机数据。它是一个单向函数，因为它无法从固定长度的输出数据（称为散列）中恢复输入数据。即便可能的字符串数量远远多于可能的散列值的数量，给定的散列值也有可能对应多个输入值；有了精心设计的哈希函数，生成与另一个输入具有相同散列的输入非常难。因此，无论从哪方面看，散列都是输入数据的唯一"指纹"。此外，对输入数据的轻微修改（如图3-2中从X到X'）通常会导致散列值（如图3-2中从Y到Y'）的明显改变。散列的用途在于能够验证某些数据尚未被篡改或修改。如果有原始数据的散列值，就可以比较给定输入的散列值，看看它是否与原始散列值匹配。如果匹配，那么原始数据就很有可能没有被修改；如果不匹配，就可以肯定给定输入中的原始数据已经被修改。此外，试图通过一个nonce值来识别对给定输入的修改，以生成一个具有特定属性的散列值（如在开始时具有给定数量的0）是一个在计算方面颇具挑战性的"难题"，它可以用作工作量证明的一种形式。比特币使用SHA256哈希函数进行工作量证明。

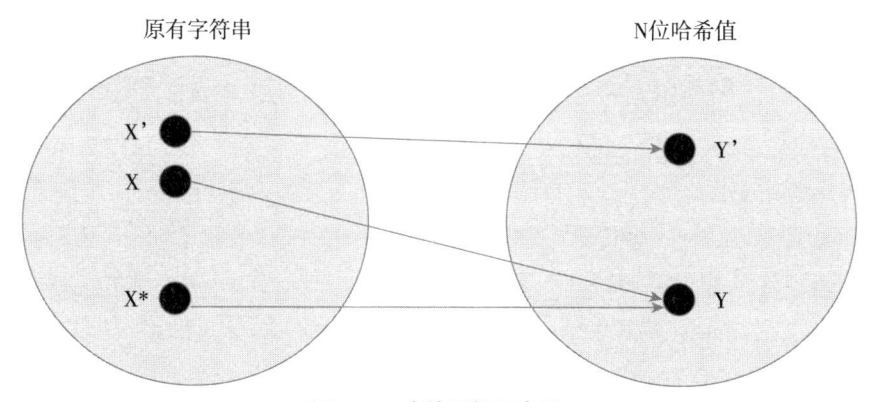

图3-2 哈希函数示意图

非对称密钥加密

比特币使用的另一个重要加密机制是非对称密钥加密（如图 3-3 所示）。顾名思义，它由一对不同的密钥组成，即公钥和私钥，它们在数学上相互链接。由公钥加密的数据只能用相应的私钥解密。同样，由私钥加密的数据只能由相应的公钥解密。私钥由某人作为机密持有，而他将尽可能地公开相应的公钥。任何希望向他发送加密消息的人都可以使用公钥来加密这些消息，其他人无法进行解码（因为他们没有可以用于解密的私钥，而只有无法解密的公钥）。最著名和使用最广泛的非对称密钥加密算法是 RSA 算法[①]。

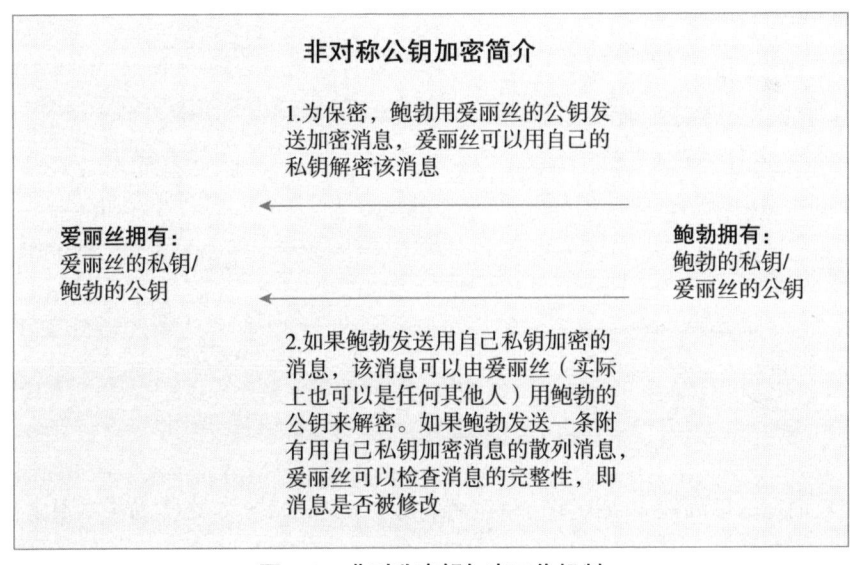

图 3-3　非对称密钥加密工作机制

数字签名

如果一个人用自己的私钥加密了一条消息，那么任何人都可以使用公钥来解密该消息（因此，它不是一个有效的保密方案），而且该消息具有每个人都可以

[①] RSA 算法是 1977 年由罗纳德·李维斯特（Ron Rivest）、阿迪·萨莫尔（Adi Shamir）和伦纳德·阿德曼（Leonard Adleman）一起提出的。

准确地验证是谁发送了它的属性，因为它必须使用只有给定个人应该拥有的私钥进行加密（如图 3-4 所示），因此它可以当作数字签名。这个想法与哈希算法相结合，可用于创建更有效的数字签名：发送方首先对原始消息进行散列，然后用其私钥加密该散列，并将其与原始消息以纯文本形式发送给接收方。接收方通过相同的散列运行接收到的纯文本消息，并将其与解密的散列比较，以验证：

- 消息的发送方是否正确；
- 消息没有被篡改。

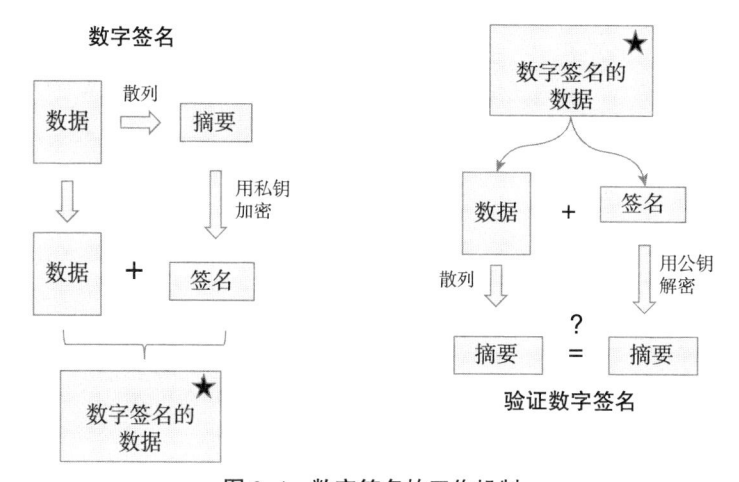

图 3-4 数字签名的工作机制

对消息的散列版本或摘要进行签名的另一个好处是，加密散列版本通常在计算方面要快得多（因为散列的大小要比原始消息小得多）。

区块链

比特币协议的核心基本思想是区块链。这是一个单向数据结构，如图 3-5 所示。其思想是取一个数据块（如编号为 n 的数据块），然后将这个数据块的散列值添加到下一个块（n+1）中。从第 1 个块开始重复这个过程。这样做的好处是如果现在有人要修改其中的某个块，如块 K，那么他们就必须修改之后的每个块。为什么？我们可以做如下推理。由于他们已经修改了块 K，它的散列值现在就与块（K+1）中的散列值不同了，因此除非他们修改块（K+1），用修改后的块 K 的新散列值替换旧散列值，修改才不会被注意到。不过现在，出于同样的原因，除非他们修改块（K+2），否则对块（K+1）的修改将被注意到，以此类推。现在，如果有一种方法使修改或创建一个块真正具有挑战性，那么对手就会发现很难修改足够"深入"到链中的块，因为他们不得不修改从起始块到终点块的所有块。

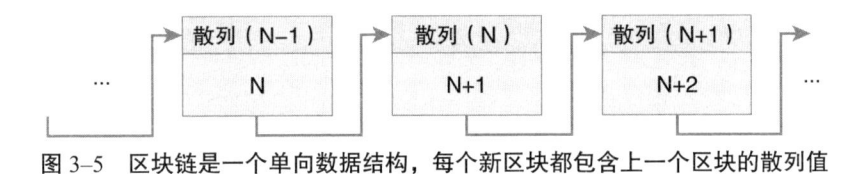

图 3–5　区块链是一个单向数据结构，每个新区块都包含上一个区块的散列值

工作量证明

如何使数据块的创建或修改具有挑战性呢？比特币协议采用了一个名为哈希现金的想法，该想法最初（早在 2002 年）是为了阻止垃圾电子邮件而提出的。这个想法是通过在被散列的数据中添加一个名为 nonce 的字段，然后对散列的输出强加一个要求（如，要求它以一定数量的 0 开始）以创建一个计算难题。这个难题包括确定 nonce 字段中应当包含哪些位，以确保散列满足该要求。这是一个只能通过反复试错才能解决的难题。在每个区块中添加 nonce 字段，并对存储在下一个区块中的散列值施加要求，将使区块的创建或修改在计算上变得困难。寻找（通过试验和试错）使区块具备符合这一属性的散列值的 nonce 字段的过程被称为"挖掘"区块。

交易与区块

究竟什么是区块呢？在比特币协议中，它是交易的集合，本质上交易记录的是交易的比特币数量以及发送方和接收方的地址。如图 3–6 所示，我们已交易 3 为例。在这笔交易中，发送的比特币的总数为 2.3 个比特币，差不多是从交易 1 和交易 2 分别发送的比特币的总和（如图所示）。从该交易发送到不同地址的比特币数量（包括潜在的交易费用）共计 2.3 个比特币。每个区块中的交易次数取决于每笔加入的交易的大小，因为总区块的大小是有限制的（原始协议中为 1

MB）。每笔交易都将被广播到整个网络。

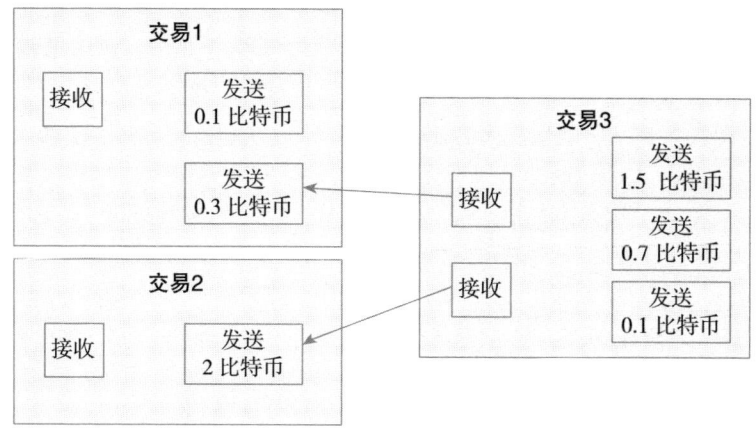

图 3-6　比特币交易

分布式挖矿与挖矿难度

在比特币协议中，所有节点同时进行挖掘。每个节点可以选择在一个区块内包含哪些交易，然后尝试挖掘该区块并将其添加到链中。一个区块大约每10分钟被挖掘一次，矿工可以使用去中心化算法根据需要调整谜题的难度级别（这意味着确定在散列值前需要多少个0），以确保挖掘时间在10分钟左右。因此，如果有大量矿工或者大量算力可用于挖矿，那么难度可能就会升高；如果矿工数量减少，那么难度可能会降低。图3-7显示了比特币挖矿难度随时间变化的调整情况。

区块一旦被挖出，就会被添加到区块链中，更新后的区块链将被广播到网络中的所有其他节点。因为挖矿是分布式的，所以有可能发生"分叉"。当在同一回合中有多个矿工开采一个区块，并且在一段时间内区块链可能会出现两个（或更多）不同版本时，就会发生"分叉"。为了解决这个冲突，矿工采用了"选择最长区块链"的策略，即他们总是喜欢向区块数量最大的区块链中添加一个区块。任意不长的链都将有更少的矿工（那些由于某种原因没有看到最长链的矿工）在上面工作，而且这些链将需要更长的时间来添加新的区块，随着时间的推移，它们甚至会比最长链更短。这项策略确保了人们对区块链版本达成共识。通常，一旦一个区块由链上的大约 5 ~ 6 个区块组成，它可能就位于最长的区块链上，由于工作量证明难题的难度，对手很难修改一个深入到区块链并且仍然与最长链保持同步的区块，这是一种安全措施。

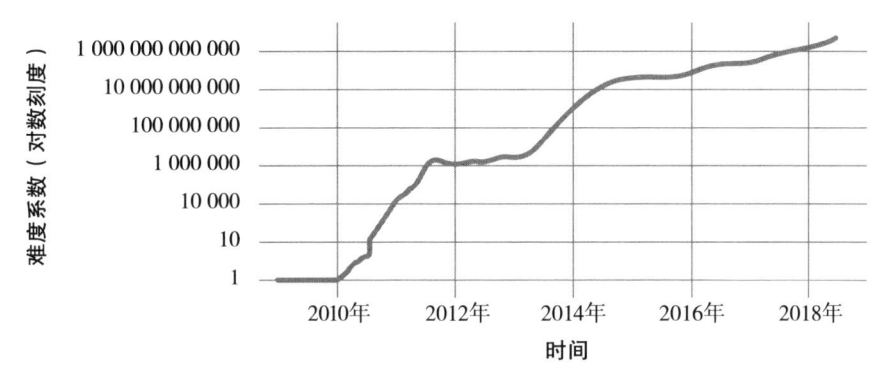

图 3-7 比特币挖矿难度随时间变化的调整

激励

有两种激励矿工参与比特币网络的措施。第一是区块挖掘奖励，从 2009 年的 50 个比特币开始，每四年（准确地说是每挖掘 210 000 个区块）减半。这种奖励让新的比特币得以出现。区块奖励的几何级数意味着存在的比特币总数是有上限的。第二，交易费用也是一种奖励。每笔被广播的交易都有与之相关的交易费用，该费用由交易的发送者自主选择。矿工在选择将哪些交易加入区块时可能会选择那些费用最高的。

因此，当有大量未完成的交易时，与使它们加入区块的交易相关的平均交易费用将更高，反之亦然。反过来，交易发送者可以自主选择，而且可以选择在交易队列（称为矿池）很多时不发送该交易。这提供了一个反馈循环，以控制待处理交易的数量。

比特币协议中存在的另一个反馈循环与电价有关。挖矿非常耗电。当电力成本上涨时，矿工可能决定退出网络，因为挖矿不再有利可图。然后，随着矿工数量的减少，难度可能会降低，从而降低了计算成本，使挖矿再次有利可图。

女巫攻击

通过施加计算成本，工作量证明减轻了匿名分布式系统中可能存在的安全漏洞，这种漏洞被称为女巫攻击（Sybil Attack）[①]。女巫攻击是由对手发起的，他创建了多种虚假身份，以获取对系统的优势。就比特币而言，作为矿工参与协议的人都必须进行计算工作。因此，即使有人创建了大量身份，他们也无法在提高挖掘区块的能力方面获得任何优势，因为每个被验证身份的矿工都必须完成计算工作，这意味着获得这些额外的身份没有任何好处。

51% 攻击

比特币协议的一个已知漏洞是，如果对手以某种方式获得了网络中 51% 以上的算力，他可能就会开始修改区块并引入双花交易，达到颠覆网络的目的。虽然无法防范这种可能性，但对某些人而言，这是不太可能发生的情况。人们希望那些有能力控制网络的人能够维护网络的稳定，而不是恶意破坏它。

发送比特币

有了以上建构模块，我们可以看到发送方如何使用协议向接收方发送比特币。发送方使用地址（即接收方的地址）创建签名交易。接收方检查发送方地址是否有正余额，以使这笔交易有效，通常等待区块大约为 5~6 个，以验证交易是正确的。交易使用被称为默克尔树（Merkle tree）的数据结构存储在每个区块中，该结构可以轻松验证交易是否存在。

智能合约

"智能合约"一词最早由尼克·萨博（Nick Szabo）于 1997 年提出的。本质上，智能合约指的是一种算法合约，它根据是否满足某些条件来决定交易中应该做什么，而不需要第三方的干预或法律援助。由于使用基于区块链的加密货币进

[①] 女巫攻击由微软公司的研究员约翰·R. 杜瑟尔（John R. Douceur）于 2002 年提出。

行交易是通过计算验证的，因此很容易扩展其功能，以支持可编程智能合约。比特币协议还提供了一种允许实现这种智能合约的脚本语言。多签名账户是智能合约的一个简单例子，它需要多位用户在发送交易前签名，所需签名的数量是一个参数。这有助于促进创建托管服务以及团队基金的运作。

以太坊智能合约

以太坊引入了更复杂的可编程智能合约实现方案，可通过添加以太坊虚拟机进行更通用的计算。智能合约用 Solidity 等语言编码，并编译成以太坊网络上每个节点都可以运行的字节码。智能合约维护状态变量，并提供允许通过用户或其他智能合约发送的消息对这些变量进行更改的方法。为了确保智能合约所需的与执行和通信信息相关的成本得到支付，有一种与关键智能合约操作相关的 gas 支付模式。这种被添加至区块链的编程能力使开发一系列新颖的去中心化应用程序（从投票系统到域名注册系统、数字资产证券化甚至创建新的代币经济）成为可能，甚至还有智能合约类型的标准（如代币的 ERC-20 标准）。以太坊还提供了标准的 API，用于开发 Web 端、移动端和桌面客户端软件，这些软件可以轻松地与以太坊区块链上的智能合约实现交互。

图 3-8 是在以太坊上使用 Solidity 编写智能合约的例子，该合约类似于 C++ 或 Java 等面向对象语言中的类。它定义了两组变量：一组是领导者（即最终成为部署和发起本合约的节点）的地址；另一组是账户余额的地址映射。它定义了一个可以由领导者执行的 createCoin 交易，为给定的所有者生成代币，而且它还定义了一个可以由代币所有者用来向他人发送代币的发送交易。以太坊为去中心化应用程序提供了 web3.js 等 API，这些应用程序可以发送交易，并从部署到以太坊区块链的智能合约接收通知。

以这种方式创建的去中心化应用程序主要有两个好处。第一，由于底层信息未存储在中央服务器上，因此相较于传统基于服务器的应用程序，这种去中心化应用程序有足够强大的能力拒绝服务。第二，由于智能合约的字节码在区块链上是公开可用的，因此所有人都可以读取它以及底层状态变量的值，这就有了更大的透明度和信任，让一个给定的程序真正做它声称正在做的事。

```
contract SimpleCoin {
    address leader;
    mapping (address => uint) remaining;

    function SimpleCoin () {
        leader = msg.sender;
    }

    function createCoin (address owner, uint amount) {
      if (msg.sender != leader) return;
      remaining[owner] += amount;
    }

    function sendCoin (address receiver, uint amount) {
       if (remaining[msg.sender] < amount) return;
       remaining[msg.sender] –= amount;
       remaining[receiver] += amount;
}}
```

图 3–8　以太网 Solidity 智能合约示例

超越比特币 – 区块链

虽然比特币协议本身是一项惊人的突破性发明，首次实现了真正的去中心化货币，但更令人兴奋的是比特币和以太坊等区块链协议的以下关键功能和属性，它们可以催生一些全新的应用程序。

- 价值转移。交易允许货币价值在交易双方之间直接流动。
- 数据存储。交易和智能合约可以包含数据字段，以存储区块链中的其他信息，这可能对完全不同的应用程序有用。
- 可编程合约和交易。区块链允许以更高的透明度实施智能合约和基于去中心化交易的应用程序，因为代码的应用是一致的，不存在被操纵的可能性。
- 去中心化。通过让网络上的每个人都维护区块链的同一副本，人们不再需要一个集中的实体来维护包含所有交易的分类账。这至少为节点的故障提供了鲁棒性。
- 无需信任。允许两个个体在任意地点进行价值转移，而无需可信的第三方；这本身就是去中心化的结果。同样，分布式账本的维护也不需要可信的第三方。
- 时序性。链中散列块的排序表明，在创建第（n+1）个区块时，区块 n 中的数据必须已经存在（因为后面的区块必须包含区块 n 的散列）。这就为存储在区块链中的信息提供了时间顺序。
- 不可变。放置于区块链足够深处的交易实际上是不可变的，因此，区块链是一个只可添加的数据库（不可能进行数据修改的更新或删除）。这反过来意味着人们可以放心使用存储在区块链中的信息，而不必担心它已经被偷偷篡改或修改。
- 可归档。交易和数据的全部历史记录始终可以被找到。可以追溯任何一组存储在分类账上的活动。
- 透明。除非明确加密，否则任何人都可以读取和验证关于交易的信息，这增加了对存储内容的信任。
- 匿名。原则上，用于发送和接收比特币的地址是一组匿名的数字，因此任何人均可加入交易而不用透露身份。尽管可以通过分析交易图（哪个地址与哪个地址发生交易）以在某种程度上推断身份，但 Monero 和 Zcash 等新方案则为隐藏交易中涉及的地址提供了进一步的方法。现在，这并不总是完全可取的，尤其是在一些相互交互的实体都不希望匿名的业务应用程序场景中。对这类应用程序可以使用安全且经过验证的数字身份。
- 保密性。目前，在原始的比特币协议中，被转移的金额必须是公开的，存储在链上的任何其他数据都可以加密。只要需要查看数据的各方拥有相应的密钥，他们就可以在保密状态下通信。较新的协议允许建立私人"频道"，允许多方轻松交换机密信息，而没有其他方参与。

许可链

在了解了上述区块链技术的主要优势后，研发人员为区块链技术确定了一种替代架构，该架构通常会消除匿名性，不允许不为他人所知的任何人提交交易。在这种许可的架构中（该架构适用于从一开始就了解且确定了参与实体身份的业务网络），保留了具有可编程性的基于分布式区块链的分类账的核心组件，但分布式账本的维护流程发生了变化。这样做的一个原因是，如果有一个允许加入网络的许可流程，以确保所有各方都熟识，且无法使用虚假身份，那么女巫攻击就不再是一个问题。因此，通过运行工作量证明算法以防御女巫攻击以及使用最长链策略来达成共识的做法也就没有必要了；相反，身份已确定的参与方可以通过运行确定性分布式共识算法，就最后一个要添加到链中的区块达成一致。

这样做有几个优点。第一，部分受益于学术界对分布式共识协议的广泛研究，达成共识的过程都非常快，可以实现的交易量比以往高得多。现在，许可链系统每秒可以处理数千笔交易，相比之下，开放的、无许可的链每秒只能处理几十笔交易。第二，这些算法可以潜在地提供关于容错的可证明保证。有一些已知算法可以保证能够容忍任意的"拜占庭式"故障（包括对手可能的恶意攻击），只需 2/3 以上的参与方行为正确且没有错误。

这种私有许可链在很多商业和企业应用程序以及跨多个组织运营中越来越受欢迎，如银行间对账和为供应链建立分布式账本。这类许可链系统的例子有 Hyperledger Fabric、Ripple 和 Enterprise Ethereum。

超级账本

超级账本（Hyperledger）项目是 Linux 基金会发起的一个包括诸多框架和工具的开源项目。项目中一个特别受欢迎且维护良好的框架名为 Hyperledger Fabric（如图 3–9 所示），它是由 IBM 公司最初开发的开源许可链。它具有模块化架构，允许不同的共识算法、不同的许可方案和不同的排序方案以即插即用的方式进行交换。2017 年 7 月发布的 Hyperledger Fabric 1.0 包括允许各方交换机密信息的渠道、确保验证方获得一致有序交易的排序服务、交易背书政策、支持一系列查询的 CouchDB 以及自带会员服务提供商模式。它还允许定义和部署可编程智能合约（在 Hyperledger Fabric 术语中称为 chaincode）。

测试数据表明，由于有大约 12 个节点作为背书，负责维护和验证分布式账本的完整副本，因此 Hyperledger Fabric 如今能够实现每秒数几千笔交易的吞吐量。

为了快速建模和开发业务应用程序，该项目引入了 Hyperledger Composer，它从一个模板开始，用于建模和开发涉及业务网络的应用程序。这些应用程序使

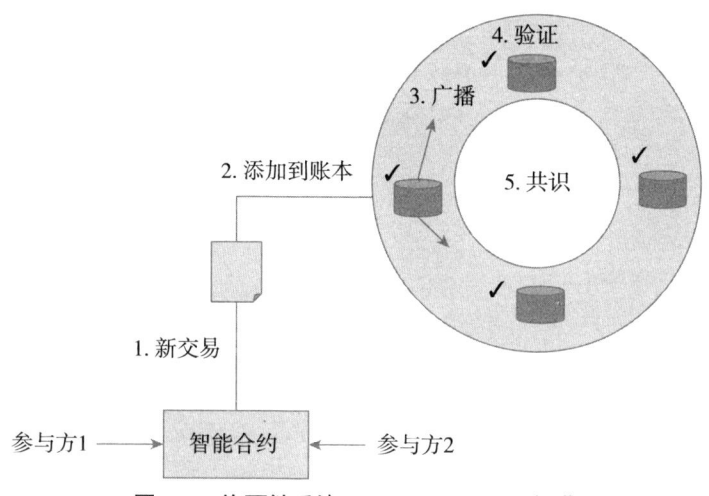

图 3-9 许可链系统 Hyperledger Fabric 概览

用 Hyperledger Fabric 或原则上甚至使用其他区块链/分布式账本技术，以去中心化方式运行。在 Hyperledger Composer 中，包括业务模型、交易逻辑和访问控制在内的业务网络的核心数据以业务网络档案的形式打包，可被轻松部署到运行时。我们将在下文中举例说明如何使用 Hyperledger Composer。

在 Hyperledger Composer 中，可以通过识别网络中的一组参与方（根据他们的角色分配权限）、一组他们将交易的资产以及可以进行的交易（都体现为代码）来定义一个业务网络和一个应用程序，以放置在分布式账本上。其他关键要素包括访问控制和查询，如图 3-10 所示。请思考以下示例，假设在制造商的保修期内，区块链可用于帮助客户前往汽车服务商处更换或维修汽车的引擎。

在这个业务网络中，资产包括引擎和汽车。参与方包括厂商（汽车制造厂商和引擎制造厂商）、商家（销售汽车和修理/安装引擎的商家）和客户（汽车所有者）。资产以相关属性（如自己的 ID、对应的汽车/引擎 ID、当前所有者）描述，而且每个参与方都被允许使用自己对应的 ID。可能的交易如下：创建引擎（createEngine）、创建汽车（createCar）、安装引擎（installEngine）、维修引擎（repairEngine）、移交汽车（transferCar）、销售汽车（sellCar）和移交引擎（transferEngine）。

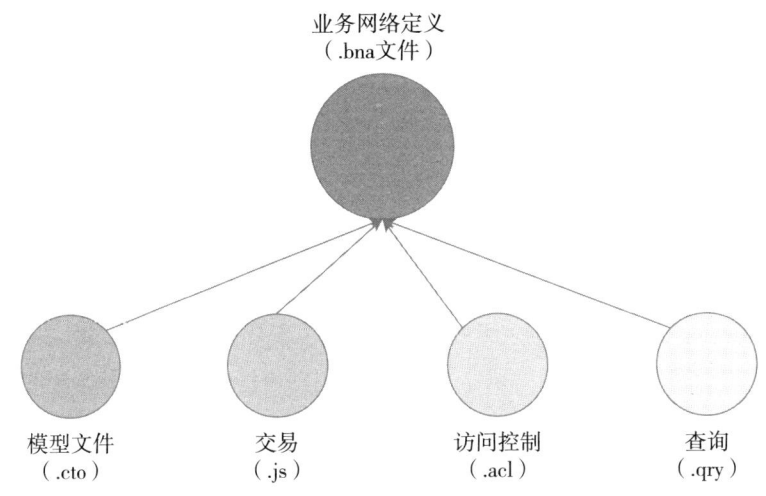

图 3-10　Hyperledger Composer：业务网络定义的关键要素

让我们看看一辆汽车可能发生的情况吧。首次创建时，createCar 交易记录创建日期，为其分配一个 ID，并将此创建记录在分类账上。创建引擎时，可使用 createEngine 交易为其创建类似的记录。当引擎被首次安装在汽车上时，installEngine 交易用于将引擎 ID 和汽车 ID 匹配。所有记录均带有时间戳。当汽车从制造商送到商家时，可以使用 transferCar 交易来记录。当汽车被出售给客户时可调用 sellCar 交易，该交易将更新汽车的所有权以及安装的引擎和销售日期等记录。

现在，假设引擎享有三年保修期。在保修期内的任意时候，如果客户向商家投诉引擎问题，商家可以快速核实是否符合保修条件。如果符合，商家可以酌情在当地维修引擎，并使用 repairEngine 交易将修复记录在账本上。也许需要更换引擎。在这种情况下，商家可能会获取一台新引擎（使用 transferEngine 交易在账本上记录其所有权从制造商更改为商家），并将其安装到客户的汽车上。installEngine 交易会将新引擎的所有权转移至客户，并将新引擎的 ID 与汽车 ID 进行匹配，替换旧引擎 ID。因此，区块链上的记录可以忠实地记录现实世界中发生的事件。

Blockchain and
the Supply Chain

第 4 章

物联网、数据分析和其他信息技术

我们将在本章中探讨一些与供应链应用相关的新兴计算技术。这些技术为区块链技术提供了补充，以及提高供应链运营跟踪和效率的方法。

物联网

物联网是一系列技术的统称，这些技术共同为跨越网络世界和物理世界的应用程序提供网络传感和驱动功能。该术语旨在与一个事实形成对比，即最初的互联网主要是用于人们的沟通，而如今的互联网在很大程度上仍为我们所拥有。大多数端到端的传统互联网应用程序，无论是电子邮件、网站还是社交媒体，都需要人工生成数据和使用数据。因此，今天的互联网主要是用于将人们联系在一起。相比之下，随着可以从数字电子传感器读取实时测量数据的嵌入式微控制器的广泛使用，我们可以将这种嵌入式传感器用于各种用途，并让它们生成对某些应用程序有意义的数据。例如，接入互联网的某种嵌入式传感器可以用于测量生鲜食品配送箱的温度，还可以实时提供数据，这对监控和评估货物在运输过程中的状态非常有用。同样，现在也可以将嵌入式执行器连接到互联网，这样就可以远程对现实世界采取一些行动，例如操纵机械臂或打开冷却风扇。

因此，无论是传感器、执行器还是其他电子设备，智能"物"都可以接入互联网并进行远程操作。随着嵌入式控制器的数量猛增，涉及物与人之间、物与物之间以及机器与机器之间（M2M）通信的互联网的用途将超过互联网最初支持人与人沟通的用途,这就诠释了"物联网"一词的意义。

物联网的架构如图 4-1 所示。一端是末端的"物"层,由传感器、执行器、摄像头和其他"物"组成;还可能包括一些人工输入源,如手机应用程序或面板按钮等。这些"物"可以通过单跳或网状无线网络实现本地连接。本地边缘网络通常也有一个本地集线器或网关节点,提供对更广泛的互联网的访问,并且可能包括一些本地边缘算力,这些算力原则上比可能适用于资源受限的事物更重要。

```
┌─────────────────────────────────┐
│           云服务                 │
│     计算、存储、数据分析          │
└─────────────────────────────────┘
┌─────────────────────────────────┐
│        互联网和中间件             │
│     TCP/IP、REST、Pub-sub        │
└─────────────────────────────────┘
┌─────────────────────────────────┐
│          边缘网络                │
│   低功耗无线网络、边缘计算、网关   │
└─────────────────────────────────┘
┌─────────────────────────────────┐
│             物                   │
│    传感器、执行器、智能设备        │
└─────────────────────────────────┘
```

图 4-1 物联网的架构

为了在互联网上与应用程序通信,传感器测量相关物理数据的能力经常受到技术挑战的影响。由于外形尺寸和能源可用性的限制,在边缘的"物"通常是资源受限的。传感器设备的低功耗运行有时需要让它们定期进入休眠状态,从而产生低频感应,这样电池的使用时间就会更长。对处理器、内存、存储和无线电功能的能量驱动限制会进一步限制性能,因此每个单独的传感器可能只能以每秒几个字节的速度进行数据收集和通信。

我们来看看以下几个可能适用于供应链应用场景的物联网传感器的例子。

- 使用全球定位系统(GPS)对资产进行定位跟踪。GPS 设备可以通过收集和处理定位卫星发出的信号来推断目标的位置。由于卫星位于离地球相当远的地方，而且由于其传输功率的限制，接收信号非常弱，因此 GPS 系统通常只能在户外视线范围内的环境下正常工作（甚至树木的枝叶都可能影响 GPS 信号的接收）。它们通常可提供米级的定位精度，可用于资产跟踪应用程序，如跟踪运输/送货卡车车队位置的应用程序。请注意，GPS 传感器读数仍必须从设备传到监测应用程序（一般通过互联网），因此也需要无线通信机制。当用于跟踪车辆时，电力通常由车辆直接提供，尽管也可以部署由轻型电池驱动的 GPS 设备，以更灵活的方式进行跟踪。

- 使用无源射频识别（radio frequency identification，RFID）设备进行定位跟踪。无源 RFID 标签能够以一种可被唯一识别的方式反射来自读取设备的电磁射频信号。通常，由于 RFID 读取设备的功率限制，它们只能在小范围内检测和读取。托盘或货箱上使用的超高频 RFID 标签通常在大约 10 米或更短的范围内可读。

- 使用有源射频信标设备进行定位跟踪。稍微复杂一些、范围更广的是电池供电的无线信标设备可以在 100 米以外测量。它们还需要可能更便宜的，并且可与基于射频的定位算法结合使用，用于在较大的室内空间（如仓库）中定位资产。

- 温度传感器。对冷链[即易变质货物（如食品、某些药品和化学品）所需的温控供应链]等应用而言，监控货物在运输中的温度至关重要。这可以通过温度传感器实现，这些传感器与放置在集装箱中的嵌入式无线设备相连接。感应的频次和精度可能因功耗和供电状况、系统成本、校准机制的复杂度等因素而异。

- 加速度计。另一个在供应链应用场景中有用的传感器是加速度计。通常它们会提供三维加速度，但也可能是九轴惯性运动单元（inertial motion unit，IMU）的一部分。九轴惯性运动单元将三轴加速度计、三轴陀螺仪和三轴磁力计读数结合在一起。陀螺仪提供有关旋转状态的信息，磁力计提供磁场读数（可用于补偿和校正由于传感误差造成的飘移和提供指南针方向）。九轴惯性运动单元可以提供与跟踪物体的精准位置和角度有关的信息，甚至基本的加速度计也可以帮助检测不希望发生的事件，如精致或易碎的包裹通过供应链运输时发生的碰撞等。

来自传感器的数据通常被收集并存储在本地的嵌入式微控制器设备中。虽然原则上可以通过将这些设备连接到读取设备（如无线网络范围内或通过网线连接的手机或笔记本电脑）来读取数据，但对那些需要实时远程数据的应用程序而言，传感设备有一种通过互联网发送数据的方法是至关重要的。传感器主板上可以有一个低功率射频端。常见的与传感设备上下行连接的无线技术如下。

- RFID。对于无源 RFID 标签，数据实际上是在读取设备（它主要是发射并读取从设备散射出的射频电磁信号）上被测量和收集的，而并非标签本身。读取设备可以通过有线局域网（LAN）连接或通过 Wi-Fi 或蜂窝连接，以无线形式连接到互联网。
- Wi-Fi。传感器设备上可能装有 Wi-Fi 芯片，允许它们直接与附近连接互联网的接入点通信。虽然传统上 Wi-Fi 的设计并不节能，但现在已经有了低功耗的 Wi-Fi 芯片，使电池供电的传感器得以用 Wi-Fi 进行通信（尽管通常以较低的数据传输速率）。
- 蜂窝数据。设备可能由 SIM 卡支持的传统蜂窝数据连接。通常，使用传统的蜂窝数据连接的能源成本较高，因此最适合有充足电源供应的传感器。
- 蓝牙和低功耗蓝牙。蓝牙是一种非常适合直接短距离通信的无线标准，通常适用于与一小组设备通信。低功耗蓝牙（BLE）标准允许非常低的功耗，可以用于信标和从其他低功耗有源传感器传输数据。在很多情况下，使用低功耗蓝牙和蓝牙是因为它们使与几乎总是开启蓝牙的智能手机配对变得很方便。不过，它们也可以直接与蓝牙读取设备或集线器连接，从而可以立刻与多个设备通信。
- IEEE 802.15.4 / Zigbee。另一个低功耗无线通信标准可以追溯到 21 世纪的头 10 年，它就是与 Zigbee 联盟相关的 IEEE 802.15.4。该标准支持 10 米甚至更短距离的无线通信，功耗极低，仅几十毫瓦。它非常适用于电池供电的无线嵌入式设备。它可以用于开发多跳网状低功耗无线网络，这种网络可以让数据在到达网关之前从一个节点路由到多个中间节点。该协议的较新变体，如 IEEE 802.15.4e 和 6TiSCH 等 IETF[①] 标准允许时隙信道跳频，只要无线网络被部署充

---

① 即国际互联网工程任务组（The Internet Engineering Task Force，IETF）。

分，就可以实现更可预测、更可靠的通信。
- LoRA 和 SigFox。LoRA 是由 Semtech 公司创建并得到 LoRA 联盟支持的相对较新的专有标准。它允许无线物联网传感器进行长距离低功耗通信（在有视距无线传输通信的农村地区长达 10 千米）。最近出现的另一个用于与物联网设备进行低功耗远程无线通信的专有标准是 Sigfox，它与蜂窝无线网络有一些相似之处。
- 窄带物联网（Narrow Band Internet of Things，NB-IoT）和 LTE-M。窄带物联网系统是 3GPP 蜂窝标准组织最近开发的一种低功耗广域网标准，由蜂窝供应商来部署。LTE-M 是另一种适用于 LTE 标准的低功耗广域网标准。这些标准为物联网设备直接连接到广泛部署的蜂窝网络提供了一种方法。

来自低功耗无线嵌入式设备的传感器数据通常通过无线单跳或多跳网络发送至物联网传感器所在位置附近的网关节点。从这个节点开始，数据通常进一步通过互联网通信，供云服务器或终端用户使用。

如表 4–1 所示，传统意义上，在互联网上，通信网络通常由五个主要层组成：物理层、数据链路层、网络层、传输层和应用层。我们已经介绍了如何使用各种无线物理层、链路层和网络层通信标准将数据从低功耗嵌入式传感器移动至本地网关。此外，在网络层，传统的域内和域间 IP 路由协议被用于将数据移动到预设的目的地，这个目的地使用的是基于 IP 地址的路由机制。越来越多的物联网设备使用一种被称为 IPv6 的新版 IP，因为它为多达 2^{128} 台设备（这个数量非常大，不存在用完终端设备地址的危险，就像之前部署旨在取代它的版本，即 IPv4 时出现的情况一样）提供了足够大的地址空间。

表 4–1　　　　　　　　　　　　互联网五层架构

层数	层名	协议	数据单位	寻址方式
5	应用层	HTTP、MQTT……	消息	-
4	传输层	用户数据报协议、传输控制协议	数据段、数据表	端口号
3	网络层	IP	数据包	IP 地址

续前表

层数	层名	协议	数据单位	寻址方式
2	数据链路层	802.11（Wi-Fi）、802.15.4（Zigbee）……	帧	MAC 地址
1	物理层	802.11，802.15.4，……	位	-

在传输层，互联网上有两个主要的选择，即用户数据报协议（User Datagram Protocol，UDP）和传输控制协议（Transmission Control Protocol，TCP）。UDP 旨在尽最大能力交付具有容错性的数据，而且它的开销较低，因为它不会在互联网上的端点间建立任何持久的连接。而 TCP 旨在提供更准确、更可靠和更有序的交付，不过它会产生较高的开销。

在应用层，有一些协议和机制可用于在互联网上通信物联网数据。这些协议和机制包括如下所述的 REST 和发布 – 订阅（Pub-Sub）应用层系统。

- 基于 REST 的物联网应用。REST 代表表述性状态传输（Representational State Transfer），是使用客户端 – 服务器模式的互联网上的一种端到端 Web 服务应用程序的架构。参照超文本传输协议（HTTP）来理解它是最容易的。在 HTTP 的情况下，客户端是浏览器，而服务器是与网站相关联的软件。客户端通过简单、一致且与状态无关的操作 / 命令 / 请求（包括 GET、POST、PUT、UPDATE、DELETE 等）与服务器通信（如图 4–2 所示）。客户端使用这些命令请求并修改服务器上的资源。这些资源使用统一资源链接（uniform resource link，URL）进行引用，服务器可以使用 URL 来标识相关信息，以便为浏览器客户端提供服务。"与状态无关"实际上指的是，服务器无需维护过去那些请求的任何记录，请求本身已包含满足该请求所需的所有信息。在物联网传感系统场景下，基于 REST 的应用可以在两个方向开发：（1）要求网关有效地充当服务器的角色，接收来自远程节点（如云计算点或用户移动设备）的请求，为其提供相应的服务；（2）要求网关链接到基于云的服务器，将其数据发送至基于云的服务器。虽然 HTTP 和 REST 主要在可靠的 TCP 链接上运行，但也有一些较新的、开销更低的 REST 的通信实现，如使用简单 UDP 的 CoAP。

HTTP请求：GET、POST、DELETE等

数据格式：HTML、XML、JSON、txt、及各种二进制格式

客户端应用

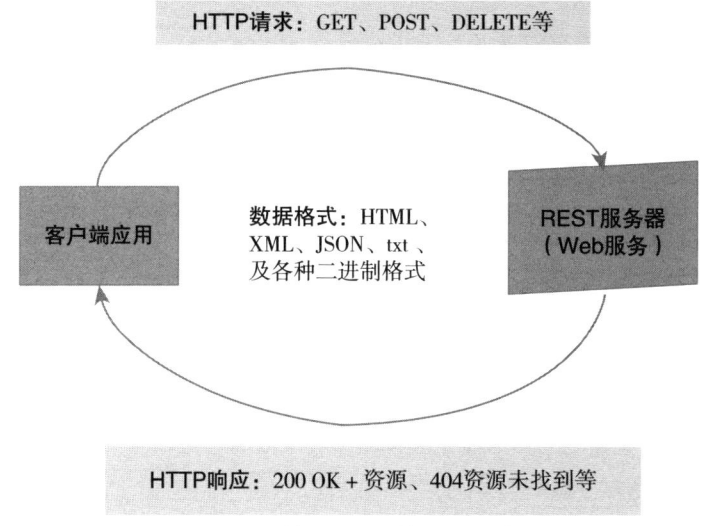

REST服务器（Web服务）

HTTP响应：200 OK + 资源、404资源未找到等

图4-2 基于REST的Web服务

- 用于物联网应用的发布 – 订阅中间件。由于物联网应用程序的独特性，如数据来自很多可能被用于大量终端消费点传感器设备，这些程序通常使用消息队列遥测传输（message queue telemetry transport，MQTT）[1]等发布–订阅中间件来构建。在MQTT这类发布 – 订阅协议（如图4-3所示）中，生成或使用信息的终端设备充当客户端，链接到充当消息代理的服务器上。产生传感器信息的设备使用给定的主题或渠道ID向代理"发布"（发送）消息。任何对一个或多个主题感兴趣的设备均可链接到代理并"订阅"这些主题。代理将收到的任何与给定主题相关的消息转发给该主题的所有订阅者。因此，每个主题都有一个或多个可以发送关于该主题的实时消息流的发布者，以及一个或多个可以接收这些消息流的订阅者。除了MQTT（可以在开源mosquitto代理和RabbitMQ中实现），还有高级消息队列协议（Advanced Message Queuing Protocol，AQMP）、数据分发服务（Data Distribute Service，DDS）和Apache Kafka等其他发布 – 订阅中间件，它们有不同水平的可扩展性和性能。还有PubNub和Satori等专门基于云实时发布 – 订阅中间件的消息服务解决方案。Pub-Sub系

---

[1] 消息队列遥测传输是一项ISO标准下的消息协议。

统通常在服务器上实现消息代理功能，并提供软件应用程序接口（Application Programming Interface，API）和软件开发工具包（Software Development Kit，SDK），以支持设计发布–订阅客户端，这些客户端可以在从低功耗嵌入式设备到移动设备再到服务器等各种设备上运行。由于它们的灵活性、可扩展性以及支持各种动态实时流的能力，这类 Pub–Sub 中间件系统已开始在物联网系统场景中得到广泛部署。

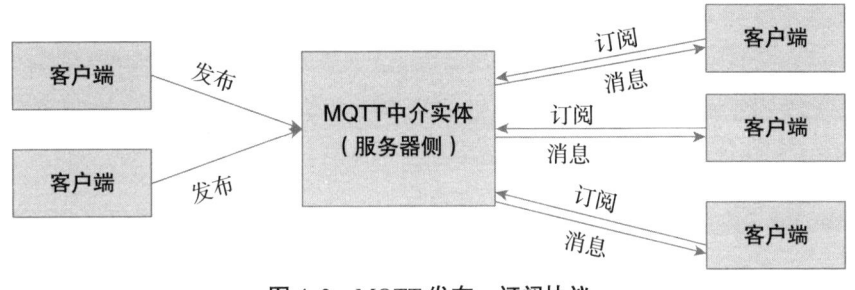

图 4-3　MQTT 发布–订阅协议

来自传感器系统的数据可以流动并汇总到云计算系统，在那里，这些数据可以被保存、查询和可视化，并用于驱动在线决策系统的分析（包括诊断、异常检测、分类、推理和预测分析）。接下来，我们将介绍云计算系统在物联网和供应链应用数据管理中的作用。

云计算

随着亚马逊 web 服务（Amazon Web Services，AWS）的推出，"云计算"一词在 21 世纪开始流行。随后其他主要供应商也推出了类似的通用云计算产品，如微软的 Azure、谷歌云平台、IBM Cloud、甲骨文云服务（Oracle Cloud）和 DigitalOcean 等。云计算的核心是允许服务器端代码在大型数据中心的计算服务器上运行，这些服务器可以远程为客户端应用程序处理进程和管理数据。云服务受欢迎的一个原因是移动应用程序的增长，在移动应用程序中，以易于扩展的方式通过一台或多台功能强大的计算机服务器来提供数据存储、管理及其他服务通常是必不可少的。

云计算的一个重要前身是软件工程中面向服务架构的发展，它强调软件的模块化设计，以便在每项服务捕获自包含的逻辑（业务）活动，该活动对其消费者而言像一个黑盒。每个服务本身又可以由其他服务组成。云计算通过将这类在线黑盒服务放置于数据中心，使应用程序能够迅速扩展，通过充分利用云提供商的能力和经验，可以以可扩展和灵活的方式处理各种功能，如可靠性（处理节点故障）、安全管理、账户管理、按需调剂算力、通过复制服务进行延迟管理、软件升级、账户管理和授权等。虽然在早期，将商业敏感数据和计算转移至第三方云提供商的服务器上存在一些阻力，但多年形成的规模和信任已经改变了这种情况，很多企业都已经开始将几乎所有的数据和计算委托给这些提供商。

云计算服务有以下几个层次，如图4-4所示。

图4-4 不同层次的云服务

1. 基础设施即服务（Infrastructure as a Service，IaaS）。人们可以利用的云提供商的最简单、最低的功能，从本质上说是它们的原始计算、内存、存储和负载平衡功能。以这种方式使用云提供商时，获得这些服务的应用程序开发人员或公司完全负责决定、许可或设计（如有需要）、自行安装和操作所有软件和数据系统，并享有运行任意软件的自由。云提供商通常允许客户的应用程序开发人员自定义选择具有所需功能和操作系统的机器，其方式可以随着时间的推移并根据需要进行拓展，例如，以满足对其产品日益增长的需求。通常，客户甚至可以选择一个或多个计算点的地理位置，以最好地服务他们的客户。传统上，云计算基础设施只通过虚拟机提供，它们在每个实例中都提供了完整的操作系统。通常情况下，这种消耗资源的大型虚拟机实例都是在云提供商数据中心的专属物理服务器（主机）上使用名为虚拟机监视器的软件来进行管理和协调的，而这种软件开销很大。不过，近年来，被称为容器的低开销替代方案越来越受欢迎。容器不需要每个应用程序都有自己独立的操作系统（OS），而需要直接在主机操作系统上运行，开销更低。除了支持以更低开销部署较小的代码片段，使用容器还可以将软件的安装时间从几小时缩短至几分钟。Docker 是一个被广泛使用的工具，它可以将应用程序打包到可以在任意 Linux 服务器上运行的容器中。Docker Swarm 和 Kubernetes 等编排软件提供了启动和管理 Docker 容器在一组具有故障转移管理等内置功能的终端主机或虚拟机上运行的能力。基于云的容器服务的例子包括亚马逊的 Elastic Container Service、Azure Container Service 和谷歌 Kubernetes Engine。云提供商提供的另一个基础设施是存储，如 Amazon S3、Azure 存储和 Oracle 云存储等提供的存储。

2. 平台即服务（Platform as a Service，PaaS）。它是基础设施的一个升级，为客户应用程序开发人员提供了一组预构建的软件工具，这些工具简化了设计和部署应用程序的流程，其中可能包括程序执行环境、数据库、发布 – 订阅或消息传递中间件以及 Web 服务器。虽然客户应用程序开发人员保留了使用平台与相关 SDK 和 API 对应用程序进行配置和定制的能力，但这种方法为客户提供了一个更高层次的抽象，他们不需要手动租用 / 分配资源来支持他们的应用程序，而是受益于为他们提供的自动扩展解决方案。与 IaaS 相比，购买 PaaS 的另一个好处是保护产品所需的软件升级和安全机制成了平台提供商的责任。PaaS 的一个例子是 PubNub，它拥有一个实时的订阅 – 发布消息云平台，用于各种应用程序，如共享乘车、车队管理和供应链产品跟踪等。另一个例子是不同云提供商提供的结构化查询语言（structured query language，SQL）数据库服务。PaaS 解决方案的另一个家族成员以移动后端即服务（mobile backend as a service，MBaaS）解决方案为代表，它提供统一的 API 来访问移动应用程序所需的常见功能，如推送通知、数据库存储和查询以及社交网络集成。MBaaS 的一个例子是 Firebase。最近，在区块链应用的背景下出现了将区块链作为服务提供的趋势（目前已经有这样的产品，如 IBM Cloud、Azure、AWS 和甲骨文等公司提供的产品），其中，所需区块链（如 Hyperledger Fabric 或以太坊）的全节点实例由云提供商根据客户指定参数的运行。

3. **软件即服务（Software as a Service，SaaS）**。关于云计算服务的抽象的最后一步是在云上托管一个完整的端对端应用程序的整个软件，该应用程序只能通过浏览器等瘦客户端访问。在这种情况下，整个软件堆栈的所有功能和基本配置均由云提供商处理。此类服务的一些简单例子是 Google docs 等办公软件或微软 Outlook 和 Gmail 等电子邮件软件服务。另一个例子是 Salesforce 提供的客户关系管理软件，它提供了从销售和合作伙伴关系管理到协助营销和客户服务等一系列功能。SaaS 应用程序可以以订阅的方式直接销售给终端客户。从企业的角度来看，SaaS 解决方案的增长可以帮助它们重新分配 IT 资源，因为在内部安装、维护和升级软硬件的需求已经越来越少了。

大数据：计算与存储

随着数据驱动应用程序的快速增长，供应链管理软件系统不得不以多种方式应对数据的复杂性。大数据管理领域一直在为面对这些挑战而发展。在大数据背景下，有以下三个基本维度要考虑。

- 量（Volume）。大数据应用的特点在于海量数据，特别是来自不断增加的物联网设备的数据。软件系统的设计必须能够存储和处理随时间的推移而增加的数据量。
- 速度（Velocity）。供应链中的传感器设备发送的数据通常以动态数据流的形式存在，对很多对于延迟和时间敏感的应用程序而言，能够实时处理并响应这些高吞吐量的数据流是非常重要的。因此，处理数据的软件系统必须具有足够的带宽和算力。
- 多样性（Variety）。与传统的数据管理系统不同，现代大数据系统面临的另一个主要挑战是它们需要处理不同类型的数据，从代表感知数据和场景的数字和文本到声音、图像和视频。有意义的推论可能需要通过处理、合并和融合不同类型和形式的数据得出。

上述三个 V 为我们提供了一种思考大数据系统挑战的方式；我们需要各种数据分析方案来清理和处理原始数据，并从中得出有意义的推论、预测和决策。

从计算的角度看，大数据应用的兴起催生了颇具创新色彩的并行和分布式计算范式，这些范式可以利用云平台上可用的可扩展计算资源。用 Apache Hadoop 实现的 MapReduce 是一种对海量数据集进行计算的范式。它通过将计算分为两个阶段来充分利用并行计算的可用性，这两个阶段分别是一个映射阶段（根据相关的键对输入值分组）和一个 reduce 函数（它可以以一种自然适应并行化的方式处理每个键的值）。最近，人们发现 MapReduce 的泛化 [即以有向无环图（directed acyclic graph，DAG）的形式表示计算] 被广泛应用于复杂的流水线计算中。这就是谷歌云数据流分布式计算系统和 Apache Spark 的基础。Apache Spark 是一个功能齐全的大数据分析引擎，它还提供了很多其他功能，包括流处理、流查询、机器学习库和 GraphX（一个用于图形和图形并行计算的 API）。

传统的关系型 SQL 数据库（如 Oracle SQL、MySQL 和 Postgre-SQL）是高度结构化的，具有良好定义的模式，如图 4-5 所示。由于存储和处理数据的性质发生了变化，以及对更大的灵活性、支持不同类型的数据和可拓展性的需求与日俱增，因此出现了一类新的 NoSQL 数据库，如图 4-5 所示。用于各种大数据的 NoSQL 数据库的例子有 Apache Cassandra、MongoDB 和 CouchDB，它们都有独特的功能和特性。Apache Ignite 是一种快速分布式数据库，旨在提供高可用性和容错性，它使用 RAM 内存进行存储和内存计算，并支持传统的 SQL 和 NoSQL 功能。

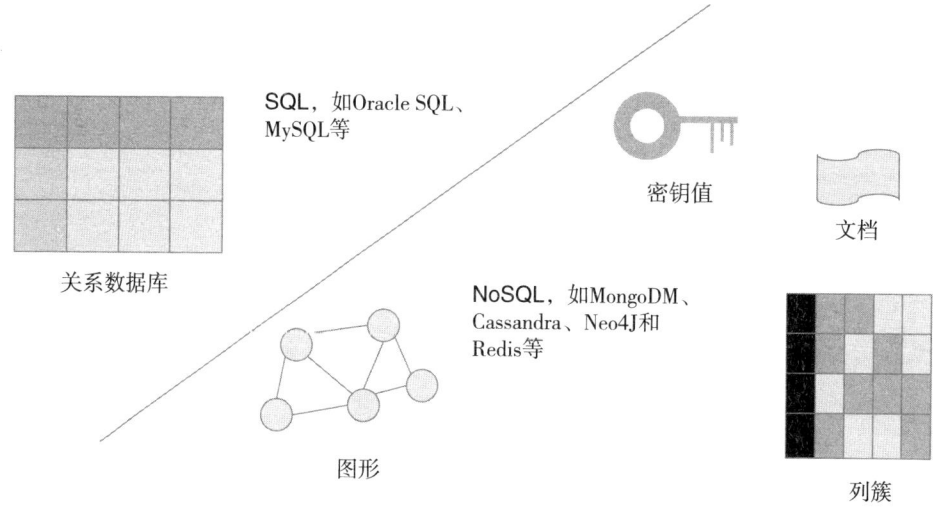

图 4–5　SQL 与 NoSQL 数据库

ACID 和 BASE 是数据库设计中两种不同的理念或模式。ACID 的属性包括原子性（要么让交易的所有要素通过，要么都不通过）、一致性（只输入有效数据）、孤立性（并行的不同交易互不影响）和持久性（交易不会丢失）。BASE 系统在出现故障、软状态和最终一致性时显示出基本可用性。与遵循 ACID 的系统相比，遵循 BASE 的数据库在一致性和可用性之间进行了权衡。传统的 SQL 系统通常是遵循 ACID 的，而 NoSQL 系统在大多数情况下倾向于遵循 BASE，作为一种应对更海量和更高速数据的方法。在使用 BASE 兼容数据库设计的系统中，当实现了某些重要的一致性状态时，可能需要构建带有附加事件的应用程序。

数据分析与机器学习

在大数据的背景下出现了很多用于数据分析、学习和预测的算法。下面，我们将简要介绍一下近年来迅速成熟的各种机器学习解决方案，不过将这个主题讲透显然超出了本章这一小节的范围。对此感兴趣的读者不妨仔细阅读一下凯莱赫（Kelleher）等人于 2015 年发表的著作以及穆勒和奎度于 2016 年发表的著作。

数据表示方式

熟悉计算机文件格式的读者可能知道，不同类型的数字数据通常以不同的方式表示。为搭建复杂的供应链软件系统，将这些表示方式标准化和规范化是非常重要的，这可以方便供应链中不同点的计算系统相互操作。对于可以表示为文本（主要是数字和字符串）的传感器数据，人们广泛使用的是一种独立于语言的格式，即 Javascript Object Notation（JSON），它本质上是以名称–值（或键–值）对的形式和一种轻盈且人类可读的格式来表示数据的。物联网数据有时也可以更紧凑地表示为非人类可读的二进制，如简明二进制对象表示（Concise Binary Object Representation，CBOR）。当然，对于特定类型的数据，如图像（JPEG 和 PNG）、音频（WAV）、视频（MPEG）、网页（HTML）和文档（PDF）等，还有其他标准的二进制标准。SensorML 等标准进一步标准化了特定传感器的类型、值和单位的表示方式。还有一种趋势是使用资源描述框架（Resource Description Framework，RDF）和 JSON-LD（JavaScript Object Notation for Linked Data）等模式和格式来表示不同类型的数据以及它们可能表示的对象之间的关系，它们允许对复杂的互联数据进行更丰富、语义上更有意义的查询。

数据压缩

当系统在存储和带宽方面存在重大资源限制时，可能就需要压缩数据了。数据可以以无损方式压缩，也可以以有损方式压缩。在前一种情况下，所有信息都可以被保留下来。一个通用无损压缩系统的例子是众所周知的 zip 系统，它可以应用于各种数字数据。有损压缩机制的一个例子是 JPEG 算法，它用于以不可逆压缩方式来表示图像，允许在压缩效率和图像质量之间进行可调节权衡。

数据清理

在许多应用程序中，用于流程和分析的原始数据在使用前都必须先被"清理"。输入数据可能存在很多问题，例如，可能缺少要素或要素不完整，或可能混入了噪音，或数据格式可能不一致。很多现有的技术都可以处理这些问题，如处理丢失数据的插值方法，或使用数字滤波器对音频数据进行去噪。有些机器学习工具可以用于处理某些类型的错误数据（如使用语言处理工具可以轻松修复拼写错误或引用类似却不一致的名称的方式）。在其他应用程序方面，工程师和专家可能需要根据他们领域的知识来设计专门的清理方法。

数据聚类和无监督机器学习

给定一组数据输入，每个数据输入均用多个属性（维度）描述，有一些算法可以自动对数据点进行聚类，并检测它们是否自然地属于不同类别（如图 4-6 所示）。这种不需要领域内的先验知识或人工注释的高维聚类算法被归类为无监督机器学习技术。这类技术的例子包括 K- 均值聚类、分层聚类和使用混合模型聚类。

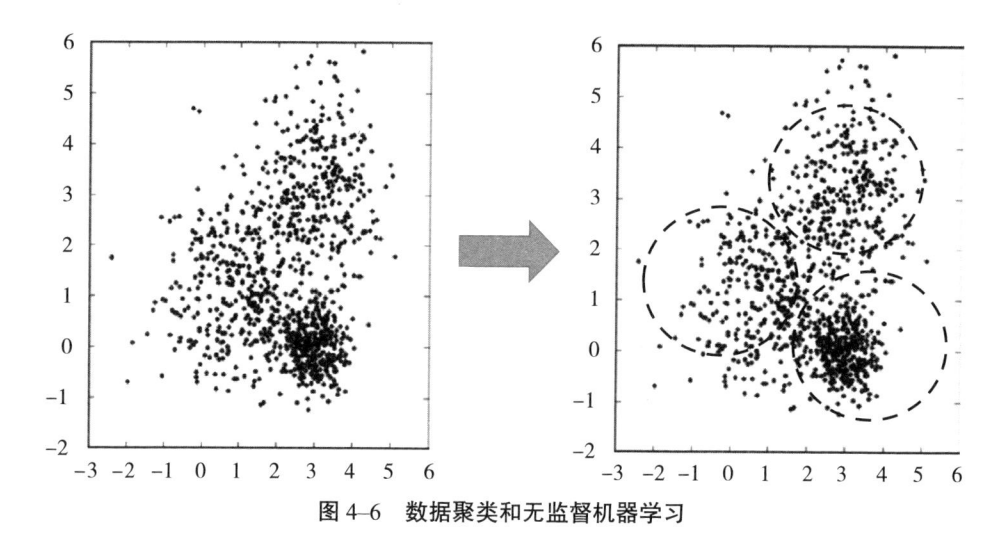

图 4-6　数据聚类和无监督机器学习

基于模型的贝叶斯统计推断与估计

在一些涉及随机变量（这些变量以可以使用条件概率和先验概率建模的方式相互关联）的应用程序中，某些基于数据驱动的观察可以使用贝叶斯技术进行某些推断和估计。例如，在使用射频信标跟踪资产时，如果信标位于特定点时获得某些特定信号强度观测集的条件概率模型是已知的，那么在特定已知点的信号强度观测就可使用这种方法估计信标的位置,这种模型本身可以根据测量结果随时间的推移来学习和改进。

用于分类和预测的有监督机器学习

近年来,机器学习最成功的应用之一是利用深度神经网络对复杂的高维输入进行检测和分类。在不详细介绍这些系统的情况下,重要的是要注意神经网络需要注释数据。例如,用于检测图像(如海运集装箱)中是否存在特定类型的物品的神经网络需要之前已注释(通常人工完成)的图像。随着更多的训练数据变得可用,这种分类系统的性能将得到提高。

通常,开发这种用于分类的有监督机器学习系统分为两个主要阶段:模型训练阶段和基于模型的分类阶段(如图4-7所示)。通常,模型训练阶段需要对复杂问题进行密集计算,从而探索大量参数,而且必须解决非线性优化问题以获得良好的性能。一旦对模型进行了训练,就可以将其部署在第二阶段中来提供输入分类。第二阶段的计算通常不那么密集。在一些应用程序中,经过一段时间后,由于新数据的收集或底层环境发生了某些变化,模型可能需要重新训练。有监督机器学习方面特别成功的一个领域是计算机视觉,即使用卷积神经网络检测图像中的对象,它可以应用于自动驾驶和其他一些场景。其他受益于神经网络的领域还有音频和语音处理、软件安全异常检测等,包括时序预测(经常使用不同的架构,如循环神经网络)。有一些神经网络软件框架非常受欢迎,如谷歌的TensorFlow。还有一些具有高级API的软件工具为训练它们提供了简单界面,如Keras。在某些应用程序中,现成的、经过预训练的神经网络系统可以快速部署,如名为YOLO的实时物体检测系统,它可以检测指定的物体,并在给定的图像中高速识别它们的边界框。除了图像识别,重要的是要知道神经网络可以应用于任何有一定数量带注释的高维数据(如从供应链应用程序中的多个物联网设备获得的数据)可用的领域,用于检测、分类、预测、估算和函数逼近(回归)等各种问题。

图 4-7 有监督机器学习

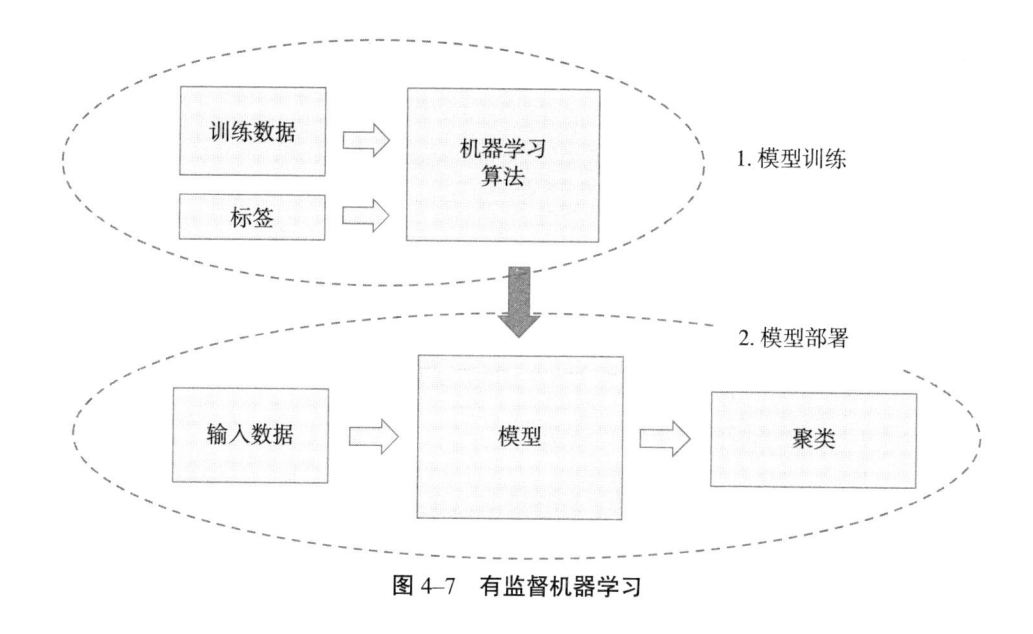

自然语言和语音处理

如前所述，除了图像识别，另一个被有监督机器学习颠覆的领域是自然语言和语音处理。近年来，语音到文本识别、人类语言和语法理解、翻译能力、文本到语音转换、语音模仿等都在迅速发展，谷歌、甲骨文、亚马逊和 IBM Watson 等云提供商甚至将它们作为现成的 PaaS/SaaS 产品提供给用户。不少公司推出了可以与人类进行有意义的自动对话的聊天机器人系统，这些机器人系统可以针对特定应用领域进行定制和编程。

强化学习

当今的 AI 系统不仅可以根据数据学习分类和推导，而且可以根据它们遇到的数据学习整体应对的闭环策略。深度强化学习算法，在应用于通过试错过程学习玩视频游戏的方面（以神经网络为核心，通过回归分析，把状态与动作之间的高维映射优化出来）取得了巨大的成功，它甚至赢了人类专家。此类系统具有广泛的适用性。通过使用现实世界控制系统的"数字孪生"和基于模拟试错的学习，这样的系统甚至可以学会任何操作，从工业机械和机器人到进行有关定价和交易的在线决策，等等。强化学习在很多方面代表了自主系统 AI 愿景的最大希望，即系统自己学会最优操作和自主适应环境变化。

数据可视化

数据分析最后一个值得讨论的方面是数据可视化。从实时测量到汇总统计数据，将收集和分析的丰富数据流进行可视化通常很有帮助。Grafana 等工具提供了为实时数据建构仪表盘的方法，让处于循环中的人们可以通过可视化的多个相关指标来监控和识别相关趋势。通过改善数据使用者和决策者的用户界面和用户体验，这些工具有助于用数据讲述更引人入胜的故事。另一个新兴趋势是使用增强现实技术，将物联网系统数据和根据这些数据得出的推论叠加在工厂或仓库等实体系统上。

安全、隐私和信任

随着供应链走向日益数字化的未来，要切记的是从网络安全的角度来看，基于计算机的信息系统可能是很脆弱的。传统上，计算机安全已经有了一些方法来应对与安全三要素相关的问题（如图 4-8 所示）：数据的保密性和完整性（使用加密算法、传输层安全方案和散列机制）以及可用性（通过各种机制来处理集中式和分布式拒绝服务）。以数据为中心的系统还需要注意隐私问题，尤其是根据《通用数据保护条例》（*General Data Protection Regulation*，*GDPR*）的规定，企业如果不谨慎对待隐私敏感数据，可能就会被严厉处罚。这是一个新进展仍然层出不穷的前沿领域。人们正在开发的有差分隐私（小心地为数据添加噪声，以提供某种隐私保障）等算法技术、部分和完全同态加密技术和可信执行环境（如 Intel SGX，它为保护计算保密性提供了方法），以及限制数据存储并允许用户撤回和删除关于他们的数据的系统等。

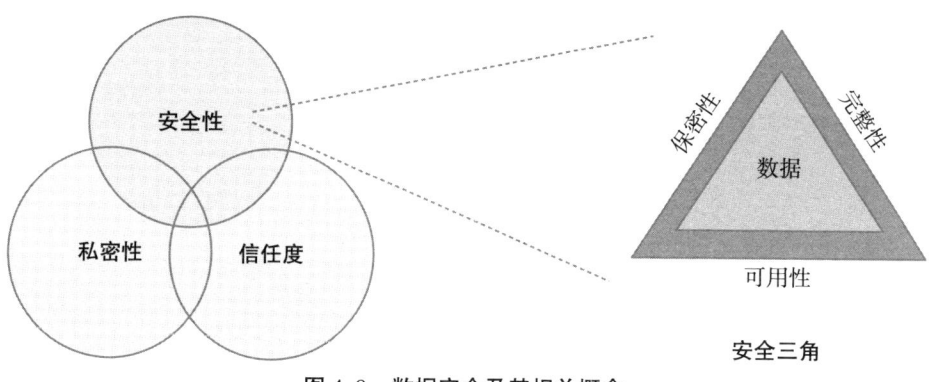

图 4-8　数据安全及其相关概念

区块链协议和基于区块链的系统建立在加密原语之上，旨在整合这些功能，并经常提供一些安全保护措施，以防止节点故障（不仅仅是失败，还有对抗）。然而，它们仍然容易受到传统问题的困扰，如协议和智能合约软件中的零日漏洞（之前没有被发现和修复的漏洞）。从根本上讲，基于区块链的系统旨在提供一定程度的分布式信任，使跨传统信任边界的自利各方之间的互动能够通过更少的摩擦实现，这是供应链系统的一种重要能力。虽然区块链技术可以确保数据一旦被输入分布式账本便不可被篡改，但它不能确保数据首先是有效 / 正确的。特别是当数据是从传感器发送至区块链时，可能需要额外的防篡改、验证、确认和纠正措施，以确保数据是正确和有效的。在某些场景下，这可能是一个很难解决的问题。

物联网和其他供应链技术与区块链的整合

随着区块链技术在供应链中的应用日趋成熟，它可能将与本章介绍的物联网、云计算、数据分析和安全技术实现无缝融合。让我们来看看以下两个关于这种融合的例子：（1）基于物联网的发布 – 订阅系统与区块链技术的融合；（2）去中心化的物联网数据市场。

发布－订阅系统与区块链

如上所述，传统上，发布－订阅系统是使用客户端－服务器方式实现的，发布和订阅客户端与托管在服务器上的中介进行通信（如图 4-9 所示）。在供应链背景下，很多组织可能部署了物联网和其他数据流设备，它们需要以可信的方式共享数据流，这种集中式方法可能并不总是合适的。一种解决方法是用一组分布式中介代替单个的中央中介，这些分布式中介通过协商一致的过程维护共识状态。能提供这种能力的一个著名的发布－订阅系统是 Apache Kafka，它包括一个名为 Apache Zookeeper 的组件，它提供共识，更具体地说是一种在多个节点之间进行原子广播的能力，这样每个节点都能保证以相同的顺序提供数据。Apache Zookeeper 以一种弹性的、少于 N/2（网开网络的节点）的崩溃故障的方式提供原子广播。通过使用拜占庭容错共识协议连接由不同联盟成员托管的传统发布－订阅系统代理的分布式集合，可以提供更强大的可信发布－订阅系统。Trinity（如图 4-9 所示）就是这样的一个系统，它将不同的 MQTT 发布－订阅中介链接到基于受许可的 Tendermint 拜占庭容错共识的区块链上，以确保每个中介的订阅者都能以一致的、相同的顺序看到从发布者到任何/所有中介的相同且经过验证的信息流。Trinity 可以通过智能合约逻辑得到增强，使单个节点根据物联网设备的测量结果进行自主决策。

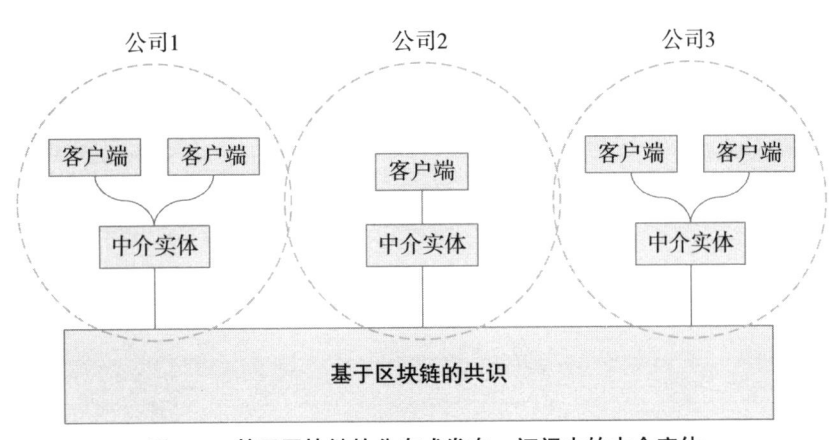

图 4-9 基于区块链的分布式发布－订阅中的中介实体

物联网数据的去中心化市场

通过对数字数据和数字流启用小额支付，区块链技术开始允许不同的组织在供应商和消费者（他们可能是供应链联盟中的不同方）之间交换数据，数据在供应链联盟中可能以无缝方式跨越信任边界。流数据支付协议（Streaming Data Payment protocol，SDPP）是匿名支付渠道和匿名分布式账本技术上的应用层协议的一个例子，它允许数据流的买卖双方对数据进行全面交易，使用加密货币或传统电子支付渠道的定期小额支付以及基于区块链的存储记录，包括订单、发票和收据等，如图4-10所示。海洋协议（Ocean protocol）和南加州大学的去中心数据化市场项目等提出了一些方法，允许卖家使用智能合约注册，买家可以浏览这些智能合约，以确定或获取他们感兴趣的数据流。这种去中心化物联网市场的其他要素（如动态定价、搜索和使用令牌管理注册的去中心化推荐系统等）仍处于研发的早期阶段。

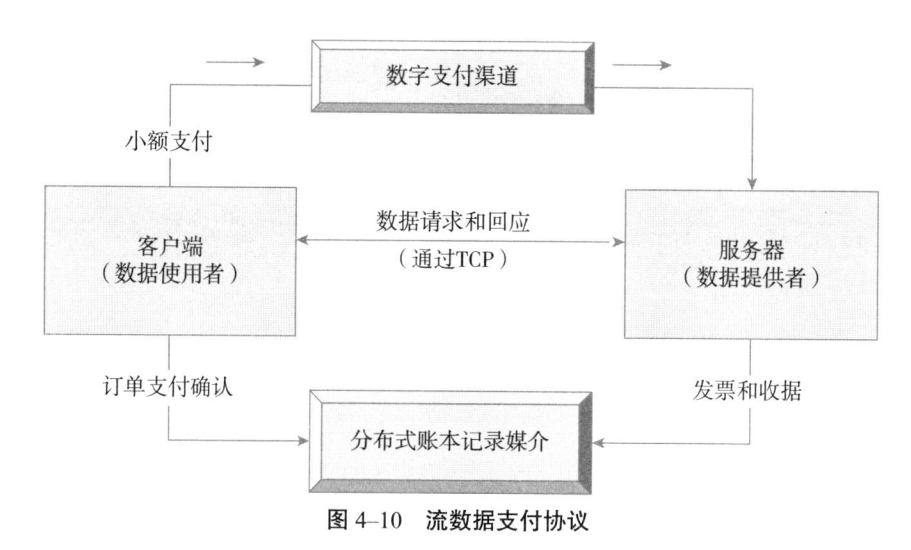

图 4-10　流数据支付协议

Blockchain and
the Supply Chain

第 5 章

区块链战略

在 2018 年以前，区块链在供应链管理中的应用是一些早期采纳者的天下。虽然在早期，商业案例是围绕着对区块链技术的理解而逐渐形成的，但我们发现，自 2018 年初以来，整个供应链行业对区块链技术的兴趣大增。

结果，不仅有更多的企业想尝试这项技术，早期采纳者也有了更远大的抱负。2017 年，很多企业高管都认为区块链只是炒作，而如今，在被众人视为世界上最保守的行业之一的航运业，区块链已经成为 C 级高管们会议议程的一部分。在内部创新实验室开发的或与初创企业以及 IT 服务提供商合作开发的，以展示这种技术可能性和局限性的概念验证（Proof-of-Concepts，PoC）很快就被更先进的技术应用（包括区块链技术与物联网和人工智能等其他先进数字技术的融合）所取代。我们已经在第 4 章中介绍了这些技术。

然而，从我们的经验看，供应链管理实践者仍在努力回答以下三个关于区块链的基本业务问题：

- 供应链管理为什么要应用区块链技术？
- 区块链将影响供应链管理的哪些流程和指标？
- 我们应该如何对待区块链项目？

与此同时，我们需要更好地了解区块链技术对实际的供应链管理应用程序的意义以及选择正确项目的方法。虽然实施区块链项目在很多方面与实施更传统的信息与通信技术（information and communications technology，ICT）项目类似，但这些项目本身也会遇到特定的挑战。这自然向我们提出了一个问题：如何最好地实施区块链项目？遗憾的是，虽然区块链技术在近些年受到了广泛关注，但这种关注主要集中在设计和功能方面的技术问题上，而忽视了应用、价值创造和治理方面的思考。

因此，当涉及识别和分析区块链在供应链管理中的商业用例或实际实现时，供应链管理实践者会发现没有什么能拿得出手的东西，这并不奇怪。在接下来的三章中，我们将通过为供应链引入区块链策略（一种与供应链管理目标和供应链管理流程相关的策略），走出纠正这种观点的第一步。此外，我们将特别关注加速或阻碍区块链在供应链中应用的因素，如已有系统的集成以及区块链协议和治理的互操作性。

在第 5 章中，我们首先回答"供应链管理为什么要应用区块链技术"这一问题。为此，我们对这项技术的独特功能进行了分析，这些功能与企业在供应链管理方面面临的一些尚没有解决方法的具体挑战有关。

在第 6 章中，我们将讨论区块链对供应链管理流程和指标的影响。我们将使用 SCOR 模型（美国运营管理协会 2017 年版），探讨区块链在供应链管理流程中发挥的作用以及这是通过哪些机制实现的。

在第 7 章中，我们将深入研究一个涉及鹿特丹港（Port of Rotterdam）、三星数字解决方案（Samsung Digital Solutions）公司和荷兰皇家银行（ABN-AMRO Bank）的供应链管理案例。这个案例将帮助我们了解企业在实施区块链项目时可能面临的一些挑战。

为什么是区块链而不是其他技术

2017 年的某一天，加密货币评论员凯·塞奇威克（Kai Sedgwick）说："在半天的时间里，我们想出了 50 多个区块链用例！还有基于区块链的类似优步的墓碑式应用程序。"尽管此时很难将区块链技术视为一种很普通的工具，但亚伯拉罕·卡普兰（Abraham Kaplan）的工具法则似乎已经很适用了。"给一个小男孩一把锤子，他会发现他遇到的一切都需要敲打。"对企业而言，为了避免这种错误，并在筛选无数想法时找出错误的用例，我们需要仔细研究区块链技术的独特功能，以及它们如何与供应链管理的痛点相关。

供应链弹性

尽管供应链数字化在近20年来一直是零售、汽车、电子、航空和化工等行业的一个重要问题，但这个问题却没有在其他行业得到类似的关注。这些行业通常因规模经济而由少数大公司主导。为了实现协调发展，供应链中的主导成员可以向与其有合作关系的采购和分销伙伴推行各种标准和平台。这就形成了一个高度集中的系统，在这个系统中，其他供应链成员对它们的数据几乎没有控制权，这几乎无法给它们带来好处或者带来很少的好处，而且它们还可能受到利益勾结和未经授权的数据修改的影响。这些集中式系统的脆弱性不应被低估，马士基集团（A.P. Moller-Maersk Group）因遭到网络攻击而损失了3亿美元就是明证，该集团在鹿特丹等主要港口的一些集装箱码头的运营瘫痪了好几天，这也给其客户的供应链运营造成了严重影响。虽然我们对此次网络攻击给供应链带来的直接和间接损失知之甚少，但美国制药企业默克（Merck）公司在其向美国证券交易委员会提交的报告中指出，这次攻击严重影响了其在全球的生产、研发和销售的业务运营。

区块链作为用于交易处理的分布式数据库：

- 消除了中央权威的存在，从而消除了单点故障；
- 提供防篡改的交易分类账；
- 提供基于算法强制规则的可信交易，无需人工交互。因此，区块链提供了安全的端到端数据交付。

这很可能降低被恶意参与者操纵和伪造的可能性。基于区块链的身份和访问管理系统不仅适用于更传统的企业资源计划（enterprise resource planning，ERP）和供应链管理应用，而且可以解决与物联网安全相关的一些关键挑战。

虽然区块链技术绝不是网络安全的万能方案，而且如今很多网络攻击本可以通过适当的设置 ICT 安全策略、更严格的修补程序和更换报废（操作）系统来防范，但它可以提供一个以有针对性的方式控制安全漏洞影响的方法，特别是涉及物联网设备时。

B2B 集成

即使供应链中有一位主导成员，它也仍然仅能控制其一级供应商或分销合作伙伴，这主要是合同约束的结果。但是，第 N 级供应商的中断可能也会严重破坏供应链。这可以从 2012 年福特公司在欧洲的一家聚合物工厂的停产事件中看出来。由于福特的这家二级供应商的问题，大多数汽车制造商的供应商用于制造油箱、制动部件和座椅面料的聚合物出现了短缺。这家工厂用了六个月的时间才恢复生产，这对汽车行业产生了巨大的财务影响。正如辛奇－利维等人于 2014 年指出的，当提到供应链风险管理时，人们常常说"细节决定成败"，廉价零部件的供应商断货给企业带来的冲击可能比昂贵零部件的供应商断货大得多，虽然昂贵零部件属于高财务影响因素。

目前，集中式系统中根本就没有用于管理与这些供应商相关的风险的数据，这主要是因为成本因素以及这种系统缺乏灵活性，所以强制共享这些数据很难，即使有合同协议也无济于事。开源区块链技术在没有中央系统的点对点网络中提供了数据安全和高性价比的交易传输。通过这种方式，区块链技术简化了企业对企业（B2B）集成，同时消除了上述信任问题。

此外，B2B 集成目前主要在两家公司之间进行，而且要么直接进行，要么通过 Seeberger 或 Descartes 等信息中介平台进行。但是，通常会存在多家专业的中间公司（如银行和保险公司等）来进行供应链交易以及相关的文件和货币交换。多方参与交易增加了这些交易的复杂性，使用现有的 B2B 集成方法使交易成本高、效益低且速度缓慢。另一方面，区块链可以使用智能合约使这些交易实现自动化。我们将在后面的章节中对此进行更详细的介绍。

扩展供应链中的可追溯性

与多层供应链体系的风险管理挑战密切相关的是在扩展供应链中的跟踪和追溯。Global Standard One（GS1）是一个在不同行业开发和维护数据标准的国际组织，它将跟踪和追溯定义为"通过延伸供应链的特定阶段向前跟踪移动并向后追溯考虑中的历史、应用和位置的能力"。2015年，Chiptole墨西哥烧烤店爆发大肠杆菌疫情，导致55位顾客罹患重病，这有力地说明了更好的可追溯性的价值。随着供应链变得更复杂，其透明度和可追责性降低了，影响了对此类感染的预防或遏制。

同时，企业也面临着客户对产品信息以及验证可持续性声明的方法的诉求。第一个诉求通过使用标签和认证得到了部分实现，而第二个诉求目前对消费者、非政府组织、政府和倡导可持续性的组织等而言都是不透明的。在集中式系统中实现全链可追溯的一个主要障碍是中央组织必须管理身份和数据，使其完全可见所有正在被交换的关系和数据。而且，即使中央组织设法对其所有的一级供应商强制执行这一政策，也不会对二级到第N级供应商强制执行，因为这些供应商不仅没有合同义务向中央组织提供数据或证明自己的行为是可持续的。而且，一级供应商也不愿透露它们与其供应商的关系，如担心企业会绕过它们直接采购。区块链允许保护参与者的隐私，并使交易无法链接到交易的发送方和接收方，同时允许通过一个特定产品的跟踪密钥和交易的真实性验证来实现完全可追溯。

了解你的交易

尽管"了解你的交易"（know your transaction，KYT）可被视为扩展供应链中可追溯性的一个具体案例，但我们认为它是区块链技术中一个至关重要却至今仍被忽略的功能，值得用一个单独的段落来介绍。

作为最先采用加密货币和区块链的行业，金融业重视KYT一点也不足为奇。加密货币的兴起给世界各地的银行和金融机构带来了新的挑战，即如何在新环境下遵守防止洗钱和资助恐怖主义的政策。由于现有的"了解你的客户"规则很难在数字货币上实施，银行需要开始寻找其他方法来确保合规。这导致了由大数据驱动的账本交易分析的发展，以识别出不受欢迎的行为，如捕鲸（囤积虚拟货币）和异常延迟等。

类似地，结合来自共享账本的交易数据可以在供应链中识别出不受欢迎的行为（如延迟或不准确的数据）。反过来，如果这种不受欢迎的行为反映在网络声誉上，供应链成员就能发现"坏苹果"，并在以后的交易中不再使用它们。由于声誉评分是基于双方对交易的遵守程度从零开始计算的，并且是可持续评估的，因此与一次性了解客户的流程相比，这种衡量标准可以更好地说明实际声誉。换句话说，区块链上的 KYT 将允许自下而上和预先合规。

M2M 集成

到目前为止，供应链数字化主要出现在 B2B 交易领域。数据从一个数据竖井转移到另一个数据竖井。这些数据竖井所代表的实体点之间发生了什么仍是未知的。"我的集装箱在哪里？""我的产品是在什么条件下运输的？""我的火车车厢在哪里？"只有能在数据竖井中找到相关数据时，这些问题才能得到回答。虽然区块链技术可以影响 B2B 集成，但我们相信物联网 M2M 集成将是这种技术的一种更强大的应用，并将改变很多行业。早期的研究已经证实了这一点。

由于每个物联网设备都有自己的身份，并包含它所代表的物理物品的数据，所以能创建一个虚拟生态系统。虚拟生态系统是一个允许集装箱和任何包装单元（如纸箱、箱子、手推车和产品）在运输中进行跨链协作的系统，如图 5-1 所示。

每个集装箱都将创建自己的数字阴影，虚拟地对相关信息进行分类。这个虚拟集装箱使用保存在区块链上的电子文档记录了负载特征、位置、运输条件（如湿度和温度）以及货物的具体运输说明。基于智能合约，加密数据将被推送给经过授权的供应链合作伙伴，这取决于供应链合作伙伴对文档或文档的某个部分的访问权限。现在，企业有能力通过生态系统共享关键信息，以做出更好的决策以优化供应链，例如在涉及跨组织边界的卡车利用率和二氧化碳减排时。请注意，这个虚拟生态系统中的每个点或者"地址"（区块链术语）都与其他点存在多个链接。使用现有的分层系统创建这样一个 N-N 网络需要在一个分层数据库中提供所有数据，这个数据库会链接到虚拟生态系统中的所有单个记录。这可能将导致严重的单点故障，同时将系统的控制权交给单个权力组织。

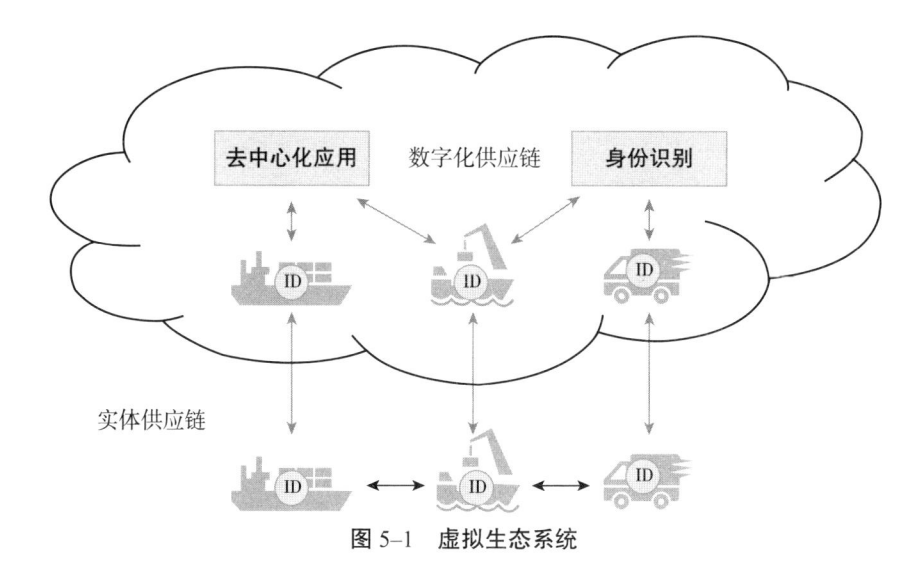

图 5-1　虚拟生态系统

实时处理信息和资金流

一个集装箱从新加坡出发，大约需要 36 个小时到达印度尼西亚的雅加达。然而，信息处理和财务结算可能需要长达七天的时间。这主要是因为以下事实：买卖双方无法直接访问数据并自动验证实际交易（如付款、提单和清关等）是否已经发生，而必须依靠受信任第三方（如测量员、银行、保险公司和清关代理）的复杂网络。只有受信任第三方的个人账本被更新和匹配后，每笔交易才被认为是可信的。与通常情况下以文档方式进行的数据交换一样，支付以及其他形式的价值或所有权转移也是交易的一部分。虽然付款和发票收发可能会在各组织之间自动进行，但文件（如原产地证明、提单、运单等）的交换在很大程度上仍依赖于"计算机 – 纸 – 计算机"的人工操作模式。

此外，由于受信任的第三方参与了交易，这些交易就不再是两方之间的简单交易了，而需要四方参与，如买方、买方的银行、卖方、卖方的银行，或者买方、买方的测量员、卖方和卖方的测量员。这进一步降低了交易的执行速度，导致了交易成本的增加。为实现信息交换和资金流的实时结算，各方必须商定如何做到这一点，这时就轮到智能合约[①]发挥其作用了。萨博将智能合约定义为：

> 执行合约条款的计算机交易协议。智能合约设计的总体目标是满足常见的合约条件（如支付条款、留置权保密甚至强制执行），最大限度地减少恶意和意外的异常情况以及对可信中介的需求。

通过智能合约，我们不仅可以数字化供应链中的文档流，而且可以将"行为"引入文档，以便在满足特定条件的情况下自动结算双方或多方之间的资金流。

基于共识的数据源

在供应链中，数据高效且有效的数据流对响应客户需求和客户总体满意度至关重要。有研究表明，实施协调的供应链的特点是有效的沟通和数据交换。尽管 XML[②]和 APIs[③]等技术实现了进步，出现了 Descartes Seeburger 等物流信息中介平台和 Portbase 等港口社群系统，但供应链成员之间的信息共享仍是一个非常繁琐的过程，很多组织都管理着同一订单，但数据却是冗余和不准确的。

波士顿咨询公司（Boston Consulting Group）发布的一份研究报告清楚地显示出贸易融资领域中数据的巨大冗余。尽管数据字段交互的总数很容易超过 5000 次，但"创建/增值数据"的交互仅占 1%~2%，"忽略/传输至下一方"占 85%~90%。虽然我们同意科尔佩拉等人于 2017 年发表的看法，即区块链本身

[①] 智能合约是尼克·萨博最早提出的，他写的关于智能合约的文章比中本聪的文章早了将近 10 年。此外，萨博还阐述了运行这些智能合约所需的加密建构块。然而，是比特币区块链使这个想法变得可行的。

[②] XML（即可扩展标记语言）是一种标记语言，它定义了一组规则，用于以人类可读和机器可读的格式对文档进行编码。

[③] 正如图形用户界面使人们更容易使用程序一样，应用程序编程接口使开发人员在构建应用程序时可以更容易地使用某些技术。通过对底层实施实现抽象化，并且仅公开开发人员需要的对象或操作，API 减轻了程序员的认知负担。

无法满足供应链电子文档标准化的要求，但我们认为它可以成为一个公用的"创建/增值"数据层的基础，只要供应链成员愿意跳出它们自己的数据竖井来看情况。提单就是一个很好的例子。虽然提单在很大程度上被视为海运行业的一份文档，但实际上由海运公司自己创建的提单中所包含的数据非常有限。有关预计到达时间、船名、装货港、卸货港的数据通常都来自客户的预订单，而作为标志和编码基础的数据则由买方或卖方创建。

此外，数据一旦从一个数据竖井传输至另一个数据竖井，大部分数据验证就完成了。这些验证并不是很深入，通常涉及以某种形式引用现有主数据（如地址、产品编码和数量）和检查数据传输是否符合数据交换定义，包括必填字段、字段长度以及字段中的数据是否属于正确的类型（如数字、字母数字和日期等）。然而，更高级的验证形式，如检查交易的时间戳或在扩展供应链中验证多方交易数据，在当今的供应链 B2B 集成中仍然缺失。事实证明，这两个问题是密切相关的，都可以使用区块链技术来解决，我们将在下文中介绍。

区块链与数据验证

区块链将经过验证的交易、以这些交易无法被篡改的方式串在一起，因此可被视为提供了一个基于共识的数据源，此时，在不可篡改的区块链中先要进行验证。由于数据由多方按预先确定的规则进行验证，因此供应链中的数据质量将得到改善。提高数据质量对供应链交易的影响不应被低估。GS1 的研究显示，使用不准确的交易数据可能会使劳动力成本增加高达 25%。与很多其他事情一样，当提及交易数据的质量时，"细节决定成败"这句话同样适用。在货物和仓库的测量过程中，箱高测量中仅仅 1/4 英寸①的误差就可能导致每辆卡车少装 1000 个产品包装箱，每个托盘少码放 20 个箱子就可能导致必须多用 6 辆卡车。同样，参与 GS1 的美国国家数据质量项目（National Data Quality Program）的研究人员发现，对产品属性数据进行看似小小的修正，如使包裹减重 1.5 磅，每年就可以节省 100 000 美元的运输成本。

---

① 1 英寸 =2.54 厘米。——译者注

不只是交易数据，源数据（记录交易创建和操作执行历史的元数据）也是如此。数据来源对于数据问责、取证和隐私至关重要。作为交易数据的一部分，所有的源数据都应被收集和验证，并存储在一个单一的不可篡改的账本中，这个账本为交易数据和源数据提供了一个单一共识的数据源。

激励

比特币和以太坊等加密货币依靠高超的技术和激励方案实现了去中心化。为了确保网络中各节点的行为诚实，并且只向链上添加有效区块，需要这些以加密货币形式存在的激励措施。以激励为中心的设计是一个相对较新的研究领域，它大量借鉴了经济学、心理学、社会学和博弈论等，并将这些理论与设计以及人工智能、软件工程、运筹学和网络等工程科学相结合。虽然激励措施的设计可能很快就会变得更复杂，但其基本前提实际上很简单：我们如何让个人行为与系统目标相一致？

多年来，供应链从业者总是被告知数据共享将极大地提高供应链的效率。然而，在涉及具体执行时，我们的反应却类似一个六岁的孩子，他的妈妈说他需要吃西兰花，因为这对他有好处，而这个小家伙宁愿吃炸薯条。虽然这可能被视为非理性甚至幼稚的行为，但事实上恰恰相反。为什么我们要放弃一些对其他供应链成员有价值的东西，而且得不到任何回报呢？如果供应链中有一位主导者，或者需要遵守法规来进行数据共享，那么就可以相对容易地实现数据共享。但有时，执行合同或实施监管几乎是不可能的。在这些情况下就可以使用激励机制来刺激数据共享，如奖励共享（可靠）数据的人。

虽然数据是一种特别适合于激励的资产，但它并不仅限于此。供应链经常出现这样的情况，即各方的目标经常相互冲突，但由于供应链成员不愿放弃自主权或者根本不信任彼此，因此集中式解决方案难以实施。这时，巧妙的激励与其他更成熟的供应链计划和优化方案结合起来将有助于解决目标相互矛盾的问题。

混合世界

由于上述区块链技术的潜在应用并未涵盖供应链中所有可能的ICT解决方案，因此我们认为现有的IT解决方案（如云平台和内部ERP[①]系统）将与区块链方案共存多年也就不足为奇了。此外，多年来积累的大量ICT投资无法被简单地一笔勾销。换句话说，区块链与非区块链解决方案的混合基础设施将成为常态。

在这样一个世界中自然出现了一个问题：所有这些系统将如何实现互操作性？"互操作性"一词在区块链社区中越来越受关注，不仅仅是因为协议数量的增加，也因为不同行业的不同链越来越多，甚至同一行业中有不同的链。虽然直到2017年，这主要还是在理论层面的讨论，因为它需要由两个已经存在的、稳定且足够强大的区块链来构建，但这个话题正迅速与第一个现实生活中的区块链应用程序（如WeTrade和IBM公司的Tradelens）相关。我们将在第7章中更详细地介绍区块链的互操作性。

然而在区块链和非区块链应用并存的混合世界中，想充分利用区块链的固有能力并不是我们所面临的互操作性问题的唯一层面。虽然使用加密身份验证自然融入每一个操作平台的优势之一是，我们可以在平台之间提供比现有系统之间更紧密和更安全的耦合，但我们必须认识到这样一个事实：在未来的供应链中，系统之间的大部分交互将不会是从一个区块链到另一个区块链的交互，而是从ERP系统或云平台到区块链的交互，反之亦然。供应链管理从业者都知道，供应链最薄弱的环节将决定供应链的强弱，所以这难道不是使区块链成为一种对整个供应链影响很小或没有影响的局部优化形式吗？

我们认为情况并非如此。并不是每笔交易都需要加密保护。关键交易，如涉及价值或所有权转移的交易，最有可能从ERP系统或云平台转移至区块链。虽然交易数据可能来自一个或多个源，这些源将加密身份验证内置于每笔交易中，但它们仍可以用作创建该交易共享视图的起点。WeTrade就是一个例子，它依赖于

[①] ERP系统创建了一个企业范围内的交易主干系统，将制造、财务和其他系统整合到一起。

来自买卖双方及其各自银行的中心化应用程序所提供的数据来启动开放式账户贸易融资交易，但使用区块链的加密身份验证和智能合约来确保对交易和并行处理有一个共同的基于共识的视图。在混合环境中运行的区块链应用程序的例子还有Komgo和Vakt，它们都是以区块链技术为基础的能源贸易平台。这些平台建立在以太坊区块链上，可以将目前通过电子邮件、传真或邮寄方式发送至世界各地的大量合约、信用证、发票和其他文书数字化。

与此密切相关的是区块链技术在系统或组织之间的关键接触点上的使用。例如，提单同时是出口流程的输出和进口流程的输入。公证人员将验证提单的真实性，例如，如果提单使用的是数字签名，就可以通过关于特定数据或签名的Oracle查询。然后，公证人员根据不同Oracle给出的结果就数据是否代表实际交易达成共识并签名。此外，公证人员对交易的签名也可能导致该交易的散列被锁定，直到满足某些条件。这可以用于确保原始提单保持原始状态，并无法创建副本。这将解决与提单"双花"有关的问题，如使用一份提单作为多笔贷款的抵押。如今，这个问题仍真实存在。这正是第7章中关于Deliver的用例所介绍的区块链应用的作用之一。

对那些希望将控制范围扩展至一级供应商之外，以提高其风险管理能力的供应链主导成员而言，可以以此为目的专门设计区块链应用程序，并将它们作为分布式应用程序（distributed application，Dapp）放入在Deliver、WeTrade或Komgo等区块链平台上运行的Dapp商店供人使用。这些应用程序可以独立于用于管理一级流程的ERP主干系统运行，从而避免了成本高昂的集成，还可以基于区块链平台提供的聚合数据运行，正如第7章中关于Deliver的用例所介绍的。它们的主要作用将是作为其N级供应链中断的早期预警系统（如贸易流的拥堵或变化），并在扩展供应链中提供可追溯性。

如前所述，有了访问最新和经过验证数据的途径，就可以大幅提高ERP或高级计划系统（advanced planning systems，APS）[1]等集中式系统的性能。这正是区

---

[1] APS系统是使用基于计算机的优化，用于规划和调度的决策支持工具。

块链技术可以提供的。例如，区块链网络可以验证重要事件（如预计到达时间或提单的移交），这些事件可以用作运输或生产计划以及现金短缺预测的输入。运行 ERP 和 APS 系统的企业可以订购这样的 Oracle 服务，以获取可信且经过验证的数据。这正是第 7 章中关于 Deliver 的用例所介绍的区块链应用的作用之一。

虽然作为 APS 应用核心的供应链优化算法已被广泛应用于零售业、物流业和制造业，但处理这些模型所需的时间可能是一个限制因素，尤其是在有很多例外发生的情况下（如交通拥堵、资产意外中断和计划容易被打乱），如当母船因驳船计划和最终目的地交付日期发生变化而迟到时，这些模型的结果很快就会失去作用。当最初的结果与重新执行计划的时间间隔很长（±24 小时）时尤其如此。在这些情况下，去中心化市场有助于协调不同参与者之间的交易。

尽管上述例子并不够详细，但它们清晰地表明区块链和非区块链解决方案是如何和平共存的。因此，这不失为一种温和的提醒：某项技术的适用性在很大程度上取决于具体情况，并且在"你也可以使用集中式数据库执行此操作"和"将所有东西都放在区块链上，你的麻烦就都解决了"这两种选择之间确实还有第三种选择。

从概念上看供应链管理和区块链技术

在前文中，我们已经介绍了区块链技术在企业面临的特定的供应链管理挑战（这些挑战至今尚未得到充分解决）方面的独特能力。虽然这种问题导向的方法使区块链技术的概念不再那么难理解，但我们认为在进入接下来的两章，即回答"做什么"和"如何做"这两个问题之前，我们需要回过头来，从概念上研究一下供应链管理和区块链技术。

那么从概念上讲，供应链管理是什么意思呢？甘尼香（Ganeshan）等人的结论是，供应链是作为一个单个的实体来管理的，这种管理要么通过一个主导成员实现，要么通过建立一个需要良好合作和协调的伙伴关系系统来实现。管理供应链的责任范围是因企业及其与供应商、合作伙伴和客户的复杂关系而异的。这里的关键词是"主导成员"和"伙伴关系系统"。在前文中，我们看到这在很大程度上是一个关于"集中"和"分散"的问题。虽然我们都熟知供应链主导成员（如沃尔玛、戴尔和亚马逊等公司）在供应链管理方面的成功案例，但基于伙伴关系系统的案例则少之又少。这是因为伙伴关系管理提出了一系列关于自主权、信任和"得失"的复杂问题，而在集中式供应链中不会遇到这些问题。到目前为止，我们还无法以令人满意的方式回答这些问题，因为"受信任的第三方"这个默认答案将导致失去自主权并降低灵活性。此外，尽管受信任的第三方导致的额外成本很容易被评估，但合作的益处却很难被衡量。我们将在第 6 章中详细探讨有关协作的商业案例。

我们认为区块链是点对点协作的支持技术，这项技术可使供应商、生产商和客户作为一个单个实体有效地管理供应链，而无需主导成员或受信任的第三方。使用这种方式不但可以使供应链的有效性和效率达到新的水平，而且可以为新进入者以及现有供应链成员创造新的商业机会。为了便于决策，我们根据前文的内容制作了一个流程图，如图 5-2 所示。

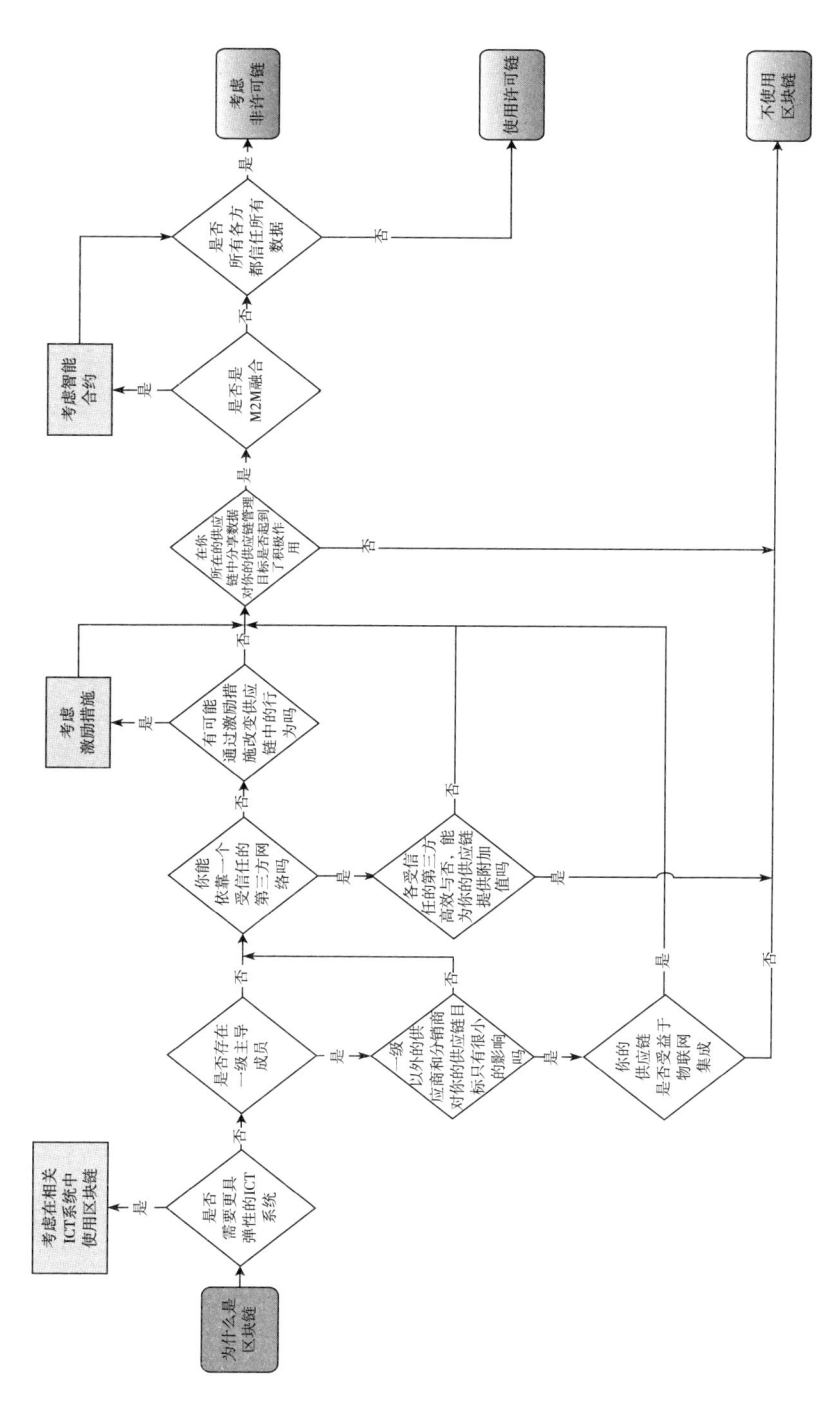

图 5-2 供应链管理为什么要应用区块链技术

Blockchain and
the Supply Chain

第 6 章

区块链将影响哪些供应链管理
流程和指标

尽管我们在第 5 章中探讨了区块链技术在供应链中各种有意义的应用，但仍然有很多可能的用例还未介绍。供应链管理实践者需要一种方法来确定他们在哪里可以找到对自己最有用的应用。在本章中，我们将基于 SCOR 模型提出一个框架，它有助于我们找到那些可以通过使用区块链技术实现更高效率和效益的供应链流程，并提供有关哪些指标将受到影响的见解。我们的做法是务实的，因为通过审视当今供应链的流程和痛点，我们研究的是当下的现状，而不是未来可能发生的情况。

虽然我们相信区块链等技术将催生新的商业模式，甚至可能破坏现有模式，但正如马可·伊安希帝（Marco Iansiti）和卡里姆·R. 拉克尼（Karim R. Lakhani）于 2017 年所说的，这个过程将是一个渐进的过程，因为随着技术进一步成熟，我们将开始掌握技术影响供应链中底层流程和交易的方式。这一点不应被低估。将早期的传输控制协议 / 互联网协议（TCP/IP）和今天的区块链技术在这一点上进行类比是令人惊讶的。首先，也是很长一段时间以来，基于 TCP/IP 的杀手级应用是电子邮件。现在，我们却在使用这项技术将我们的公寓租给地球另一端的陌生人。

技术成功实施的关键在于我们必须从不同的角度审视熟悉的问题，否则我们只能治标不治本。虽然全面探讨创新或变革管理超出了本书的范围，但我们还是要引用两则轶事来说明这一点的重要性。

第 6 章　区块链将影响哪些供应链管理流程和指标

2018 年初，我（阿尔乔斯佳·贝耶）做了一场关于创新对荷兰公路运输行业的影响的演说。演讲结束后，我问有没有人想提问，一位听众举起了手。在感谢我有趣的演讲后，他说他所在的行业现在有不同的问题，尤其是目前荷兰缺少卡车司机，这让他夜不能寐。然后我问他是否试过反过来看这个问题：如果不是缺少卡车司机，而是卡车太多了呢？考虑到荷兰卡车的平均载货率徘徊在 60% 左右，这并不难想象。

可以肯定地说，集装箱的发明已经改变了供应链中的物流流程。没有它，今天的全球贸易量就不可能实现，物流也不会像现在这样高效。然而令人惊讶的是，与实物流平行的信息流和资金流仍基于纸质文档，而纸质文档的使用可以追溯到中世纪时期。是的，我们已经设法让这些文件实现了数字化，但数字化并不等同于自动化。数字化导致了"机器到纸再到机器"的流程，正如任何人都看到过的那样，有人打印出一个提单，并将其手动输入系统。自动化催生了"机器到机器"交易。

本章的结构如下。基于在第 2 章中介绍的单个构建模块（即供应链管理目标和 SCOR 流程），我们将对第 5 章中提到的区块链能力如何与供应链管理目标相结合进行总结。这是通过使用第 2 章介绍的理论化构建模块，将区块链能力与正在发挥作用的各种价值创造机制进行系统性的关联来实现的。反过来，这些总结将有助于我们了解区块链项目对供应链管理目标的影响。这个框架虽然不谈钱，但确实提供了一种方法，可以让区块链技术的商业案例更具体。

供应链管理目标与 SCOR 模型

由于区块链技术研究到目前为止主要关注的仍是设计和功能等技术问题，而忽略了应用、价值创造和治理，因此供应链管理实践者在有关区块链技术在供应链中的应用方面得不到有效的指导。为了弥补这一差距，我们开发了一个基于 SCOR 模型的框架，该框架将区块链的作用和机制与供应链管理目标联系了起来。

我们的分析框架将流程要素作为分析单元，涵盖了计划、采购、制造、交付和退货等流程。对于"赋能"流程，我们的分析单元是流程类别，这主要是因为在流程要素层面并没有为大多数赋能流程要素[①]定义指标。因此，分析框架并不十分精确。未来对该模型进行扩展时可能是在赋能流程要素层面定义的各种实践，在流程要素层面定义赋能流程的标准。

重要的是要注意，由于关注的是流程要素，我们的框架没有解决区块链技术在运营策略方面的（潜在）作用和机制问题。由于对 SCOR 流程模型进行详细介绍超出了本书的范围，我们建议不熟悉该模型的读者从美国运营管理协会的网站（www.apics.org）下载最新版本的 SCOR 模型。在本书中，我们将遵循 SCOR 模型的定义和描述。

要正确评估区块链的作用和涉及的机制，就需要使用更详细的用例。遗憾的是，虽然有很多关于区块链试点项目的信息，但它们通常都不够详细。因此，为了更准确地评估供应链管理目标与区块链作用和机制的关系，我们需要进行进一步的案例研究。在第 7 章中，我们提供了基于 Deliver 试点项目结果的这种分析的第一个示例。随着 Deliver 试点项目的推进以及可用且足够详细的用例越来越多，我们将继续完善模型的构建。

计划流程

SCOR 将计划流程定义为与确定要求和纠正措施以实现供应链目标相关的流程。因此，需求和供给数据会以特定时间范围（如一年、一个月或一周）在特定的公司层级 [如部门、产品线和库存单位（stock keeping unit，SKU）] 中进行汇总。这就需要来自内外部流程和交易、资本资产、运输能力和库存的最新和最准确的数据。因此，计划流程可为采购、制造、交付和退货流程的其他 SCOR 执行流程创建 / 沟通计划。例如，采购和制造计划提供生产流程所需原材料和半成品的数量、物料来源、物料存储地点、有效产能和跨多个生产现场的路径等相关信

---

① 只有 sE5 "管理供应链资产"和 sE9 "管理供应链风险"是在流程要素层面定义的指标。

息。交付计划满足了预计的需求（预测），并考虑了可用的储运能力，而退货计划流程将提供需退货资源的信息，如快递公司、维修点的地址和能力，以满足预期和非预期的退货需求。监管要求和合规性、公司特定的业务规则以及赋能流程中定义的供应链绩效指标设定了供应链的运营限制。最后，整个供应链计划必须与企业特定层级的财务计划相结合。鉴于计划流程如此重视数据的可靠性和实时性，区块链技术可以对计划流程指标产生重大影响也就不足为奇了。

对供应链相关流程和资产具备全面且实时的可见性可以大幅提高计划流程的效益。区块链可以帮助企业与供应商和服务商共享仓储、交付和维护的相关信息。有公司已经在这样做了。全球最大的矿业公司必和必拓（BHPBilliton）宣布启用区块链来记录岩芯和流体样品的运送记录，以提高交付环节实时数据的安全性。

据必和必拓地球物理学家 R·泰勒·史密斯说，新系统提高了内部效率，能够使公司与合作伙伴的协作更加有效。

在供应链管理目标方面，企业要达成以下目标就应考虑在其计划流程中使用区块链：

- 通过降低库存水平降低全系统成本；
- 通过缩短计划周期时间提高响应速度；
- 通过更准确的预测变得更可靠。

我们在表 6-1 中总结了我们的分析结果。如需完整概述（包括流程说明），请参阅本章附录。

表 6-1　　　　　　　　　计划流程 – 区块链的作用和受影响指标

区块链的作用	流程	受影响的流程指标
只有在网络中相互接受的各方才能进行交易，以便识别所有供需来源	sP1.1，sP1.2，sP2.1，sP2.2，sP3.1，sP4.1，sP4.2	AM.2.2—可供应存货天数 RL.3.37—预测的准确性 RS.3.44—确认、优先排序和汇总供应链需求周期时间 RS.3.39—确认、优先排序和汇总供应链需求周期时间 RS.3.41—确认、优先排序和汇总供应链需求周期时间 RS.3.38—确认、优先排序和汇总供应链需求周期时间 RS.3.36—确认、评估和汇总生产资源周期时间 RS.3.40—确认、优先排序和汇总交付需求周期时间 RS.3.37—确认、评估和汇总交付资源周期时间
整合来自从二级到 N 级供应链成员的数据	sP1.1，sP1.2，sP2.1，sP2.2，sP3.1，sP4.1，sP4.2	RL.3.37—预测的准确性 RS.3.44—确认、优先排序和汇总供应链需求周期时间 RS.3.39—确认、优先排序和汇总供应链需求周期时间 AM.2.2—可供应存货天数 RS.3.41—确认、优先排序和汇总供应链需求周期时间 RS.3.38—确认、优先排序和汇总供应链需求周期时间 RS.3.36—确认、评估和汇总生产资源周期时间 RS.3.40—确认、优先排序和汇总交付需求周期时间 RS.3.37—确认、评估和汇总交付资源周期时间
区块链的附加分类账可以应对与供应链成员自报告数据相关的挑战	sP1.1，sP1.2，sP2.1，sP2.2，sP3.1，sP4.1，sP4.2	RL.3.37—预测的准确性 RS.3.44—确认、优先排序和汇总供应链需求周期时间 RS.3.39—确认、优先排序和汇总供应链需求周期时间 AM.2.2—可供应存货天数 RS.3.41—确认、优先排序和汇总供应链需求周期时间 RS.3.38—确认、优先排序和汇总供应链需求周期时间 RS.3.36—确认、评估和汇总生产资源周期时间 RS.3.40—确认、优先排序和汇总交付需求周期时间 RS.3.37—确认、评估和汇总交付资源周期时间

续前表

区块链的作用	流程	受影响的流程指标
奖励分享可靠数据的供应链成员	sP1.3, sP2.3, sP2.4, sP3.3, sP4.3	RL.3.36—填充率 RS.3.15—平衡供应链资源与供应链需求周期时间 AM.2.2—可供应存货天数 RS.3.29—确定采购计划周期时间 RS.3.12—平衡产品资源与产品需求周期时间 RS.3.13—平衡生产资源与生产需求周期时间 RL.3.37—预测的准确性
提供一个安全的、不受集中控制的点对点协作规划和预测平台	sP1.1, sP1.2, sP1.3, sP2.3, sP2.4, sP3.3, sP3.4, sP4.3, sP4.4	RL.3.37—预测的准确性 RS.3.44—确认、优先排序和汇总供应链需求周期时间 RS.3.39—确认、优先排序和汇总供应链需求周期时间 AM.2.2—可供应存货天数 RL.3.36—填充率 RS.3.15—平衡供应链资源与供应链需求周期时间 RS.3.12—平衡产品资源与产品需求周期时间 RS.3.29—确定采购计划周期时间 RS.3.36—确认、评估和汇总生产资源周期时间 RS.3.13—平衡生产资源与生产需求周期时间 RS.3.28—确定生产计划周期
简化 B-B 集成	sP1.2, sP2.1, sP3.1	RS.3.39—确认、优先排序和汇总供应链需求周期时间 AM.2.2—可供应存货天数 RL.3.37—预测的准确性 RS.3.41—确认、优先排序和汇总供应链需求周期时间
提供可以用于监控库存对象的数据	sP1.3	RL.3.36—填充率 RS.3.15—平衡供应链资源与供应链需求周期时间 AM.2.2—可供应存货天数
区块链的附加分类账为制订供应链计划提供了一个真实的数据来源	sP1.4	AM.2.2—可供应存货天数 RS.3.30—确定供应链计划周期时间

续前表

区块链的作用	流程	受影响的流程指标
供应链伙伴一旦被网络接受，就可以立即看到供应链计划的结果	sP1.4，sP2.4，sP3.4，sP4.4	AM.2.2—可供应存货天数 RS.3.30—确定供应链计划周期时间 RS.3.29—确定采购计划周期时间 RS.3.28—确定生产计划周期时间 RL.3.36—填充率
以网络交易数据为基础，基于信誉的供应商选择	sP2.3，sP2.4	RS.3.12—平衡产品资源与产品需求周期时间 RS.3.29—确定采购计划周期时间

采购流程

SCOR将采购流程定义为与订购、交付、接收和转移原材料、子组件、产品和/或服务相关的流程。不同于包括供应链和各种SCOR流程（如采购、制造、交付和退货）的SCOR计划流程的层次结构，采购流程层次结构是围绕客户订单解耦点的概念构建的（如图6–1所示）。这个解耦点还为制造和交付流程提供了流程层次结构。

在按库存生产（make-to-stock，MTS）的环境下，终端客户的订单是由存储在供应链内各个库存点的成品库存来满足的。因此，"从采购到库存"模式的目的是基于预测的需求将这些原材料和产品的子组件的库存维持在一定水平上。此时，准确预测需求的能力颇为关键。需求预测的粒度（SKU和产品线等）因时间段（月、周、日）和地区/库存点（国家、仓库和商店等）而异。通常在整个采购过程中，产品都无法与顾客订单直接关联。

在按订单生产（make-to-order，MTO）环境下，正是确认的客户订单触发了供应链中的原材料流动。因此，与按库存生产的情况相比，客户必须等待更长的时间才能获得产品，好处是产品可以更符合客户的要求，如允许他们选择某些更高质量的组件或满足其他形式的个性化需求。成品和组件原材料的库存都很少甚至根本没有。按订单采购（source-to-order，STO）的目的在于只按客户订单维护库存订单。在整个采购过程中，通常都可以通过参照客户订单来确认产品。

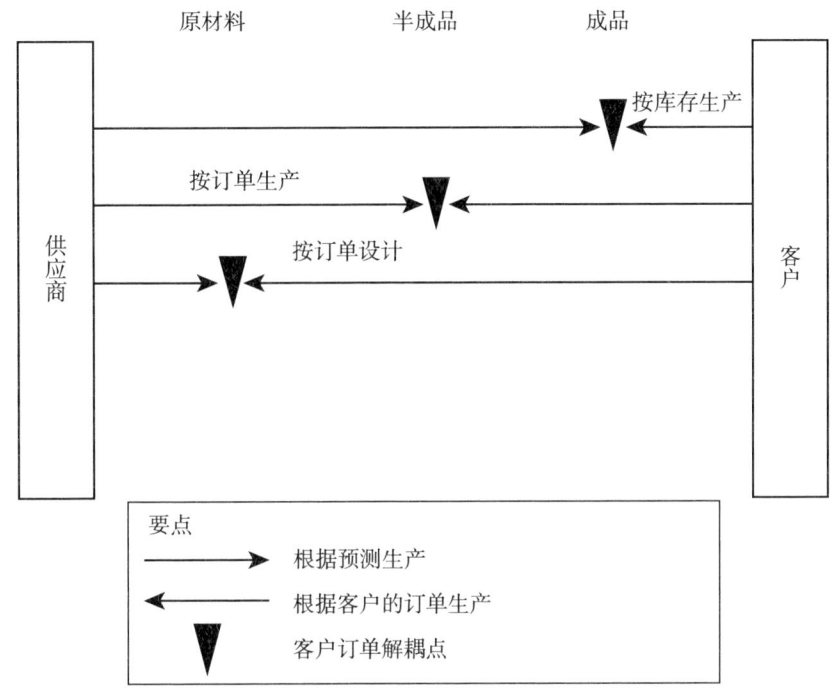

图 6-1 客户订单解耦点

按订单设计（engineer-to-order，ETO）是一种根据顾客订单的规格制造成品的制造策略，它要求企业按照客户提出的要求设计并制造成品，因此需要更长的交期。按订单设计和采购（source-engineer-to-order）的目的是确保根据客户订单的要求采购零件、组件或专业产品。

在供应链管理目标方面，企业要想达到以下目标就应考虑在其采购流程中使用区块链：

● 通过降低库存水平使系统的总成本最小化；
● 通过减少采购流程中的变化（如通过减少交易和文档错误以及时间表的变更）来提高可靠性；

- 通过缩短交期和周期时间来提高响应速度。

我们在表 6-2 中总结了我们的分析结果。如需完整概述（包括流程说明），请参阅本章附录。

表 6-2　　采购流程 – 区块链的作用和受影响指标

区块链的作用	流程	受影响的流程指标
提供一个安全的、不受集中控制的点对点协作规划和预测平台	sS1.1, sS1.2, sS2.1, sS2.2, sS3.3, sS3.6	RL.3.27—供应商交期内计划更改率（%） RS.3.10—计划更改对交期的影响天数 RS.3.122—计划产品交付周期时间 RL.3.18—采购订单处理完成率（%） RL.3.20—采购订单准点率（%） RL.3.23—采购订单运输文档正确率（%） RS.3.113—接收产品的周期时间 RL.3.25—产品按时入库率（%） RL.3.26—无交易错误的产品入库率（%） RS.3.139—产品入库的周期时间 AM.2.2—可供应存货天数
提供批次跟踪数据	sS1.2, sS2.2	RL.3.18—采购订单处理完成率（%） RL.3.20—采购订单准点率（%） RL.3.23—采购订单运输文档正确率（%） RS.3.113—接收产品的周期时间
以网络交易数据为基础，基于供应商交付绩效分析的供应商选择	sS1.2, sS2.2, sS3.1, sS3.2	RL.3.18—采购订单处理完成率（%） RL.3.20—采购订单准点率（%） RL.3.23—采购订单运输文档正确率（%） RS.3.113—接收产品的周期时间 RS.3.35—确定供应周期时间的来源 AM.3.2—持有有效原材料清单的原材料占比（%） AM.3.3—可回收/可重复使用的原材料占比（%） RL.3.17—拥有 EMS 或 ISO 14001 认证的供应商占比（%） RS.3.125—选择供应商和谈判周期时间

续前表

区块链的作用	流程	受影响的流程指标
使所有权转移和供应商管理或拥有的库存支付实现全自动化处理("直通式处理")	sS1.3, sS1.4, sS2.3, sS2.4	RL.3.19—采购订单合格率(%) RL.3.21—采购订单内容正确率(%) RL.3.24—采购订单无损率(%) RS.3.140—验证产品周期 RL.3.25—产品按时入库率(%) RL.3.26—无交易错误的产品入库率(%) RS.3.139—产品入库的周期时间 AM.2.2—供货库存周转天数
纸质记录的消除减少了人际互动和沟通	sS1.3, sS1.4, sS2.3, sS2.4, sS3.4	RL.3.19—采购订单合格率(%) RL.3.21—采购订单内容正确率(%) RL.3.24—采购订单无损率(%) RS.3.140—验证产品周期 RL.3.25—产品按时入库率(%) RL.3.26—无交易错误的产品入库率(%) RS.3.139—产品入库的周期时间 AM.2.2—可供应存货天数 RL.3.18—采购订单处理完成率(%) RL.3.20—采购订单准点率(%) RL.3.23—采购订单运输文档正确率(%) RS.3.113—接收产品的周期时间
提供可以用于监控产品运输状况的实时、安全和经过验证的数据	sS1.3, sS1.4, sS2.3, sS2.4, sS3.4, sS3.5	RL.3.19—采购订单合格率(%) RL.3.21—采购订单内容正确率(%) RL.3.24—采购订单无损率(%) RS.3.140—验证产品的周期时间 RL.3.25—产品按时入库率(%) RL.3.26—无交易错误的产品入库率(%) RS.3.139—产品入库的周期时间 AM.2.2—供货库存周转天数 RL.3.18—采购订单处理完成率(%) RL.3.20—采购订单准点率(%) RL.3.23—采购订单运输文档正确率(%) RS.3.113—接收产品的周期时间

续前表

区块链的作用	流程	受影响的流程指标
使支付授权和支付本身实现全自动化处理（"直通式处理"）	sS1.5, sS2.5, sS3.7	RS.3.8—供应商付款结算周期时间
以网络交易数据为基础，基于信誉的供应商选择	sS3.1, sS3.2	RS.3.35—确定供货货源的周期 AM.3.2—持有有效原材料清单的原材料占比（%） AM.3.3—可回收/可重复使用的原材料占比（%） RL.3.17—拥有 EMS 或 ISO 14001 认证的供应商占比（%） RS.3.125—选择供应商和谈判周期时间
可以立即向网络接受的合格供应链合作伙伴发出投标邀请	sS3.1	RS.3.35—确认供货货源的操作周期时间 AM.3.2—持有有效原材料清单的原材料占比（%） AM.3.3—可回收/可重复使用的原材料占比（%）

制造流程

SCOR 将制造流程定义为与通过制造或创造可交付物来为可交付物增加价值相关的流程，或者在服务行业中，与创建可交付服务相关的流程。制造流程可以采用多种形式，如蒸馏、混合、加工和组装等。如前所述，制造流程的层次结构是以客户订单解耦点为中心的。按库存生产的产品可以在收到客户订单前完成，而且生产通常根据销售预测并按照计划的时间表来进行。

按订单生产是为特定客户订单的可交付物增加价值的过程，无论是制造或创建产品或可交付物，还是在服务行业中创建可交付服务。在按订单设计的流程中，交付对象在流程开始时并没有被充分定义，而且需要大量的设计、工程分析和测试时间。

表 6-3 概述了流程和受影响的指标。值得注意的是，在严格意义上，区块链技术在制造流程中的实际应用非常有限，主要是因为这个流程都是在企业内部进

行的，没有必要增强信任或部署中心化应用程序。如需完整概述（包括流程说明），请参阅本章附录。

表 6–3　　　　　　　制造流程 – 区块链的作用和受影响指标

区块链的作用	流程	受影响的流程指标
消除纸质记录	sM1.7, sM2.7, sM3.7	RL.3.57—废料处理错误 RL.3.141—废料累积时间 AM.3.15—有害废料占全部废料的百分比
为废料/冗余料提供一个去中心化市场	sM1.7, sM2.7, sM3.7	RL.3.57—废料处理错误 RL.3.141—废料累积时间 AM.3.15—有害废料占全部废料的百分比

交付流程

SCOR 将交付流程定义为与执行面向客户的订单管理和订单履约活动相关的流程。交付流程的层次结构不仅包括按库存生产、按订单生产和按订单设计生产，而且包括零售子流程。

交付备货产品的流程是交付根据汇总的客户订单、预期订单/需求和库存重订参数采购或制造的产品的过程。交付备货产品的目的是当有客户订单到达时让产品可用，以防止客户去别处寻找产品。交付按订单生产的产品的流程是为了在收到客户订单后尽快交付产品或服务。

交付按订单设计的产品的流程仅在收到并验证客户确认的订单后开始。该流程的目的是在收到客户订单后尽快交付产品或服务。

交付零售产品是用于在零售店获取、推销和销售成品的流程。零售店是直接向消费者销售产品（和服务），并使用销售流程的一个点（人工或自动）来收取付款的实体场所。

从供应链管理目标来看，企业想要实现以下目标就应考虑在其交付流程中使用区块链：

- 通过降低库存水平和订单管理使系统的总成本最小化；
- 通过减少交付流程中的变化（如通过减少交易和文档错误以及时间表的变更）来提高可靠性；
- 通过缩短交期和周期时间来提高响应速度。

表 6-4 对我们的分析结果进行了总结。如需完整概述（包括流程说明），请参阅本章附录。

表 6-4　　　　　　　交付流程 - 区块链的作用和受影响指标

区块链的作用	流程	受影响的流程指标
提供订单跟踪数据	sD1.1, sD1.4, sD1.12, sD2.1, sD2.4, sD2.12, sD3.1, sD3.12	RS.3.100—处理查询和报价的周期时间 CO.3.14—订单管理成本 RL.3.33—交付物品准确性 RL.3.34—交付地点准确性 RL.3.35—交付数量准确性 RS.3.18—订单合并周期时间 CO.3.15—订单交付和/或安装成本 RL.2.1—订单足量交付率（%） RL.2.2—满足客户要求的交付绩效 S.3.126—出货产品周期时间 CO.2.4—交付成本
区块链作为一个单一的基于共识的事实来源	sD1.1, sD2.1, sD3.1	RS.3.100—处理查询和报价的周期时间 CO.3.14—订单管理成本 RS.3.93—投标/询价的周期时间
消除纸质记录	sD1.2, sD2.2, sD3.2	RL.3.33—交付物准确性 RL.3.34—交付地点准确性 RL.3.35—交付数量准确性 RS.3.94—订单履约停顿时间 RS.3.112—订单接收、录入及验证周期 RS.3.92—谈判及接受合同的操作周期 CO.3.14—订单管理成本

续前表

区块链的作用	流程	受影响的流程指标
简化 B2B 融合	sD1.2，sD2.2，sD3.2	RL.3.33—交付物准确性 RL.3.34—交付地点准确性 RL.3.35—交付数量准确性 RS.3.94—订单履约停顿时间 RS.3.112—接收、录入和验证订单的周期时间 RS.3.92—谈判和签署合同的周期时间 CO.3.14—订单管理成本
使订单处理全流程实现全自动化("直通式处理")	sD1.2，sD2.2，sD3.2	RL.3.33—交付物准确性 RL.3.34—交付地点准确性 RL.3.35—交付数量准确性 RS.3.94—订单履约停顿时间 RS.3.112—接收、录入和验证订单的周期时间 CO.3.14—订单管理成本 RS.3.92—谈判和签署合同的周期时间
提供库存跟踪数据	sD1.3，sD2.3，sD3.3	RL.2.1—订单足量交付率（%） RL.2.2-满足客户要求的交付绩效 RL.3.36—填充率 RS.3.94—订单履约停顿时间 RS.3.116—保留资源和确定交付日期的周期时间 RS.3.115—保留库存和确定交付日期的周期时间 CO.3.14—订单管理成本 RL.3.33—交付物准确性 RL.3.34—交付地点准确性 RL.3.35—交付数量准确性 RS.3.25—录入订单、确认资源和启动项目的周期时间

续前表

区块链的作用	流程	受影响的流程指标
为订单管理提供一个安全的、无集中控制的点对点协作平台	sD1.4, sD1.5, sD1.6, sD2.4, sD2.5, sD2.6, sD3.5, sD3.6	RL.3.33—交付物准确性 RL.3.34—交付地点准确性 RL.3.35—交付数量准确性 RS.3.18—合并订单周期时间 CO.3.14—订单管理成本 CO.3.15—订单交付和/或安装成本 RS.3.16—装配配置周期时间 RS.3.117—运输线路周期时间 CO.2.4—交付成本
为订单管理和库存融资提供一个安全的、无集中控制的点对点协作平台	sD1.7, sD2.7, sD3.7	RL.3.16—供应商符合环保指标/标准的百分比 CO.3.14—订单管理成本 CO.3.15—订单交付和/或安装成本 CO.2.4—交付成本 RS.3.124—选择承运商和评估运输过程的周期时间
使产品接收实现全自动化("直通式处理")	sD1.8, sD2.8, sD3.8	CO.3.12—与生产有关的间接成本 RS.3.108—从制造/采购环节接收产品的周期时间
使计费流程(包括支付授权和支付本身)实现全自动化("直通式处理")	sD1.15, sD2.15, sD3.15	RL.2.3—文档准确性 RL.3.11—发票准确率(%) RS.3.48—发票的周期时间 CO.3.14—订单管理成本 AM.2.1—应收账款周转天数
纸质记录的消除减少了人际互动和沟通	sD1.8, sD1.11, sD1.13, sD2.8, sD2.11, sD2.13, sD3.8, sD3.11, sD3.13	RS.3.108—从制造/采购环节接收产品的周期时间 RL.2.2—满足客户要求的交付绩效 RL.2.3—文档准确性 RL.3.31—合规性文档准确性 RL.3.33—交付物准确性 RL.3.34—交付地点准确性 RL.3.35—交付数量准确性 RL.3.43—其他所需文档的准确性 RL.3.45—付款单据的准确性

续前表

区块链的作用	流程	受影响的流程指标
纸质记录的消除减少了人际互动和沟通	sD1.8, sD1.11, sD1.13, sD2.8, sD2.11, sD2.13, sD3.8, sD3.11, sD3.13	RL.3.50——运输单据的准确性 RS.3.51——装载和产生运输单据的周期时间 CO.3.12——与生产有关的间接成本 RL.2.4——完美实现 RL.3.41——订单无损交付 RL.3.32——向客户承诺的交付日期实现情况和客户的收货时间 RS.3.102——客户收货和验货的周期时间 RL.3.42——订单无缺陷履约 RS.3.103——收货和验货的周期时间
提供可以用于监控产品运输状况的实时、安全且经过验证的数据	sD1.8, sD1.13, sD2.8, sD2.13, sD3.8, sD3.11, sD3.13	RS.3.110——从采购或生产流程接收产品的周期时间 RL.2.2——满足客户要求的交付绩效 RL.2.4——完美实现 RL.3.32——对客户所承诺交付日期实现情况及客户收货时间 RL.3.33——交付物准确性 RL.3.34——交付地点准确性 RS.3.108——从制造/采购流程接收产品的周期时间 RL.3.35——交付数量准确性 RL.3.43——其他所需文档的准确性 RL.3.45——付款单据的准确性 RL.3.50——运输单据的准确性 RS.3.51——装载和产生运输单据的周期时间 CO.3.12——与生产相关的间接费用 RL.3.41——订单无损交付 RL.3.42——订单无缺陷交付 RS.3.102——客户收货和验货的周期时间 RS.3.103——收货和验货的周期时间

退货流程

SCOR 将退货流程定义为与将物资从客户处通过供应链退回，以解决产品、订购或制造过程中的缺陷或执行维护活动相关的流程。退货流程的层次结构包括缺陷产品的采购和退货以及维护、维修和大修（Maintenance，Repair and Overhaul，MRO）产品和冗余产品。

缺陷产品退货流程支持对不符合规范的任何类型产品的退货、接收和确定（包括订单不合格，如延迟交付或其他不当交付）；企业的业务规则将明确缺陷的定义，并且可以包括保修索赔、产品召回、产品不合格和/或其他类似政策（包括适当更换）。

MRO 产品退货流程支持 MRO 产品或企业资产的交付、接收和确定，以根据维护计划或故障发生或预期风险达到保养、维修和升级 MRO 产品的目的。一般情况下，完成 MRO 流程后，企业资产将被翻新至可用状态并恢复使用。缺陷产品退货流程和 MRO 产品退货流程并不代表实际的维护、维修和大修活动；这些活动通常在制造流程中有所体现。

冗余产品退货流程支持交付、接收和确定客户/供应商合同条款所定义的冗余或老化库存和过时产品。冗余产品退货的目的是将库存重新分配至那些可以销售在现有地点被视为冗余产品的地点或组织。与制造流程相关的区块链作用和机制与荷兰区块链初创企业 Excesss Material Exchange 的能力相契合。

在供应链管理目标方面，企业要想实现以下目标，就应考虑在其退货流程中使用区块链：

- 通过降低缺陷产品、MRO 产品和冗余产品的库存使系统的总成本最小化；
- 通过缩短交期和周期时间来提高响应速度。

我们在表 6–5 中总结了我们的分析结果。如需完整概述（包括流程说明），请参阅本章附录。

表 6–5　　　　　　　　退货流程 – 区块链的作用和受影响的指标

区块链的作用	流程	受影响的流程指标
区块链的"超级审计追踪"可以应对与供应链伙伴提供的自报告数据有关的挑战	sSR2.1, sSR1.1	AM.3.42—识别中的无法使用的MRO库存占比（%） AM.3.29—处置中的缺陷库存占比（%）
使用智能合约在区块链上实施的业务规则	sSR2.1, sSR2.3, sDR1.1, sDR2.1, sDR3.1, sSR1.1, sSR1.3	AM.3.42—识别中的无法使用的MRO库存占比（%） AM.3.41—退货批准中无法使用的MRO库存占比（%） RS.3.5—缺陷产品退货批准周期时间 RS.3.7—MRO产品退货批准周期时间 RS.3.6—冗余产品退货批准周期时间 AM.3.29—处置中的缺陷库存占比（%） AM.3.30—退货批准中的缺陷库存占比（%）
消除纸质记录	sSR2.3, sSR1.3	AM.3.41—退货批准中无法使用的MRO库存占比（%） AM.3.30—退货批准中的缺陷库存占比（%）
消除纸质记录的同时准备调度文件和调度管理自动化	sSR2.4, sSR1.4	RL.3.28—支持客户按日期退货要求的调度占比（%） AM.3.43—调度中无法使用的MRO库存占比（%） AM.3.32—调度中有缺陷产品库存占比（%）
提供订单跟踪数据	sSR2.5, sDR1.4, sDR2.4, sDR3.4, sSR1.2, sSR1.5	RL.3.5—无差错退货已发货占比（%） RL.3.47—按时发货的退货 AM.3.40—在途的无法使用的MRO库存占比（%） RS.3.104—接收缺陷产品的周期时间 RS.3.138—转移MRO产品的周期时间 RS.3.137—转移冗余产品的周期时间 AM.3.29—处置中的缺陷库存占比（%）

续前表

区块链的作用	流程	受影响的流程指标
为退货调度提供一个安全的人、无集中控制的点对点协作平台	sDR1.2，sDR2.2，sDR3.2	CO.2.5—退货成本 RS.3.121—规划 MRO 退货接收的周期时间 RS.3.119—规划冗余产品退货接收的周期时间
纸质记录的消除减少了人际交互和沟通	sDR1.3，sDR2.3，sDR3.3	RS.3.118—规划缺陷品退货接收的周期时间 RS.3.104—接收缺陷产品的周期时间 RS.3.106—接收 MRO 产品的周期时间 RS.3.105—接收冗余产品的周期时间
提供可以用于监控产品运输状况的实时、安全且经过验证的数据	sDR1.3，sDR2.3，sDR3.3	RS.3.104—接收缺陷产品的周期时间 RS.3.106—接收 MRO 产品的周期时间 RS.3.105—接收冗余产品的周期时间
实现产品接收全自动化("直通式处理")	sDR1.3，sDR2.3，sDR3.3	RS.3.104—接收缺陷产品的周期时间 RS.3.106—接收 MRO 产品的周期时间 RS.3.105—接收冗余产品的周期时间
为废弃/冗余物料提供一个去中心化市场	sDR1.4，sDR2.4，sDR3.4	RS.3.104—接收缺陷产品的周期时间 RS.3.138—转移 MRO 产品的周期时间 RS.3.137—转移冗余产品的周期时间

赋能流程

SCOR 将赋能流程定义为与建立、维护和监控供应链运营所需的信息、关系、资源、资产、业务规则、合规和合同以及监控和管理供应链的整体绩效相关的流程。赋能流程可以与其他领域的流程（如财务流程、人力资源流程、ICT 以及产品和流程设计流程）进行交互。

赋能流程包含以下子流程：

1. 业务规则；
2. 管理供应链绩效；
3. 管理数据和信息；
4. 管理供应链人力资源；
5. 管理供应链资产；
6. 管理供应链合同 / 协议；
7. 管理供应链网络；
8. 管理监管和自愿合规；
9. 管理供应链风险；
10. 管理供应链采购；
11. 管理供应链技术。

如需完整概述（包括流程说明），请参阅本章附录。

业务规则

SCOR 将赋能业务规则流程定义为建立、记录、沟通和发布供应链业务规则的过程。业务规则是定义和约束业务特定方面的陈述或参数，通常用于决策。业务规则旨在影响供应链运营的结果，适用于人员和流程，而由于智能合约的引入，如今也适用于交易。"如果没有签名的交付证明，发票就不会被接受"就是一个业务规则的例子。制定业务规则所依赖的策略的开发通常不在此流程的范围之内；它将策略转化为应用于供应链流程的业务规则。

在供应链管理目标方面，我们可以从表 6-6 中看出区块链有望影响以下几方面：

- 通过缩短管理这些业务规则所需的总体周期时间来影响响应能力；
- 通过业务规划的即时生效或失效来影响敏捷性；
- 通过使用智能合约实现业务规则自动化来影响可靠性。

表 6-6　　　　　　　　　赋能流程 – 区块链的作用和受影响指标

区块链的作用	流程	受影响的流程指标
为实现"直通式处理"而在交易层面为业务规则建档	sE1, sE2	RS.3.54—管理计划流程的业务规则的周期时间 RS.3.55—管理退货流程的业务规则的周期时间 RS.3.57—管理交付业务规则的周期时间 RS.3.79—管理生产规则的周期时间 RS.3.86—管理采购业务规则的周期时间
供应链合作伙伴被网络接受后可立刻使用业务规则	sE1	RS.3.54—管理计划流程的业务规则的周期时间 RS.3.55—管理退货流程的业务规则的周期时间 RS.3.57—管理交付业务规则的周期时间 RS.3.79—管理生产规则的周期时间 RS.3.86—管理采购业务规则的周期时间
网络上的业务规则可以立刻停用	sE1	RS.3.54—管理计划流程的业务规则的周期时间 RS.3.55—管理退货流程的业务规则的周期时间 RS.3.57—管理交付业务规则的周期时间 RS.3.79—管理生产规则的周期时间 RS.3.86—管理采购业务规则的周期时间
提供可用于访问有用、有意义且典型的绩效指标的数据	sE2	RS.3.2—评估交付效率的周期时间 RS.3.3—评估供应商效率的周期时间 RS.3.65—管理集成供应链库存的周期时间 RS.3.70—管理返修流程效率的周期时间 RS.3.71—管理退货流程效率的周期时间 RS.3.78—管理生产 CO.1.1—供应链管理总成本
提供快速实施纠错措施的机制	sE2	RS.3.2—评估交付效率的周期时间 RS.3.3—评估供应商效率的周期时间 RS.3.65—管理集成供应链库存的周期时间 RS.3.70—管理返修流程效率的周期时间 RS.3.71—管理退货流程效率的周期时间 RS.3.78—管理生产 CO.1.1—供应链管理总成本

续前表

区块链的作用	流程	受影响的流程指标
区块链的"超级审计追踪"可以应对与供应链伙伴提供的自报告数据有关的挑战	sE3	RS.3.53—维护采购数据的周期时间 RS.3.59—管理交付信息的周期时间 RS.3.68—管理制造信息的周期时间 RS.3.72—管理计划数据收集的周期时间 RS.3.81—管理退货数据收集的周期时间 CO.3.14—订单管理成本
提供可用于管理供应链资产的数据	sE5	RS.3.56—管理固定资产的周期时间 RS.3.58—管理交付资本资产的周期时间 RS.3.64—管理集成供应链资本资产的周期时间 RS.3.67—管理制造设备和设施的操作周期 RS.3.80—管理与退货相关的固定资产的操作周期
简化 M2M 集成	sE5	RS.3.56—管理固定资产的周期时间 RS.3.58—管理交付资本资产的周期时间 RS.3.64—管理集成供应链资本资产的周期时间 RS.3.67—管理制造设备和设施的周期时间 RS.3.80—管理退货资本资产的周期时间
消除纸质文档的同时准备调度文件和调度管理自动化,包括开具发票	sE5	RS.3.56—管理固定资产的周期时间 RS.3.58—管理交付资本资产的周期时间 RS.3.64—管理集成供应链资本资产的周期时间 RS.3.67—管理制造设备和设施的周期时间 RS.3.80—管理退货资本资产的周期时间
只有在网络中被接受的资产才可进入交易,以便识别所有需要维护的资产	sE5	RS.3.56—管理固定资产的周期时间 RS.3.58—管理交付资本资产的周期时间 RS.3.64—管理集成供应链资本资产的周期时间 RS.3.67—管理制造设备和设施的周期时间 RS.3.80—管理退货资本资产的周期时间

续前表

区块链的作用	流程	受影响的流程指标
使合同和非合同协议的处理全自动化（"直通式处理"）	sE6	RL.3.37—预测的准确性 RS.3.87—管理供应商协议的周期时间 CO.2.6—减排成本 CO.3.15—订单交付和/或安装成本 AM.2.1—应收账款周转天数 AM.2.3—应付账款周转天数
确保前期合规	sE8	RS.3.61—管理进/出口需求的周期时间
应对整体风险来源	sE9	量化风险的标准指标是风险价值（Value at Risk, VaR），VaR= 事件发生的概率 × 事件造成的资金方面的影响
对与所有潜在风险事件有关的数据进行识别、收集、验证和记录	sE9	AG.2.10—风险价值（计划） AG.2.11—风险价值（采购） AG.2.12—风险价值（制造） AG.2.13—风险价值（交付）
对供应链一级合作伙伴以外的数据进行确认、收集、验证和记录	sE9	AG.2.14—风险价值（退货）
提供尽可能低粒度而非低流程层面的数据	sE9	AG.2.15—恢复所需时间
涉及缺陷产品（如被污染的食品）的危机：轻松识别缺陷产品的来源，并策略性地移除受影响的产品，而不是召回整个产品线的产品	sE9	CO.2.6—减排成本

管理供应链绩效

SCOR 将赋能管理供应链绩效的流程定义为，为供应链指标定义绩效目标（该目标与整体业务战略和目标一致）以及汇报绩效、确认绩效差距和分析根本原因，并制定和实施纠正措施，以缩小绩效差距的过程。对组织而言，在其不同部门和级别中有多个版本的流程是很常见的。

在供应链管理目标方面，我们从表 6-6 可以看出，区块链有望影响以下几个方面：

- 通过缩短管理供应链绩效所需的总体周期时间来影响响应能力；
- 通过业务规则的即时生效和即时失效机制，可能会迅速制定并启动纠正措施，以缩小绩效差距来影响敏捷性；
- 通过使用智能合约自动化纠正行动，降低整个系统的成本。

管理数据和信息

SCOR 将赋能管理数据和信息的流程定义为收集、维护和发布对供应链进行规划、运营、衡量和管理所需的数据和信息的过程。

主要的数据元素包括以下几类。

- 主数据。运营供应链所需的关于客户、供应商、原材料、物料清单、配方、产品、人员、流程和资产等的基础数据。
- 交易数据。与采购、接收、材料运送、增值操作、备货、拣选和交付等相关的数据。
- 协作数据。来自供应链合作伙伴的数据，这些数据需要提供跨组织供应链的可见性，这是以集成化的端到端方式规划和执行供应链所需要的。
- 元数据。对其他数据进行描述和信息补充的数据。
- 绩效数据。指标数据和计算指标所需的相关原始输入数据。
- 感官/物联网数据和社交网络数据。

在供应链管理目标方面，我们从表 6-6 中可以看出，区块链有望影响以下几个方面：

- 通过缩短管理这些数据类别所需的总体周期时间来影响响应能力；
- 通过访问实时的经过验证的数据来影响可靠性；
- 通过实时和有效的订单管理数据降低系统总成本。

管理供应链人力资源

SCOR 将赋能管理供应链人力资源的流程定义为，培养、管理和维护一个组织中具有适当资质的长期、临时和外包员工，以支持业务目标和供应链目标的过程，包括确定组织中所需和可用的技能，确定技能和能力水平的差距，确定培训需求、资源差距和冗余资源。

我们相信，在可以预见的未来，区块链技术在这个流程中能发挥的作用仍仅限于提供可靠和经过验证的数据，如有关资历和专业背景方面的数据，这些数据已经在赋能数据和信息管理的流程中介绍过了。

管理供应链资产

SCOR 将赋能管理供应链资产的流程定义为，为供应链执行而开发的供应链资产的调度、维护和处置过程，包括安装、维修、改造、校准以及其他维持供应链执行所需的活动。

在供应链管理目标方面，我们从表 6-6 中可以看出，区块链有望通过缩短管理供应链资产所需的总体周期时间来影响响应能力。

管理供应链合同 / 协议

SCOR 将赋能管理供应链合同 / 协议的流程定义为，对合同和非合同协议进行管理和沟通，以支持业务目标和供应链的过程，包括与供应链运营（如材料和服务获取、库存备货活动和水平、绩效目标、计划和决策、物流和交付、数据交换和可见性等）相关的所有协议。

在供应链管理目标方面，我们从表 6-6 中可以看出，区块链有望影响以下几个方面：

- 通过降低与供应链合同和协议管理相关的运营资金和交易成本来降低系统的总成本；
- 通过缩短管理这些合同和协议的整体周期时间来影响响应能力；
- 通过提高预测的准确性来影响可靠性。

管理供应链网络

SCOR 将赋能管理供应链网络的流程定义为定义和管理供应链的地理位置和活动足迹的过程。它定义了设施的位置以及部署在这些位置的资源、分销网络、供应商、客户、材料、产品、产能和 / 或能力。

我们相信，在可以预见的未来，区块链技术在这个流程中发挥的作用仍仅限于为用于该流程的网络规划算法提供可靠和经过验证的数据，这些数据已经在赋能数据和信息管理流程中介绍过了。

对监管和自愿合规

SCOR 将赋能管理监管和自愿合规的流程定义为，在标准供应链流程、政策和业务规则中识别、收集、评估和整合监管合规要求的过程。监管合规是一个术语，通常用于描述组织为确保其符合外部机构（政府）的法律、法规和条例而制定的政策和流程。组织常常出于战略原因选择超出监管合规，来满足自愿合规标准和 / 或追求自愿合规认证（如 ISO 标准、与可持续性或企业社会责任相关的标准）。监管和自愿合规的一个关键组成部分是制定政策、业务规则和流程，以确保满足法律和监管合规要求。

在供应链管理目标方面，我们从表 6-6 中可以看出，区块链有望通过缩短管理这些流程的整个周期时间来影响响应能力。

管理供应链风险

SCOR 将赋能管理供应链风险的流程定义为，识别和评估供应链中的潜在干扰（风险）并制订计划，以减轻对供应链运营的威胁的过程。干扰既可能来自供应链流程内部，如客户停业或因罢工或火灾导致的生产问题，也可能来自外部，如外币贬值和贸易争端。

在供应链管理目标方面，我们从表 6-6 中可以看出，区块链有望通过降低整体风险值来影响供应链风险。

管理供应链采购

SCOR 将采购周期定义为，采购货物或服务时关键步骤的循环过程。我们相信区块链的子流程可以发挥作用，如 sE10.4 "参与投标/报价/谈判的供应商选择"、sE10.5 "发出投标邀请/报价请求"、sE10.6 "投标/标书评估和验证"和 sE10.7 "合同授予和执行"，这些内容已经在采购流程中详细介绍过。

管理供应链技术

SCOR 将赋能管理供应链技术的流程定义为，定义、部署和管理涉及供应链规划、执行和绩效管理的技术赋能的过程。虽然区块链是涉及供应链、规划、执行和绩效管理的技术堆栈的一部分，但我们不希望区块链在这个流程中发挥作用。

附录

计划流程

SCOR 将计划流程定义为与确定需求和纠正措施以实现供应链目标相关的流程。表 6-7 对该流程和受影响的指标进行了总结。

采购流程

SCOR 将采购流程定义为与订购、交付、接收和转移原材料、子组件、产品和/或服务相关的流程。表 6–8 对该流程和受影响的指标进行了总结。

制造流程

SCOR 将制造流程定义为与通过制造或创造可交付物来为可交付物增加价值相关的流程。表 6–9 对该流程和受影响的指标进行了总结。值得注意的是，从严格意义上来说，区块链技术在制作流程中的应用非常有限，主要是因为这个流程都是在企业内部进行的，没有必要增强信任或部署去中心化应用程序。

交付流程

SCOR 将交付流程定义为与执行面向客户的订单管理和订单履约活动相关的流程。表 6–10 对该流程和受影响的指标进行了总结。

退货流程

SCOR 将退货流程定义为与将物资通过供应链从客户处返回，以解决产品、订购或制造中的缺陷或执行维护活动相关的流程。表 6–11 对该流程和受影响的指标进行了总结。

赋能流程

SCOR 将赋能流程定义为与建立、维护和监控供应链运营所需的信息、关系、资源、资产、业务规则、合规性和合同，以及监控和管理供应链整体绩效相关的流程。表 6–12 对该流程和受影响的指标进行了总结。

表6-7 计划流程和受影响的指标

流程	描述	区块链的作用	相关机制	受影响的指标
sP1.1—确认、优先排序和汇总供应链需求	在适当的层面、范围和间隔识别、汇总和优先考虑产品或服务的供应链的所有需求来源的过程	只有在网络中被接受的各方才能进行交易，以便识别所有需求来源 整合来自二级到N级分销商的数据	验证参与供应链的单个实体的身份 允许以隐私保护方式共享数据的加密原语	RL.3.37—预测准确性 RS.3.44—识别、优先排序和汇总供应链需求的周期时间
sP1.2—识别、优先排序和汇总供应链资源	在适当的层面、范围和间隔识别、汇总所有必需的供应源，并为产品或服务的供应链增加价值的过程	区块链的附加分类账可以应对与分销商提供的自报告数据相关的挑战 提供一个不受集中控制的、安全的点对点协作的规划和预测平台 只有在网络中被接受的各方才能进行交易，以便识别所有需求来源 整合来自二级到N级分销商的数据	交易数据在被永久添加到区块链之前可以被Oracle验证 允许以安全和隐私保护（如有要求）方式共享数据的加密原语 验证参与供应链的单个实体的身份 允许以安全和隐私保护（如有要求）方式共享数据的加密原语	RS.3.39—识别、优先排序和汇总供应链供给的周期时间 AM.2.2—供货库存周转天数

续前表

流程	描述	区块链的作用	相关机制	受影响的指标
		区块链的附加分类账可以应对与供应商提供的自报告数据相关的挑战	交易链数据被永久添加到区块链之前可以被Oracle验证	RL.3.36—填充率
		提供一个无集中控制的、安全的点对点协作、规划和预测平台	允许以安全和隐私保护（如有要求）方式共享数据的加密原语	RS.3.15—平衡供应链资源与供应链需求的周期时间
		简化B2B集成	点对点网络中的数据安全和划算的交易传输	AM.2.2—库存周转天数
sP1.3—平衡供应链资源和供应链需求	识别和衡量需求与资源之间的差距和失衡情况，以确定如何在迭代和协作环境中通过营销、定价、包装、仓储、外包计划或其他一些优化服务、灵活性、成本和资产的行动来最好地解决差异的过程	提供一个不受集中控制的、安全的点对点数据共享平台	允许以安全和隐私保护（如有要求）方式共享数据的加密原语	
		奖励分享可靠数据的供应链合作伙伴	"原子交换"类型的智能合约允许供应链合作伙伴转移数据资产，以换取端波的XRP等数字货币	
		提供可用于监控库存对象的数据	用物联网技术对库存进行检测、衡量和跟踪	

续前表

流程	描述	区块链的作用	相关机制	受影响的指标
sP1.4—创建并沟通供应链计划	在恰当的时间定义的（长期、年度、每月、每周）计划范围和间隔内沟通行动方案，代表为满足供应链需求而计划的供应链资源分配	区块链的附加分类账为制订供应链计划提供了一个真实的数据来源 供应链合作伙伴一旦被网络接受，就会立刻获得供应链计划结果	交易数据被Oracle验证后才会被添加到区块链上，并作为所有供应链成员订其供应链计划的基础 数据竖井之间的点对点通信被向网络上的所有成员广播结果所取代	RS.3.30—创建供应链规划的周期时间 AM.2.2—供货库存周转天数
sP2.1—确认、优先排序和汇总产品需求	将供应链中产品或服务的所有需求来源作为一个整体来识别、排序和考量的过程	只有在网络中被接受的各方才能进行交易，以便识别所有需求来源 整合来自二级到N级分销商的数据 区块链的附加分类账可以应对与分销商提供的自报告数据相关的挑战 简化B2B集成	验证参与供应链的单个实体的身份 允许以隐私保护方式共享数据的加密原语 交易数据在被永久添加到区块链之前可以被Oracle验证 点对点网络中交易的数据安全和高性价比传输	RL.3.37—预测准确性 RS.3.41—对产品需求进行识别、排序和汇总的周期时间

第6章 区块链将影响哪些供应链管理流程和指标 | 131

续前表

流程	描述	区块链的作用	相关机制	受影响的指标
sP2.2—识别、评估和汇总产品资源	将用于为供应链中的产品或服务增加价值的所有材料和其他资源作为一个整体来识别、排序和考量的过程	只有在网络中被接受的各方才能进行交易,以便识别所有需求来源 整合来自二级到N级分销商的数据	验证参与供应链的单个实体的身份 允许以安全和隐私保护(如有要求)方式共享数据的加密原语	RS.3.38—识别、评估和汇总产品资源的周期时间
		区块链的附加分类账可以对与供应商提供的自报告数据相关的挑战	交易数据在被永久添加到区块链之前可以被Oracle验证	
sP2.3—平衡产品资源与产品需求	为满足需求,制定分阶段行动方案以承诺资源的流程	为物流服务提供商提供一个无集中控制的、安全的点对点协作平台	允许以安全和隐私保护(如有要求)方式共享数据的加密原语	RS.3.12—平衡产品资源与产品需求的周期时间
		奖励分享可靠数据的物流服务提供商合作伙伴	"原子交换"类型的智能合约允许供应链合作伙伴转移数据资产,以换取端波的XRP等数字货币	
		以网络交易数据为基础,基于信誉的供应商选择	区块链的"超级审计追踪"与隐私保护加密原语相结合,允许网络成员评估网络中供应商的声誉	

续前表

流程	描述	区块链的作用	相关机制	受影响的指标
sP2.4—创建采购计划	在指定的时间内创建行动方案，代表供应商资源的预计拨款，以满足采购计划需求	为供应商提供一个不受集中控制的、安全的点对点协作平台	允许以安全和隐私保护（如有要求）方式共享数据的加密原语	RS.3.29—建立采购计划的周期时间
		奖励分享可靠数据的供应商	"原子交换"类型的智能合约允许供应链合作伙伴转移数据资产，以换取端波的XRP等数字货币	
		以网络交易数据为基础，基于信誉的供应商选择	区块链的"超级审计追踪"与隐私保护加密原语相结合，允许网络成员评估网络中供应商的声誉	
		供应链合作伙伴一旦被网络接受，就可以立刻使用供应链计划的结果	数据竖井之间的点对点通信被向网络上的所有成员广播结果所取代	
sP3.1—识别、优先排序和汇总产品需求	将在产品或服务创建过程中所有需求来源作为一个整体来识别、评估和考量的过程	只有在网络中被接受的各方才能进行交易，以便识别所有需求来源	验证参与供应链的单个实体的身份	RL.3.37—预测准确性

续前表

流程	描述	区块链的作用	相关机制	受影响的指标
		整合来自二级到N级分销商的数据	允许以隐私保护方式共享数据的加密原语	RS.3.42—识别、优先排序和汇总生产需求的周期时间
		区块链的附加分类账可以对与供应商提供的自报告数据相关的挑战	交易数据被永久添加到区块链之前可以被Oracle验证	
		简化B2B集成	点对点网络交易中的数据安全和高性价比传输	
sP3.2—对生产要求进行识别、评估和聚合	将在产品或服务创建过程中所有能够增加价值的事物作为一个整体来识别、评估和考量的过程	只有在网络中被接受的各方才能进行交易,以便识别所有需求来源	验证参与供应链的单个实体的身份	RS.3.36—识别、评估和汇总产品资源的周期时间
		整合来自二级到N级分销商的数据	允许以隐私保护方式共享数据的加密原语	
		区块链的附加分类账可以对与供应商提供的自报告数据相关的挑战	交易数据被永久添加到区块链之前可以被Oracle验证	
		简化B2B集成	点对点网络中交易的数据安全和高性价比传输	

续前表

流程	描述	区块链的作用	相关机制	受影响的指标
sP3.3—平衡生产资源与生产要求	为满足创建和运营需求,制定分阶段行动方案以承诺创建和运营资源的过程	提供一个无集中控制的、安全的点对点协作平台	允许以安全和隐私保护(如有要求)方式共享数据的加密原语	RS.3.13—平衡生产资源和生产需求的周期时间
		奖励分享可靠数据的供应链合作伙伴	"原子交换"类型的智能合约允许供应链合作伙伴转移数据资产,以换取瑞波的XRP等数字货币	
sP3.4—创建生产计划	在指定的时间内创建行动方案,代表供应资源的预计拨款,以满足生产和运营计划需求的过程	为供应商提供一个无集中控制的、安全的点对点协作平台	允许以安全和隐私保护(如有要求)方式共享数据的加密原语	RS.3.28—创建生产计划的周期时间
		供应链合作伙伴一旦被网络接受,就可以立刻使用供应链计划的结果	数据竖井之间的点对点通信被向网络上的所有成员广播结果所取代	
sP4.1—识别、优先排序和汇总交付需求	将在产品或服务交付过程中所有需求的来源操作为一个整体来识别、评估和考量的过程	在网络中只有相互认可的参与方可以进行交易,以便识别所有交易来源	验证参与供应链的单个实体的身份	RL.3.37—预测准确性
		整合来自二级到N级分销商的数据	允许以隐私保护方式共享数据的加密原语	RS.3.40—识别、优先排序和汇总交付需求的周期时间

续前表

流程	描述	区块链的作用	相关机制	受影响的指标
		区块链的附加分类账可以应对与供应商提供的自报告数据相关的挑战	交易数据在被永久添加到区块链之前可以被 Oracle 验证	RL.3.37—预测准确性
sP4.2—识别、评估和汇总交付资源	将在产品或服务交付过程中所有能够增加价值的事物作为一个整体来识别、评估和考量的过程	在网络中只有被接受的参与供应链进行交易,以便识别所需求的来源	验证参与供应链的单个实体的身份	RL.3.37—预测准确性
		整合来自二级到N级分销商的数据	允许以安全和隐私保护(如有要求)方式共享数据的加密原语	RS.3.37—识别、评估和汇总交付资源的周期时间
		区块链的附加分类账可以应对与供应商提供的自报告数据相关的挑战	交易数据在被永久添加到区块链之前可以被 Oracle 验证	RL.3.37—预测准确性
sP4.3—平衡交付资源和产能与交付需求	为满足交付需求,制定分阶段行动方案以承诺交付资源的过程	为物流服务提供商提供一个无集中控制的、安全的点对点协作平台	允许以安全和隐私保护(如有要求)方式共享数据的加密原语	
		奖励分享可靠数据的物流服务提供商合作伙伴	"原子交换"类型的智能合约允许供应链合作伙伴移数据资产,以换取瑞波的 XRP 等数字货币	

续前表

流程	描述	区块链的作用	相关机制	受影响的指标
sP4.4—创建交付计划	在指定的时间内创建行动方案,代表交付资源的预计拨款,以满足交付需求的过程	为供应商提供一个无集中控制的、安全的点对点协作平台	允许以安全和隐私保护(如有要求)方式共享数据的加密原语	RL.3.36—填充率
		奖励分享可靠数据的供应商提供回报	"原子交换"类型的智能合约允许供应链合作伙伴转移数据资产,以换取瑞波的XRP等数字货币	

第6章 区块链将影响哪些供应链管理流程和指标

表6-8 采购流程和受影响指标

流程	描述	区块链的作用	相关机制	受影响的指标
sS1.1—安排产品交付	根据现有合同或采购订单安排和管理单个产品的交付。产品放行需求基于详细的采购计划或其他类型产品的需求信号确定	为寄售库存提供一个无集中控制的、安全的点对点协作平台	允许以安全和隐私保护（如有要求）方式共享数据的加密原语	RL.3.27—在供应商交期内计划的更改率（%） RS.3.10—计划更改的平均影响天数 RS.3.122—安排产品交付的周期时间
sS1.2—接收产品	根据合同要求接收产品的流程和相关活动	提供批次跟踪数据	使用物联网检测、测量和跟踪库存	RL.3.18—订单处理完成率（%） RL.3.20—订单准点率（%） RL.3.23—订单运输文档正确率（%） RS.3.113—接收产品的周期时间
		以网络交易数据为基础，基于供应商交付绩效分析的供应商选择	区块链的"超级审计追踪"与隐私保护加密原语相结合，允许网络成员评估网络中供应商的声誉	

续前表

流程	描述	区块链的作用	相关机制	受影响的指标
sS1.3—验证产品	确定产品符合需求和标准的过程和行动	为寄售库存提供一个无集中控制的、安全的点对点协作平台 使所有权转移和供应商管理或实现全自动化处理付的拥有的库存支（"直通式处理"） 纸质记录的消除减少了人际互动和沟通 提供可以用于监控产品运输状况的实时、安全且经过验证的数据	允许以安全和隐私保护（如有要求）方式共享数据的加密原语 事件变化（如所有权的转移）触发智能合约 事件变化（如所有权的转移）触发智能合约 来自物联网设备或传感器的与温度、湿度、动作、光照条件和化学成分等相关的数据	RL.3.19—接收订单合格率（%） RL.3.21—接收订单内容正确率（%） RL.3.24—接收订单无损坏率（%） RS.3.140—验证产品的周期时间

续前表

流程	描述	区块链的作用	相关机制	受影响的指标
sS1.4—转移产品	将接收的产品转移至供应链中合适的备货地点。包括与重新包装、暂存、转移和备货有关的所有活动	使所有权转移和供应商管理或拥有的库存支付实现全自动化处理（"直通式处理"） 纸质记录的消除减少了人际互动和沟通 提供可以用于监控产品运输状况的实时、安全且经过验证的数据	事件变化（如所有权的转移）触发智能合约 来自物联网设备或传感器的与温度、湿度、动作、光照条件和化学成分等相关的数据	RL.3.25—产品按时转移率（％） RL.3.26—产品转移无误率（％） RS.3.139—转移产品的周期时间 AM.2.2—供货库存周转天数
sS1.5—授权供应商付款	授权向供应商支付产品或服务费用的过程	使支付授权和支付本身实现全自动化处理（"直通式处理"）	事件变化（如所有权的转移）触发智能合约	RS.3.8—授权供应商付款的周期时间

续前表

流程	描述	区块链的作用	相关机制	受影响的指标
sS2.1—安排产品交付	根据合同安排和管理单笔交付。产品交付需求基于详细的采购计划确定	为寄售库存提供无集中控制的安全的点对点协作平台	允许以安全和隐私保护（如有要求）方式共享数据的加密原语	RL.3.27—供应商交期内的计划改变率（%） RS.3.10—计划更改的平均影响天数 RS.3.122—安排产品交付的周期时间
sS2.2—接收产品	根据合同要求接收产品的流程和相关活动	提供批次跟踪数据	使用物联网检测、测量和跟踪库存	RL.3.18—订单处理完成率（%） RL.3.20—订单准点率（%） RL.3.23—订单运输文档正确率（%） RS.3.113—接收产品的周期时间
		根据网络上的交易数据，基于供应商选择的供应商交付绩效分析	区块链的"超级审计追踪"与隐私保护加密原语相结合，允许网络成员评估网络中供应商的声誉	

续前表

流程	描述	区块链的作用	相关机制	受影响的指标
sS2.3—产品核验	确定产品符合相关要求和标准的过程和行动	为寄售库存提供一个无集中控制的、安全的点对点协作平台	允许以安全和隐私保护（如有要求）方式共享数据的加密原语	RL.3.19—接收订单合格率（%）
		使供应商所管理或拥有库存的所有权转移和支付处理全面自动化（"直通式处理"）	事件变化（如所有权的转移）触发智能合约	RL.3.21—接收订单内容正确率（%）
				RL.3.24—接收订单无损坏率（%）
		纸质记录的消除减少了人际互动和沟通		RS.3.140—验证产品的周期时间
		提供可以用于监控产品运输状况的实时、安全且经过验证的数据	来自物联网设备或传感器的与温度、湿度、动作、光照条件和化学成分等相关的数据	

续前表

流程	描述	区块链的作用	相关机制	受影响的指标
sS2.4—产品转移	将接收的产品转移至供应链中合适的备货地点。包括与重新包装、暂存、转移以及备货和/或服务应用有关的所有活动	使所有权转移和供应商管理或拥有的库存支付实现全自动化处理（"直通式处理"） 纸质记录的消除减少了人际互动和沟通 提供可以用于监控产品运输状况的实时、安全且经过验证的数据	事件变化（如所有权的转移）触发智能合约 来自物联网设备或传感器的与温度、湿度、动作、光照条件和化学成分等相关的数据	RL.3.25—产品按时转移率（%） RL.3.26—产品转移无误率（%） RS.3.139—转移产品的周期时间 AM.2.2—供货库存周转天数
sS2.5—授权供应商付款	授权向供应商支付产品或服务费用的过程，包括发票收集、发票匹配和付款	使支付授权和支付本身实现全自动化处理（"直通式处理"）	事件变化（如所有权的转移）触发智能合约	RS.3.8—授权供应商付款的周期时间

续前表

流程	描述	区块链的作用	相关机制	受影响的指标
sS3.1—确认供应商来源	有能力设计和交付满足所有需求的产品的潜在供应商的识别和资质认定	以网络上的交易数据为基础,基于供应商交付绩效分析的供应商选择	区块链的"超级审计追踪"与隐私保护加密原语相结合,允许网络成员评估网络中供应商的声誉	RS.3.35—识别供应商来源的周期时间 AM.3.2—具有有效物料清单的物料的占比(%) AM3.3—可回收/可重复使用的物料的占比(%)
sS3.2—选择最终供应商并进行谈判	基于对报价邀请书的评估、供应商资格和定义了产品可用性的成本和条件的合同的生成确定供应商	以网络交易数据为基础,基于供应商交付绩效分析的供应商选择 供应链合作伙伴一旦被网络接受,就可以立刻发出投标邀请	区块链的"超级审计追踪"与隐私保护加密原语相结合,允许网络成员评估网络中供应商的声誉 数据竖井之间的点对点通信被向网络上的所有成员广播结果所取代	RL.3.17—具有 EMS 或 ISO 14001 认证的供应商占比(%)

续前表

流程	描述	区块链的作用	相关机制	受影响的指标
		以网络交易数据为基础上，基于信誉的供应商选择	区块链的"超级审计追踪"与隐私保护加密原语相结合，允许网络成员评估网络中供应商的声誉	RS.3.125—选择供应商谈判的周期时间
sS3.3—安排产品交付	根据合同安排和管理单笔交付。产品交付需求基于详细的采购计划确定	为寄售库存提供一个无集中控制的、安全的点对点协作平台	允许以安全和隐私保护（如有要求）方式共享数据的加密原语	RL.3.27—供应商交期内的计划改变率（%） RS.3.10—计划更改的平均影响天数 RS.3.122—安排产品交付的周期时间
sS3.4—产品接收	根据合同要求接收产品的流程和相关活动	纸质记录的消除减少了人际互动和沟通	事件变化（如所有权的转移）触发智能合约	RL.3.18—订单处理完成率（%） RL.3.20—订单准点率（%）
		提供可以用于监控产品运输状况的实时、安全且经过验证的数据	来自物联网设备或传感器的与温度、湿度、动作、光照条件和化学成分等相关的数据	RL.3.23—订单运输文档正确率（%） RS.3.113—接收产品的周期时间

续前表

流程	描述	区块链的作用	相关机制	受影响的指标
sS3.5—产品核验	确定产品符合相关要求和标准的过程和行为	提供可以用于监控产品运输状况的实时、安全且经过验证的数据	来自物联网设备或传感器的与温度、湿度、动作、光照条件和化学成分等相关的数据。事件变化（如所有权的转移）触发智能合约	RL.3.19—接收订单合格率（%） RL.3.21—接收订单内容正确率（%） RL.3.24—接收订单无损坏率（%） RS.3.140—验证产品的周期时间
sS3.6—产品转移	将接收的产品转移至供应链中合适的备货地点，包括与重新包装、暂存、转移以及备货和/或服务应用有关的所有活动	为产品转移提供一个无须集中控制的、安全的点对点协作平台	允许以安全和隐私保护（如有要求）方式共享数据的加密原语	RL.3.25—产品按时转移率（%） RL.3.26—产品转移无误率（%） RS.3.139—转移产品的周期时间 AM.2.2—供货库存周转天数
sS3.7—授权供应商付款	授权向供应商支付产品或服务费用的过程，包括发票收集、发票匹配和付款	使支付授权和支付本身实现全自动化处理（"直通式处理"）	事件变化（如所有权的转移）触发智能合约	RS.3.8—授权供应商付款的周期时间

表 6-9 制造流程和受影响的指标

流程	描述	区块链的作用	相关机制	受影响的指标
sM1.7—废/冗余物料管理	与收集和管理在增值和测试过程中形成的废品/冗余品（包括废料、未使用的资源和不合格的产品或可交付成果）相关的活动	消除纸质记录	无需人际互动即可实现全自动化处理（"直通式处理"）	RL.3.57—废料处理错误 RS.3.141—废料累积时间 AM.3.15—有害废料占全部废料的比例（%）
		为废/冗余物料提供一个去中心化市场	结合人工智能技术，找到废/冗余物料中有价值物料的最佳替代用途	
sM2.7—废/冗余物料管理	与收集和管理在增值和测试过程中形成的废品/冗余品（包括废料、未使用的资源和不合格的产品或可交付成果）相关的活动	消除纸质记录	无需人际互动即可实现全自动化处理（"直通式处理"）	RL.3.57—废料处理错误 RS.3.141—废料累积时间 AM.3.15—有害废料占全部废料的比例（%）
		为废/冗余物料提供一个去中心化市场	结合人工智能技术，找到废/冗余物料中有价值物料的最佳替代用途	

续前表

流程	描述	区块链的作用	相关机制	受影响的指标
sM3.7—废品/冗余品管理	与收集和管理在增值和测试过程中形成的废品/冗余品（包括废料、未使用的资源和不合格的产品或可交付成果）相关的活动	消除纸质记录 为废/冗余物料提供一个去中心化市场	无需人际互动即可实现全自动化处理（"直通式处理"） 结合人工智能技术，找到废/冗余物料中有价值物料的最佳替代用途	RL.3.57—废料处理错误 RS.3.141—废料累积时间 AM.3.15—有害废料占全部废料的比例（%）

表6-10 交付流程受影响的指标

流程	描述	区块链的作用	相关机制	受影响的指标
sD1.1—处理询价和报价	接收和回应常规客户询价和报价请求	提供订单跟踪数据	使用物联网检测、测量和跟踪库存	RS.3.100—处理询价和报价的周期时间 CO.3.14—订单管理成本
		区块链是基于单一共识的事实来源	交易数据在被永久添加到区块链之前可以被Oracle验证	
sD1.2—接收、录入和核验订单	接收客户订单,并将它们录入企业的订单处理系统。"技术性"地检查订单,以确认可订购的内容,并提供准确的价格。查看客户反馈	消除纸质记录	点对点网络中交易的数据安全和高性价比传输	RL.3.33—交付货品准确性 RL.3.34—交付地址准确性 RL.3.35—交付数量准确性 RS.3.94—订单履约停顿时间 RS.3.112—接收、录入和核验订单的周期时间
		简化B2B集成	点对点网络中交易的数据安全和高性价比传输	
		使订单处理流程实现全自动化("直通式处理")	无需人际互动即可实现全自动处理("直通式处理")	

续前表

流程	描述	区块链的作用	相关机制	受影响的指标
sD1.3—预留库存并确定交付日期	为特定订单识别并保留库存（无论在库存还是定期到库的），承诺并安排交付日期	提供库存跟踪数据	使用物联网实时检测、测量和跟踪库存	RL.2.1—订单足量交付率（%） RL.2.2—遵守承诺客户日期的交付绩效 RL.3.36—填充率 RS.3.94—订单履约停顿时间 RS.3.116—预留资源和确定交付日期的周期时间
sD1.4—整合订单	分析订单以确定导致最低成本/最优服务履单和运输的分组的过程	提供订单跟踪数据 为订单管理提供一个无集中控制的、安全的点对点协作平台	使用物联网实时检测、测量和跟踪库存 允许以安全和隐私保护（如有要求）方式共享数据的加密原语	RL.3.33—交付货品准确性 RL.3.34—交付地点准确性 RL.3.35—交付数量准确性 RS.3.18—合并订单的周期时间 CO.3.14—订单管理成本 CO.3.15—订单交付成本
sD1.5—制定装运方案	选择运输方式，并制定高效装运方案	为订单管理提供一个无集中控制的、安全的点对点协作平台	允许在安全和隐私保护（如有要求）方式共享数据的加密原语	RS.3.16—制定装运方案的周期时间 CO.3.14—订单管理成本 CO.3.15—订单交付成本

续前表

流程	描述	区块链的作用	相关机制	受影响的指标
sD1.6—规划运输方式	按照模式、路线和位置整合装配并规划路线	为订单管理提供一个无集中控制的、安全的点对点协作平台	允许以安全和隐私保护（如有要求）方式共享数据的加密原语	RS.3.16—制定装运方案的周期时间 CO.3.14—订单管理成本 CO.3.15—订单交付成本
sD1.7—选择承运商并评估运费	按每天路线的最低成本选择特定的承运商，评估货物的运费，并进行招标	为订单管理提供一个无集中控制的、安全的点对点协作平台	允许以安全和隐私保护（如有要求）方式共享数据的加密原语	RL.3.16—符合环境指标/标准的供应商占比（%） CO.3.14—订单管理成本 CO.3.15—订单交付成本
sD1.8—从产品采购或制造流程接收产品	企业在其自有仓库进行的收货、核验、记录产品接收、上架和记录架位置等活动	纸质记录的消除减少了人际互动和沟通 提供可以用于监控产品运输状况的实时的、安全且经过验证的数据 使产品接收实现全自动化（"直通式处理"）	数字签名文档替代纸质文档，验证实体、对象和个人的身份 来自物联网设备或传感器的与温度、湿度、动作、光照条件和化学成分等相关的数据 点对点网络中交易的数据安全和高性价比传输	RS.3.108—从制造/采购流程接收产品的周期时间 RS.3.110—从采购流程或制造流程接收产品的周期时间 CO.3.12—与生产相关的间接成本

续前表

流程	描述	区块链的作用	相关机制	受影响的指标
sD1.11—装载车辆并生成运输单据	一系列任务，包括将产品装入各种形式的运输工具，并生成符合企业内部、客户、承运商和政府要求的文档	纸质记录的消除减少了人际互动和沟通	以数字签名的文档替代纸质文档，验证实体、对象和个人的身份	RL.2.2—满足客户要求的支付绩效 RL.2.3—文档准确性 RL.3.31—合规文档准确性 RL.3.33—交付货品准确性 RL.3.34—交付地址准确性 RL.3.35—交付数量准确性 RL.3.43—其他所需文档的准确性 RL.3.45—支付单据的准确性 RL.3.50—运输单据的准确性 RS.3.51—装载产品和生成运输单据的周期时间 CO.3.12—与生产相关的间接成本
sD1.12—运输产品	运输产品至客户处的过程	提供订单跟踪记录	使用物联网实时检测、测量和跟踪库存	RL.2.1—订单足量交付率（%） RL.2.2—满足客户要求的支付绩效

续前表

流程	描述	区块链的作用	相关机制	受影响的指标
sD1.13—客户进行产品接收与核验	客户（在自己的场地或货运自提点）接收运输的产品，并核验订单已发货且产品符合交付条件的过程	纸质记录的消除减少了人际互动和沟通	事件变化（如所有权的转移）触发智能合约	RL.3.33—交付货品的准确性 RL.3.34—交付地址的准确性 RL.3.35—交付数量的准确性 RL.3.126—运输产品的周期时间 CO.3.15—订单交付和/或安装成本 CO.3.12—与生产相关的间接成本
		提供可以用于监控产品运输状况的实时、安全且经过验证的数据	来自物联网设备或传感器的与温度、湿度、动作、光照条件和化学成分等相关的数据	RL.2.2—满足客户要求的交付绩效 RL.2.4—完美实现 RL.3.41—订单无损交付 RS3.102—客户接收并核验产品的周期时间
		纸质记录的消除减少了人际互动和沟通	事件变化（如所有权的转移）触发智能合约	

第6章 区块链将影响哪些供应链管理流程和指标

续前表

流程	描述	区块链的作用	相关机制	受影响的指标
sD1.15—发票	向金融机构发送以下信号：订单已发送，应该开始计费流程，以及如果已收到付款，则收到支付或关闭流程	使开单流程全自动化处理，包括支付授权和支付本身（"直通式处理"）	事件变化（如所有权转移）触发智能合约	RL.2.3—文档的准确性 RL.3.11—发票无误率（%） RS.3.48—发票周期时间 CO.3.14—订单管理成本
sD2.1—处理询价与报价	接收和回应常规客户的询价和报价请求	提供订单跟踪数据 区块链是基于单一共识的事实来源	使用物联网检测、测量和跟踪库存 交易数据在被永久添加到区块链之前可以被Oracle验证	CO.3.14—订单管理成本
sD2.2—接收录入及核验订单	接收客户订单，并将它们录入公司订单处理系统。基于标准的可用零件和选项，根据客户的特定需求配置你的产品。"技术性"地检查订单，以确认可订购的内容，并提供准确的价格。查看客户反馈	消除纸质记录 简化B2B集成 使订单处理流程全自动化（"直通式处理"）	点对点网络中交易的数据安全和高性价比传输 点对点网络中交易的数据安全和高性价比传输 无需人际交互沟通，实现流程全自动化（"直通式处理"）	RL.3.33—交付货品的准确性 RL.3.34—交付地址的准确性 RL.3.35—交付数量准确性 RS.3.94—订单履约停顿时间 RS.3.112—接收、录入和核验订单的周期时间 CO.3.14—订单管理成本

续前表

流程	描述	区块链的作用	相关机制	受影响的指标
sD2.3—预留库存和确定交付日期	为特定订单识别并保留库存（无论在库还是定期到库的），承诺并安排交付日期	提供库存跟踪数据	使用物联网实时检测、测量和跟踪库存	RL.2.1—订单足量交付率（%） RL.2.2—遵守承诺客户日期的交付绩效 RS.3.94—订单履约停顿时间 RS 3.115—保留库存和确定交付日期的周期时间 CC.3.14—订单管理成本
sD2.4—整合订单	分析订单以确定导致最低成本/最优服务履单和运输的分组过程	为订单管理提供一个无集中控制的、安全的点对点协作平台	允许以安全和隐私保护（如有要求）方式共享数据的加密原语	RL.3.33—交付货品的准确性 RL.3.34—交付地址的准确性 RL.3.35—交付数量的准确性 RS.3.18—整合订单的周期时间 CO.3.14—订单管理成本 CO.3.15—订单交付成本
sD2.5—制定装运方案	选择运输方式，并制定高效装运方案	提供订单跟踪数据 为订单管理提供一个无集中控制的、安全的点对点协作平台	使用物联网实时检测、测量和跟踪库存 允许以安全和隐私保护（如有要求）方式共享数据的加密原语	RS.3.16—制定装运方案的周期时间 CO.3.14—订单管理成本 CO.3.15—订单交付成本

续前表

流程	描述	区块链的作用	相关机制	受影响的指标
sD2.6—制定运输路线	按照模式、路线和位置整合装配并规划路线	为订单管理提供一个无集中控制的、安全的点对点协作平台	允许以安全和隐私保护（如有要求）方式共享数据的加密原语	RS.3.117—运输线路周期时间 CO.2.4—交付成本 CO.3.14—订单管理成本 CO.3.15—订单交付成本
sD2.7—选定承运商并确定运费，并进行招标	按每天路线的最低成本选择特定的承运商，评估货物的运费，并进行招标	为订单管理提供一个无集中控制的、安全的点对点协作平台	允许以安全和隐私保护（如有要求）方式共享数据的加密原语	RL.3.16—符合环境指标/标准的供应商占比（%） CO.2.4—交付成本 CO.3.14—订单管理成本 CO.3.15—订单交付成本
sD2.8—从采购或制造流程接收产品	企业在其自有仓库进行的收货、核验、记录产品接收、上架位置、上架和记录位置等活动	纸质记录的消除减少了人际互动和沟通 提供可以用于监控产品运输状况的实时、安全且经过验证的数据 使产品接收实现全自动化（"直通式处理"）	数字签名文档替代纸质文档，验证实体、对象和个人的身份 来自物联网设备或传感器的与温度、湿度、动作、光照条件和化学成分等相关的数据 点对点网络中交易的数据安全和高性价比传输	RS.3.108—从制造/采购流程接收产品的周期时间 RS.3.110—从采购流程或制造流程接收产品的周期时间 CO.3.12—与生产相关的间接成本

续前表

流程	描述	区块链的作用	相关机制	受影响的指标
sD1.11—装载车辆并生成运输单据	包括将产品装入各种形式的运输工具，并生成符合企业内部、客户、承运商和政府要求的文档的一系列任务	纸质记录的消除减少了人际互动和沟通	以数字签名的文档替代纸质文档，验证实体、对象和个人的身份	RL.2.2—满足客户要求的交付绩效 RL.2.3—文档的准确性 RL.3.31—合规文档的准确性 RL.3.33—交付货品的准确性 RL.3.34—交付地址的准确性 RL.3.35—交付数量的准确性 RL.3.45—支付单据的准确性 RL.3.50—运输单据的准确性 RS.3.51—装载产品和生成运输单据的周期时间 CO.3.12—与生产相关的间接成本
sD2.12—产品运输	运输产品至客户处的过程	提供订单跟踪记录	使用物联网实时检测、测量和跟踪库存	RL.2.1—订单足量交付率（%） RL.2.2—遵守承诺客户日期的交付绩效 RL.3.33—交付货品的准确性 RL.3.34—交付地址的准确性

续前表

流程	描述	区块链的作用	相关机制	受影响的指标
sD2.13—客户接收并核验产品	客户接收运输的产品，并核验订单已发货且产品符合交付条件的过程	提供可以用于监控产品运输状况的实时、安全且经过验证的数据	来自物联网设备或传感器的与温度、湿度、动作、光照条件和化学成分等相关的数据	RL.3.35—交付数量的准确性 RL.3.126—运输产品的周期时间 CO.2.4—交付成本 CO.3.14—订单管理成本 CO.3.15—订单交付成本 RL.2.2—满足客户要求的交付绩效 RL.2.4—完美实现 RL.3.32—向客户承诺的交付日期实现情况和客户的收货时间 RL.3.33—交付货品的准确性 RL.3.34—交付地址的准确性 RL.3.35—交付数量的准确性 RL.3.41—订单无损交付 RL.3.42—订单无缺陷履约 RL.3.102—客户接收和核验产品的周期时间
		纸质记录的消除减少了人际互动和沟通	事件变化（如所有权的转移）触发智能合约	

续前表

流程	描述	区块链的作用	相关机制	受影响的指标
sD2.15—发票	向金融机构发送以下信号：订单已发送，应该开始计费流程，以及如果已收到付款，则应收到支付或关闭流程	使开单流程实现全自动化处理，包括支付授权和支付本身（"直通式处理"）	事件变化（如所有权的转移）触发智能合约	RL.3.103—接收和核验产品的周期时间 RL.2.3—文档的准确性 RL.3.11—发票无误率（%） CO.3.14—订单管理成本 AM2.1—应收账款周转天数
sD3.1—获取并回应需求建议书（RFP）/报价邀请书（RFQ）	接收提案请求或报价请求或报价请求，评估请求（预估进度、编制成本预算、确定价格）以及回应潜在客户的过程	提供订单跟踪数据 区块链是基于单一共识的事实来源	使用物联网检测、测量和跟踪库存 交易数据在被永久添加到区块链之前可以被Oracle验证	CO.3.14—订单管理成本 RL.3.93—获取需求建议书/报价邀请书的周期时间
sD3.2—谈判和接受合约	与客户商谈订单细节（如价格、调度和产品绩效等）并签订合同的过程	消除纸质记录 简化B2B集成	点对点网络中交易的数据安全和高性价比传输 点对点网络中交易的数据安全和高性价比传输	RL.3.92—谈判和接受合约的周期时间 CO.3.14—订单管理成本

续前表

流程	描述	区块链的作用	相关机制	受影响的指标
sD3.3—录入订单、落实资源和启动项目	录入/完成客户订单，批准资源投入计划（如工程资源、制造资源等）以及正式启动项目的过程	使订单处理实现全自动化（"直通式处理"） 提供库存跟踪数据	无需人际交互沟通，实现全自动化处理（"直通式处理"） 使用物联网实时检测、测量和跟踪库存	RL.2.1—订单足量交付率（%） RL.2.2—满足客户要求的交付绩效 RL.3.33—交付货品的准确性 RL.3.34—交付地址的准确性 RL.3.35—交付数量的准确性 RL.3.25—录入订单、落实资源和启动项目的周期时间 RS.3.94—订单履约停顿时间 CO.3.14—订单管理成本
sD3.5—制定装运方案	选择运输方式，并制定高效装运方案	为订单管理提供一个无集中控制的、安全的点对点协作平台	允许以安全和隐私保护方式（如有要求）方式共享数据的加密原语	RS.3.16—制定装运方案的周期时间 CO.3.14—订单管理成本 CO.3.15—订单交付成本

续前表

流程	描述	区块链的作用	相关机制	受影响的指标
sD3.6—制定运输路线	按照模式、路线和位置整合装配并规划路线	为订单管理提供一个无集中控制的、安全的点对点协作平台	允许以安全和隐私保护（如有要求）方式共享数据的加密原语	RL.3.33—交付货品的准确性 RL.3.34—交付地址的准确性 RL.3.35—交付数量的准确性 RL.3.117—制定运输路线的周期时间 CO.3.14—订单管理成本
sD3.7—选定承运商并确定运输价格	按每天路线的最低成本选择特定的承运商，评估货物的运费，并进行招标	为订单管理提供一个无集中控制的、安全的点对点协作平台	允许以安全和隐私保护（如有要求）方式共享数据的加密原语	RL.3.124—选定承运商并确定运输价格的周期时间 CO.3.14—订单管理成本 CO.3.15—订单交付成本
sD3.8—从采购或制造流程接收产品	企业在其自有仓库进行的收货、核验、记录产品接收、确定上架位置、上架和记录位置等活动	纸质记录的消除减少了人际互动和沟通	数字签名文档替代纸质文档，验证实体、对象和个人的身份	RS.3.108—从制造/采购流程收产品的周期时间
		提供可以用于监控产品运输状况的实时、安全且经过验证的数据	来自物联网设备或传感器的与温度、湿度、动作、光照条件和化学成分等相关的数据	

续前表

流程	描述	区块链的作用	相关机制	受影响的指标
sD3.11—装载车辆并生成运输单据	包括将产品装入各种形式的运输工具，并生成符合内部、客户、承运商和政府要求的文档的一系列任务	使产品接收全自动化（"直通式处理"） 纸质记录的消除减少了人际互动和沟通 提供可以用于监控产品运输状况的实时、安全且经过验证的数据	点对点网络交易中交易的数据安全和高性价比传输 以数字签名的文档替代纸质文档，验证实体、对象和个人的身份 来自物联网设备或传感器的与温度、湿度、动作、光照条件和化学成分等相关的数据	RL.2.2—满足客户要求的支付绩效 RL.2.3—文档的准确性 RL.3.31—合规文档的准确性 RL.3.33—交付货品的准确性 RL.3.34—交付地址的准确性 RL.3.35—交付数量的准确性 RL.3.43—其他所需文档的准确性 RL.3.45—付款单据的准确性 RL.3.50—运输单据的准确性

续前表

流程	描述	区块链的作用	相关机制	受影响的指标
sD3.12—产品运输	运输产品至客户处的过程	提供订单跟踪记录	使用物联网实时检测、测量和跟踪库存	RS.3.51—装载车辆并生成运输单据的周期时间 CO.3.12—与生产有关的间接成本
				RL.2.1—订单足量交付率（%） RL.2.2—遵守承诺客户日期的交付绩效 RL.3.33—交付货品的准确性 RL.3.34—交付地址的准确性 RL.3.35—交付数量的准确性 RL.3.126—运输产品的周期时间 CO.2.4—交付成本 CO.3.14—订单管理成本 CO.3.15—订单交付成本
sD3.13—客户接收并核验产品	客户接收运输的产品，并核验订单已发货且产品符合交付条件的过程	提供可以用于监控产品运输状况的实时、安全且经过验证的数据	来自物联网设备或传感器的与温度、湿度、动作、光照条件和化学成分等相关的数据	RL.2.2—满足客户要求的交付绩效 RL.2.4—完美实现 RL.3.32—向客户承诺的交付日期实现情况和客户的收货时间

续前表

流程	描述	区块链的作用	相关机制	受影响的指标
				RL.3.33—交付货品的准确性 RL.3.34—交付地址的准确性 RL.3.35—交付数量的准确性 RL.3.41—订单无损交付 RL.3.42—订单无缺陷履约 RL.3.102—客户接收和核验产品的周期时间 RL.3.103—接收和核验产品的周期时间
		纸质记录的消除减少了人际互动和沟通	事件变化（如所有权的转移）触发智能合约	
sD2.15—发票	向金融机构发送以下信号：订单已发送，应该开始计费流程，以及如果已收到付款，则收到支付或关闭流程	使开单流程全自动化处理，包括支付授权和支付本身（“直通式处理”）	事件变化（如所有权的转移）触发智能合约	RL2.3—文档的准确性

表 6-11 退货流程和受影响的指标

流程	描述	区块链的作用	相关机制	受影响的指标
sSR2.1—识别MRO产品情况	客户用来预先确定MRO政策、业务规则和产品运行条件（如识别并确认物品需要维护、维修、大修或处置的标准）的流程	区块链的"超级"审计追踪可以应对与供应链伙伴提供的自报告数据有关的挑战。使用智能合约在区块链上实施的业务规则	在关键供应链管理环节，使用物联网识别和收集关于产品运行状况的数据。获得这些数据将加速确认过程。降低或消除物理交互和沟通的需求可以缩短识别产品状况所需的时间	AM.3.42—识别中的无法使用的MRO库存占比（%）
sSR2.3—请求MRO退货授权	客户向服务提供商请求获得授权以退回MRO产品的过程。除了讨论MRO问题，客户和服务提供商还将讨论退货置换或信用、包装、处理、运输和进出口要求允许条件，以便快捷地将MRO产品退回给服务提供商	使用智能合约在区块链上实施的业务规则。消除纸质记录	降低或消除物理交互和沟通的需求可以缩短识别产品状况所需的时间。通过取消"机器-纸张-机器"的流程，缩短或减少请求退货授权的时间	AM.3.41—退货批准中无法使用的MRO库存占比（%）
sSR2.4—MRO运输调度	客户为承运商提走和交付MRO产品安排调度的过程。具体活动包括选择承运商和费率、准备运输物品、准备调度文件和把控整体排放管理	消除纸质记录的同时准备调度文件和调度管理自动化	通过取消"机器-纸张-机器"的流程，缩短或减少请求退货授权的时间	RL.3.28—支持客户按日期退货要求的调度占比（%） AM.3.43—调度中无法使用的MRO库存占比（%）

续前表

流程	描述	区块链的作用	相关机制	受影响的指标
sSR2.5—退回MRO产品	客户根据事先确定的条件对MRO产品进行包装和处理，以准备装运的过程。产品随后由客户提供给承运商，承运商将产品及其相关文件实际运送至服务提供商	提供订单跟踪数据	使用物联网实时检测、测量和跟踪库存	RL.3.5—无差错退货已发货占比（%） RL.3.47—按时发货的退货 AM.3.40—在途的无法使用的MRO库存占比（%）
sDR1.1—授权有缺陷客户产品退货	当前持有者或指定的退货中心收到客户的缺陷产品退货授权请求，确定是否可以接受该产品并将决定传达给客户的过程	使用智能合约在区块链上实施业务规则	降低或消除物理交互和沟通的需求可以缩短识别产品状况所需的时间	RS.3.5—授权有缺陷产品退货的周期时间
sDR1.2—有缺陷产品退货接收调度	缺陷产品当前持有者或指定退货中心评估缺陷产品处理要求（包括经过协商的条件）并安排调度（通知客户向运输产品、调度活动还将通知接收方预计何时装运以及在接收后将产品发送至何向处进行处理）的过程	为退货调度提供一个无集中控制的、安全的点对点协作平台	允许以安全和隐私保护（如有要求）方式共享数据的加密原语	CO2.5—预计退货成本

续前表

流程	描述	区块链的作用	相关机制	受影响的指标
sDR1.3—接收缺陷产品（包括核验）	缺陷产品当前持有者或指定的退货中心接收并比照退货授权单和其他单据对退货产品进行核验，并为转移产品做好准备的过程	纸质记录的消除，减少了人际互动和沟通	以数字签名的文档代替纸质文档，验证实体、对象和个人的身份	RL.3.118—有缺陷产品退货接收调度的周期时间 RL.3.104—接收有缺陷产品的周期时间
		提供可以用于监控产品运输状况的实时、安全、经过验证的数据	来自物联网设备或传感器的与温度、湿度、动作、光照条件和化学成分等相关的数据	
		使产品接收实现全自动化("直通式处理")	点对点网络中交易的数据安全和高性价比传输	
		纸质记录的消除，减少了人际互动和沟通	以数字签名的文档代替纸质文档，验证实体、对象和个人的身份	
sDR1.4—转移缺陷产品	缺陷产品当前持有者或指定的退货中心将有缺陷产品转移到恰当处理环节以实施处置决定的过程	提供订单跟踪数据	使用物联网实时检测、测量和跟踪	RL.3.104—接收有缺陷产品的周期时间
		为废/冗余物料提供一个去中心化市场	结合人工智能技术，找到废/冗余物料中有价值物料的最佳替代用途	

续前表

流程	描述	区块链的作用	相关机制	受影响的指标
sDR2.1—授权MRO产品退货	服务提供商收到客户的缺陷产品退货授权请求，确定是否可以接收该产品为MRO产品并将其决定传达给客户的过程。接受请求将包括与客户协商退货条件，包括授权退货更换或信用。拒绝请求将包括向客户提供拒绝原因	使用智能合约在区块链上实施的业务规则	降低或消除物理交互和沟通的需求可以缩短识别产品状况所需的时间	RS.3.7—授权MRO产品退货的周期时间
sDR2.2—MRO产品退货调度	服务提供商评估MRO服务需求，包括经过协商的条件，并安排调度（通知客户何时运输）的过程。调度活动还将通知接收方预计何时发货以及将产品发送至何处	为退货调度提供一个无集中控制的、安全的点对点协作平台	允许以安全和隐私保护（如有要求）方式共享数据的加密原语	RS.3.121—MRO产品退货调度的周期时间
sDR2.3—接收MRO产品	服务提供商接收并依照退货授权和其他单据核验退回的MRO产品，并准备转移产品的过程	纸质记录的消除减少了人际互动和沟通	以数字签名的文档替代纸质文档，验证实体、对象和个人的身份	RS.3.106—接收MRO产品的周期时间

续前表

流程	描述	区块链的作用	相关机制	受影响的指标
		提供可以用于监控产品运输状况的实时、安全且经过验证的数据 使产品接收实现全自动化（"直通式处理"）	来自物联网设备或传感器的与温度、湿度、动作、光照条件和化学成分等相关的数据 点对点网络中交易的数据安全和高性价比传输	
sDR2.4—转移MRO产品至MRO产品	服务提供商转移MRO产品至恰当处理环节以实施处置决定的过程	提供订单跟踪数据 为废/冗余物料提供一个去中心化市场	使用物联网实时检测、测量和跟踪库存 结合人工智能技术，找到废/冗余物料中有价值物料的最佳替代用途	RS.3.138—转移MRO产品的周期时间
sDR3.1—授权冗余产品退货	服务提供商收到来自客户的冗余产品退货授权请求，确定该项目可否接受为MRO，并将其决定传达给客户的过程。接受请求包括与客户协商退货条件，包括授权信用和现金折扣。拒绝请求包括向客户提供拒绝原因	使用智能合约在区块链上实施约定的业务规则	降低或消除物理交互和沟通的需求可以缩短识别产品状况所需的时间	RS.3.6—授权冗余产品退货的周期时间

续前表

流程	描述	区块链的作用	相关机制	受影响的指标
sDR3.2—冗余物料退货接收调度	指定退货中心评估授权的冗余物料退货,以确定包装和处理要求的过程。评估将做出退货处置决策以及有条款和条件的退货调度,其中包括告知客户如何以及何时运送产品的条款和条件。调度活动还将通知退货中心的接收部门预计何时发货以及在收到产品后将产品发送至何处进行处置	为退货调度提供一个无缝集中控制的、安全的点对点协作平台	允许以安全和隐私保护(如有要求)方式共享数据的加密的原语	RS.3.119—冗余物料退货接收调度的周期时间
sDR3.3—接收冗余产品	指定退货中心依照退货授权和其他文件接收和核验退回的冗余产品和相关单据,并准许转移产品以进行转移的过程。管理出现的任何问题	纸质记录的消除减少了人际互动和沟通	以数字签名的文档替代纸质文档,验证实体、对象和个人的身份	RS.3.105—接收冗余产品的周期时间
		提供可以用于监控产品运输状况的实时的、安全且经过验证的数据	来自物联网设备或传感器的与温度、湿度、动作、光照条件和化学成分等相关的数据	
		使产品接收实现全自动化(直通式处理)	点对点网络中交易的数据安全和高性价比传输	

续前表

流程	描述	区块链的作用	相关机制	受影响的指标
sDR3.4—转移冗余产品	指定退货中心转移冗余产品至合适的流程以落实处置决策的过程	提供订单跟踪数据	使用物联网实时检测、测量和跟踪库存	RS.3.137—转移冗余产品的周期时间
		为废/冗余物料提供一个去中心化市场	结合人工智能技术，找到废/冗余物料中有价值物料的最佳替代用途	
sSR1.1—识别有缺陷产品情况	客户以规划好的政策、业务规则和产品运行状况检查作为标准来识别和确认物料为冗余物料的过程	区块链的"超级审计追踪"可以应对与供应链伙伴提供的自报告数据有关的挑战	在关键供应链管理环节，使用物联网识别和收集关于子产品运行状况的数据。获得这些数据将加速确认过程	AM.3.29—处置中的缺陷库存占比（%）
		使用智能合约在区块链上实施业务规则	降低或消除物理交互和沟通的需求可以缩短识别产品状况所需的时间	
sSR1.2—处置有缺陷产品	客户确定是否退回有缺陷产品和退货授权的适当对接人	提供订单跟踪数据	使用物联网实时检测、测量和跟踪库存	AM.3.29—处置中的缺陷库存占比（%）

续前表

流程	描述	区块链的作用	相关机制	受影响的指标
sSR1.3—请求有缺陷产品退货授权	客户从最后已知持有者或指定的退货中心请求并获得授权以退回有缺陷产品的过程。另外，客户和最后已知持有者或指定的退货中心将讨论退货置换或信用、包装、处理、运输和进出口要求等允许条件，以便快捷地将有缺陷产品退回	使用智能合约在区块链上实施的业务规则	降低或消除身体互动和沟通的需求可以缩短识别产品状况所需的时间	AM.3.30—退货批准中的缺陷库存占比（%）
		消除纸质记录	通过取消“机器–纸张–机器”的流程，缩短或减少请求退货授权的时间	
sSR1.4—有缺陷产品的运输调度	客户为承运商提走和交付有缺陷产品安排调度的过程。具体活动包括选择承运商和费率、准备运输物品、准备排期文件和把控整体排期管理	消除纸质记录的同时准备调度文件和调度管理自动化	通过取消“机器–纸张–机器”的流程，缩短或减少请求退货授权的时间	RL.3.28—支持客户按日期退货要求的调度占比（%） AM.3.32—调度中有缺陷产品库存占比（%）
sDR1.5—退回有缺陷产品	客户根据事先确定的条件对有缺陷产品进行包装和处理，以准备装运的过程。产品随后由客户提供给承运商，承运商将产品及其相关文件实际运送至服务提供商	提供订单跟踪数据	使用物联网实时检测、测量和跟踪库存	RL.3.5—无差错退货已发货占比（%）

表 6-12　赋能流程和受影响的指标

流程	描述	区块链的作用	相关机制	受影响的指标
sE1—管理供应链业务规则	创建、记录、沟通和发布供应链业务规则的过程	在交易层面记录业务规则以实现"直通式处理";被网络接受的供应链合作伙伴可以立刻使用业务规则;网络可以立即被停用	智能合约为 M2M 交易赋能;广播给网络中的所有相关方;业务规则将立刻广播给网络中的所有相关方	RS.3.54—管理计划流程业务规则的周期时间 RS.3.55—管理退货流程业务规则的周期时间 RS.3.57—管理交付流程业务规则的周期时间 RS.3.79—管理生产规则的周期时间 RS.3.86—管理采购流程业务规则的周期时间
sE2—管理供应链绩效	为供应链指标定义与整体业务战略和目标相匹配的绩效目标,以及报告绩效情况、识别绩效差距、分析根本原因,制定和实施纠正措施以弥补差距的过程	提供用于评估的有用、有意又且具有代表性的绩效指标数据;提供在整个网络中快速实施业务规则变更的机制;提供在整个网络中快速批准和发布业务规则变化的机制	使用物联网检测、测量和跟踪供应链管理的关键环节;业务规则以智能合约的形式立刻广播给网络中的所有相关方;业务规则以智能合约的形式立刻广播给网络中所有相关方,而且网络合作伙伴可自主决定批准	RS.3.2—评估交付流程绩效的周期时间 RS.3.3—评估供应商绩效的周期时间 RS.3.65—管理集成供应链库存的周期时间 RS.3.70—管理返修流程绩效的周期时间 RS.3.71—管理退货流程绩效的周期时间 RS.3.78—管理生产 CO.1.1—供应链管理整体成本

续前表

流程	描述	区块链的作用	相关机制	受影响的指标
sE3—管理数据和信息	收集、维护和发布规划、运营、测量和管理供应链所需数据和信息的过程	为关键供应链流程提供数据；区块链的"超级审计追踪"可以应对与供应链合作伙伴提供的自报告数据有关的挑战；区块链的附加分类账可以应对与分销商提供的自报告数据有关的挑战	使用物联网实时检测、测量和跟踪；使用物联网，在关键供应链管理流程中识别和收集有关产品运行情况的数据，获得这些数据将加快识别过程；交易数据在被永久地添加到区块链之前可以由 Oracle 验证	RS.3.53—维护采购数据的周期时间 RS.3.59—管理交付信息的周期时间 RS.3.68—管理制造信息的周期时间 RS.3.72—管理计划数据收集的周期时间 RS.3.81—管理退货数据收集的周期时间 CO.3.14—订单管理成本
sE5—管理供应链资产	为实现供应链执行而对供应链资产进行调度、维护和处置的过程	提供可以用于管理供应链资产的数据；简化 M2M 集成；消除纸质记录同时准备调度文件和调度管理自动化，包括开具发票；只有被网络认可的资产才可以参与交易，便于识别所有需要维护的资产	使用物联网检测、测量和跟踪资产的维护需求；点对点网络中物联网设备之间交易的数据安全和高性价比传输；通过取消"机器—纸张—机器"的流程，缩短或消除与供应链资产管理相关的管理流程所需的时间；验证参与供应链的单个实体的身份	RS.3.56—管理资本资产的周期时间 RS.3.58—管理交付资本资产的周期时间 RS.3.64—管理集成供应链资本资产的周期时间 RS.3.67—管理制造设备和设施资本资产的周期时间 RS.3.80—管理退货资本资产的周期时间

续前表

流程	描述	区块链的作用	相关机制	受影响的指标
sE6—管理供应链合同/协议	为支持业务目标和供应链目标,对合同和非合同协议进行管理和沟通的过程	使合同和非合同协议实现全自动化处理(直通式处理)	事件变化(如所有权转移)触发智能合约	RL.3.37—预测准确性 RS.3.87—管理供应商协议的周期时间 CO.2.6—减排成本 CO.3.15—订单交付和/或安装成本 AM.2.1—应收账款周转天数 AM.2.3—应付账款周转天数
sE7—管理供应链网络	定义和管理供应链的地理位置和活动足迹的过程	为供应链建模获取准确的数据	使用物联网,在关键供应链管理流程中识别和收集有关产品运行情况的数据;交易数据在被永久地添加到区块链之前可以由Oracle验证	RL.3.37—预测准确性 RS.3.66—管理集成供应链运输的周期时间 RS.3.74—管理规划配置的周期时间 RS.3.77—管理生产网络配置的周期时间 RS.3.83—管理退货网络配置的周期时间 RS.3.85—管理退货运输的周期时间 RS.3.88—管理供应商网络的周期时间 RS.3.89—管理(在制品)运输的周期时间 RS.3.90—管理运输的操作周期

续前表

流程	描述	区块链的作用	相关机制	受影响的指标
sE8—管理监管和自愿合规	在标准的供应链流程、政策和业务规则中识别、收集、评估和汇总监管合规要求的过程	确保前期合规	智能合约确保只在满足所有条件才可执行交易（"原子交换"）	CO.1.1—供应链管理总成本 CO.1.2—已售货物的成本 AM.2.2—供货库存周转天数 RS.3.61—管理进/出口需求的周期时间
sE9—管理供应链风险	识别和评估供应链中的潜在干扰（风险），并制订计划以减轻这些威胁对供应链运营的影响的过程	应对整体风险来源 识别、收集和记录所有潜在风险事件的数据	区块链鉴证身份的能力可用于核验钻石这类产品的来源 使用物联网检测、测量和跟踪关键的供应链管理流程	评估风险的标准指标是风险价值（VaR） 风险价值 = 事件发生概率 * 事件对货币价值造成的影响 AG.2.10—风险价值（计划） AG.2.11—风险价值（采购） AG.2.12—风险价值（制造） AG.2.13—风险价值（交付）

续前表

流程	描述	区块链的作用	相关机制	受影响的指标
		识别、收集、验证和记录一级供应链以外的数据	保护隐私的同时，允许通过单个跟踪密钥跟踪和验证交易的真实性	AG.2.14—风险价值（退货）
		提供尽可能低粒度而非低流程层面的数据		AG.2.15—恢复所需时间
		涉及缺陷产品（如被污染的食品）的危机；轻松识别缺陷产品的来源，并策略性地移除受影响的产品，而不是召回整条产品线的产品	使用物联网检测、测量和跟踪关键的供应链管理流程	CO.2.6—风险/减灭成本

Blockchain and
the Supply Chain

第 7 章

区块链项目实践

在本章中，我们将探讨如何实施区块链项目的问题。我们选择了案例研究的形式，围绕一个涉及鹿特丹港、三星数字解决方案公司（以下简称"三星数字公司"）和荷兰皇家银行的区块链项目进行研究。虽然本章没有提供标准的方法或最佳实践，但它将为实践者提供关于区块链项目的具体特征（如治理、平台生态系统和架构等）的见解。

2018 年 10 月 19 日，这三家公司签署了一份联合开展试点的谅解备忘录，旨在让两个独立的区块链生态系统实现互操作性，为分布式应用程序提供开放的开发环境，使这些应用程序可以处理两个生态系统中经过验证且可用的交易数据。

这两个生态系统代表了来自荷兰和韩国的近百家大型跨国公司。因此，这个试点项目不仅仅是实现单个公司的供应链的简单连接，还有可能连接起荷兰和韩国之间的贸易通道。

该用例描述提供了对鹿特丹港、荷兰皇家银行和三星数字公司在 10 个月内一起走过的"旅程"、面临的挑战和开发的一些解决方案的详细介绍。据我们所知，这是供应链管理领域首个公开可用且有详细描述的区块链用例。因此，它为读者提供了关于"如何做"或区块链实现方面非常有价值的内容。

参与方介绍

鹿特丹港是欧洲第一大港口、全球第十大港口。2017 年，超过 1300 万个 20 英尺当量（twenty-foot equivalent units，TEU）的集装箱和 4.67 亿吨货物经过了港口的基础设施，使得该港口连续六年被世界经济论坛评为"荷兰最佳基础设施"。公司明确的港口数字化战略驱动着其开始在区块链方面进行尝试。该战略还涵盖了机器学习、人工智能、3D 打印和物联网等其他技术，其核心是除了实体基础设施，港口还拥有一个数字化基础设施或所谓的港口的"数字孪生体"。鹿特丹港与鹿特丹市政府一起创建了一个独立实体——Blocklab，以促进鹿特丹地区区块链的研发。

荷兰皇家银行是荷兰第二大银行，在欧洲银行中排名前 15 位，总资产约 3940 亿欧元。截至 2017 年底，该公司拥有近 20 000 名员工，并在巴西、欧洲、美国、中东和亚太地区设有办事处。明确的创新和可持续增长战略驱动着公司对区块链的兴趣。正因为如此，荷兰皇家银行是 Komgo 的成员之一。Komgo 是由一些国际银行 [如荷兰皇家银行、花旗银行、法国东方汇理银行（Crédit Agricole）等] 和一些大型贸易公司 [如贡渥（Gunvor）、摩科瑞（Mercuria）] 以及石油巨头壳牌公司组建的贸易融资平台。

三星数字公司是一家全球软件解决方案和信息技术供应商，总部位于韩国首尔，在美国、欧洲、中东、非洲和亚太地区均设有办事处。2017 年，公司的年营业额为 82 亿美元。成立于 1985 年的三星数字公司是三星集团的重要部门之一。作为集团的一家子公司，它总是能迅速采用基于当代和新兴数字技术的独特、有创意的数字商业模式。2018 年 8 月，三星数字公司拿到了韩国海关关于开发韩国全球贸易区块链平台的合同。此外，三星数字公司还开发了 Cello 平台。Cello 是 2012 年三星集团为加强其物流网络而推出的集成供应链管理套件，它最终成就了一个服务于内外部客户的专门的供应链管理部门，该部门 2017 年的全球年营业额达 50 亿美元。

这三家公司都很令人瞩目，也都参与过很多区块链开发项目，它们有一个共识,那就是通过使用跨行业协作所需的区块链技术,成功地转变它们的运营模式。这一共识促使它们走到一起,将各自在供应链领域内独特的组织能力成功地结合起来。

背景介绍

除了"区块链实际上是一种团队活动"的共识,还有一些其他因素促成了鹿特丹港、荷兰皇家银行和三星数字公司的合作。其中一个因素是,三星数字公司自己以及荷兰皇家银行和鹿特丹港合作开发的区块链概念验证项目在功能上具有互补性。

2017年,三星数字公司开展了两个与供应链相关的区块链概念验证项目。第一个项目关注的是将货物从中国工厂运往韩国,并将物流的相关方(如物流服务提供商、海运承运商、海关和进出口公司等)"链接在一起"。因此,项目的侧重点在于各种与出口相关的运输单据(如预订请求和确认单以及提单等)的数字化以及与物联网设备的集成。第二个项目不仅将目的地范围扩展至韩国以外的卸货港(如越南的泰莱港和阿联酋的迪拜港),而且将参与供应链资金流的各方(如保险公司和银行)纳入其中。因此,第二个项目的侧重点在于各种贸易财务单据(如信用证、采购订单和保单等)的数字化。两个概念验证项目都是建立在Hyperledger Fabric区块链框架上的,该框架是Linux基金会托管的超级账本(Hyperledger)项目之一。

大约在同一时间,鹿特丹港和荷兰皇家银行与Transfollow公司(一家从事无纸化运输的荷兰公司)一起开展了一个概念验证项目,为物流服务提供商提供单发票保理(single invoice factoring,SIF),并对荷兰公路运输的集装箱进行从提货到交付的跟踪和追溯。在收货方和卡车运输商签署电子托运单后,该托运单就成了运输已实际发生的无争议的证据。随后,托运单和发票将一起被上传至单发票保理平台。由于金融服务商现在有证据证明发票代表的是实际发生的运输,它们可以提供更低的折扣。考虑到对资金流动的高度重视,试验在Corda平台上搭建。

Corda 是一个根植于金融服务业的分布式账本技术平台，R3 公司以及 200 多家技术和行业合作伙伴正在积极地开发该平台。

> 单发票保理实质上是对经典保理流程的发展。当一家公司以溢价的形式独立地向金融机构出售发票时会涉及单发票保理。保理之所以不同于普通的资产负债表贷款或银行透支，是因为它考虑了应收账款的风险状况和价值，而不仅仅是依赖供应商的总体财务状况。
>
> 单发票保理的基本原则是投资级买家与金融机构合作，便于根据买方信誉为其供应商提供更便宜的短期融资。买方的供应商向金融机构提供已确认发票的折扣，并可以获得以前无法获得的流动性。

2018 年 2 月，三星数字公司向鹿特丹港介绍了其第一个和第二个概念验证项目的成果，之后它们就有了试点的想法。由于三星数字公司有意将涉及内陆运输的概念验证项目拓展至位于荷兰布雷达和奥斯特豪特的欧洲配送中心，鹿特丹港提议将自己和荷兰皇家银行的项目与三星数字公司的概念验证项目结合起来进行。对鹿特丹港和荷兰皇家银行而言，与三星数字公司合作将使它们能够在单发票保理与进口流程的跟踪和追溯之余进一步开发最初的概念验证项目。经过初步讨论和两轮研讨，与会者得出的结论是确实有足够的共同点来进行试点。该试点项目由三方团队向各自的投资委员会做了介绍，并于 2018 年获准启动。

以往概念验证项目的经验表明，联盟成员对于如何最好地发挥区块链的潜力有共同的愿景，那就是通过数字资产和数据将资金流与实物流紧密地整合在一起。这与当前供应链中这些流的运营方式形成了鲜明的对比。我们不仅在系统方面是孤立的，在流与流之间也是孤立的，如图 7–1 所示。

这种集成方式解决了供应链中所有三种流的问题，是 Deliver 联盟的独特之处，也是 Deliver 系统架构和商业主张的指导原则。

图 7-1 组织和流的孤立

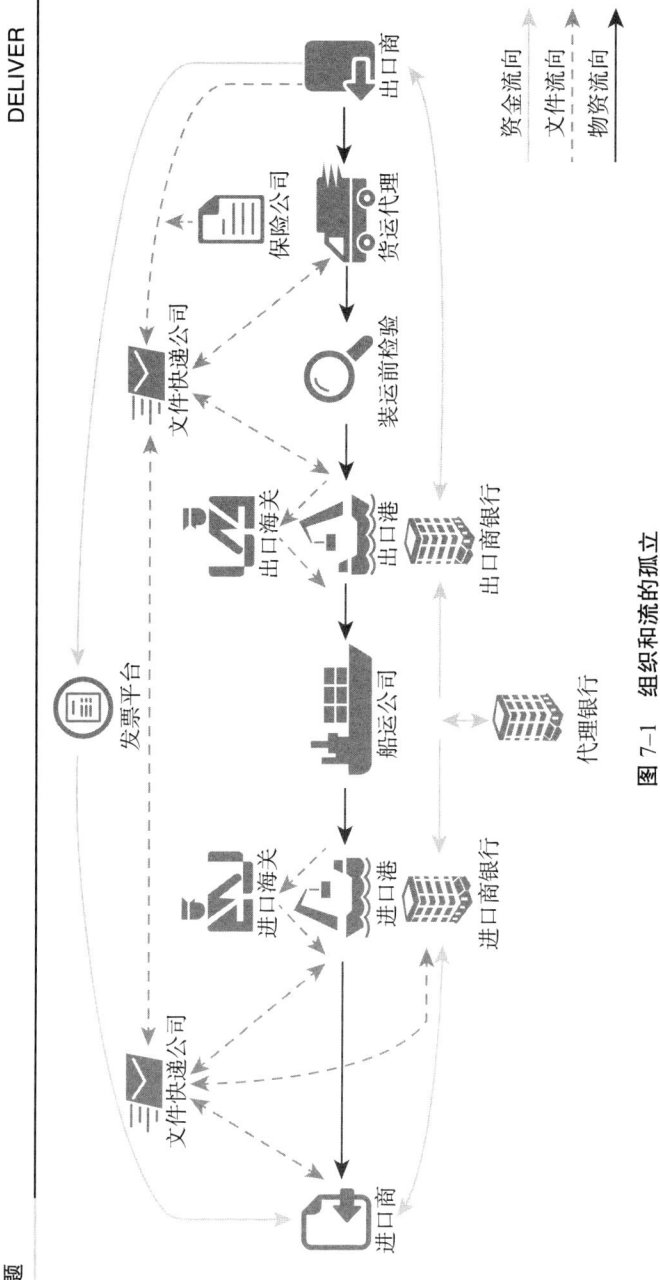

试点项目的目标

2018 年 8 月，三方组织了为期两天的研讨会，以确定试点的目标。快捷但存在一些瑕疵的解决方案是简单地将两个区块链生态系统连接在一起，但这被视为一个过于简单的解决方案，因为最终结果可能既无法产生一个可扩展的解决方案，也不会让参与方对解决方案的业务案例有更多的见解，特别是因为它将导致一个技术驱动的项目，而不是一个业务驱动的项目。有关项目体系架构的详细介绍请参阅下文。

研讨会结束时，与会者确定了以下几个试点目标。

1. 货物从初始地址提取到目的地交付的物理移动的端对端可见性。货物的拥有者可以使用网上门户访问数据，以达到跟踪（如"我的货现在在哪里"）和追溯（如"我的货到目前为止的移动情况"）的目的。物联网设备提供的（预测）事件数据、数字化文档和数据流一起构成了跟踪和追溯数据。试点将在航程、装运、集装箱和货物层面提供可见性。

2. 数据的直通式处理。试点将创建一个端对端的去中心化数据仓库，该数据仓库允许预填提单和 CMR（由收货方以数字化形式签署的托运单，在荷兰具有与纸质单据同等的法律效力）等运输文件。因此，它为货物交付提供了无争议的证据，可被视为一种权威认证。无争议的交付证明可用于单发票保理，如下文所述。

3. 基于签署的交付证明的单发票保理。通过在发票中包含数字签名的交付证明，金融机构就可知晓与发票相关的交易已实际发生，而且与物流服务提供商签约的收货人已确认收货。物流服务提供商通常 30 天后收到付款，但它现在可以决定是立即付款，还是在 15 天内付款，只要以较小的折扣将其发票卖给金融机构即可。金融机构承担发票的信用风险，并于最初约定的未结付款到期日收取发票。

4. 验证 Oracle 平台的概念。将各种来源的数据结合起来并转化为"基于共识的事实来源"必然会因多种原因导致冲突，这些原因包括网络延迟问题带来的技术挑战、数据和身份标准化问题以及共同商定的验证和共识规则等。在试点中，我们使用了来自 Pronto[①] 的预计到达时间（estimated time of arrival，ETA）数据。

5. 正如布特林于 2016 年所说，使用每一步操作都嵌入了密码验证的平台的优势之一是，我们实际上可以提供比现有系统更紧密和更安全的耦合。为了保持密码的完整性，我们需要制定一个策略，使试点中涉及的两个区块链协议真正实现互操作性，而不只是互联互通。

6. 在区块链上的容器中记录来自物联网设备的数据。这提供了货物运输状况的不可更改的记录（如温度、湿度和位置），每件货物和每次装运都可以创建这样的记录。这些数据不仅可以用于实现端对端可见性，而且可以评估并在以后某个阶段预测与运输相关的产品质量风险。

互操作性与互联互通

正如区块链和分布式账本技术经常可以互换使用一样，互操作性与互联互通似乎也是如此。尽管互联互通是实现互操作性的必要条件（因为分散数据需要跨多个区块链平台可用），但这并不是充分条件。

从本质上讲，互联互通与数据有关，而互操作是关于以确保其加密真实性的方式转移数字资产的。这些数字资产确实包括数据，但仅拥有数据是无法重新创建准确的数字资产的，这正是加密完整性的目的所在。除了数据之外，这些资产还可能代表智能合约。在这种情况下，我们还可以确保行为的加密完整性。

联盟创建与协调

让三个来自完全不同的行业和文化的参与方结盟绝非易事。从一开始，让三方走到一起的原因是，它们都意识到区块链技术在各自行业中的潜力，最重要的

---

① Pronto 是鹿特丹港数字业务解决方案部门作为 ETA Oracle 开发的一款到港停靠优化软件，该软件是由目前连接到两个平台的所有成员开发的。

是，它们还意识到自己无法做到这一点。这种共识使它们召开了一系列电话会议，这样做主要是为了更清楚地了解彼此的（技术）能力以及从以往的试点和这些试点所处的生态系统中获得的结果，并起草一份保密协议。在这些讨论中，我们发现三个联盟成员都带来了独特的技术和网络，而且它们都在特定领域具备一定的能力，并有望一起做更多的事，而不仅仅是一起做试点。

为了进一步探讨这个问题，它们又组织了一个为期一天的研讨会，三个联盟的高管参与其中。这个研讨会与技术无关，而是围绕业务展开的。因此，那天的讨论围绕识别供应链中预期和观察到的痛点、痛点的大小以及受痛点影响最大的人等问题展开。这为了解平台潜在用户有价值的洞察和带给他们的价值主张提供了宝贵的见解。其中，主要挑战之一是需要开发一个治理模型，对平台的控制权和所有权（包括知识产权）等相关问题给出令人满意的答案。与此密切相关的是一种商业模式的发展，这种模式可以促进平台和相关标准的进一步发展，确保平台中立以及成员共担收益和风险。虽然对由此推导出的治理和业务模式的详细描述本身就是一个用例，但接下来，我们将详细讨论其中的两个构建块：（1）Deliver架构如何确保数据仍由数据的生产者拥有；（2）Deliver平台如何为生态系统中的各种角色提供价值。

研讨会得出的结论是试点的范围必须扩大，以包括非技术性的工作包。接下来"试点项目治理"的部分详细介绍了技术和其他工作包。另外，它们还启动了第二个研讨会，以确定试点项目中的客户旅程以及需要参与试点和高层规划的各方。本次研讨会的成果为解决方案整体架构的初步设计提供了有用的信息。这一设计在三星集团总部（设在韩国首尔）为期两天的技术研讨会中得到了进一步完善。这次业务研讨会也为随后联盟成员签署的谅解备忘录奠定了基础。尽管有些话题（如知识产权和项目治理等）非常复杂，可用时间也相对较短（略少于两个月），但它们已经准备好在Blocklab的第一次年度活动上签署备忘录了。

Deliver 试点项目的生态系统

第一次业务研讨会得出的一个重要结论是，在一个平台生态系统中，按传统的"客户–供应商"关系来思考很可能会产生一个破碎的商业模式。在平台内部，实体可以随着时间的推移扮演各种角色、改变角色，甚至同时扮演多个角色。换句话说，并不存在生态系统这样的东西，只有一个呈现该生态系统在特定时间点的快照。因此，图 7–2 呈现的是生态系统的快照而不是它的最终状态。

我们可以从图 7–2 中可以看出，Deliver 生态系统中有以下实体或角色。

- 生产者是有意在生态系统 / 市场的供给侧贡献价值，寻找机会提高能力，从而提高其效率或绩效的实体。
- 消费者是对消费以及使用和获得平台所创造的价值感兴趣的实体。
- 超级用户是创造额外价值并与平台所有者合作的实体。它们倾向于专攻某一种利基产品和服务。

图 7–2 中没有展示所谓的"利益相关者"。这些实体在平台的成败、控制平台外部性和结果、监管平台或在平台治理中行使权利方面具有特定的利益。

生态系统中的每个角色都有其加入的理由。例如，超级用户主要感兴趣的是其作为生态系统的一部分所创造的价值，或者与平台拥有者合作开发分布式应用程序可以获得开发联合 IP 或某些收入分享模式。对消费者而言，加入生态系统的价值在于，生产者或超级用户以分布式应用程序形式提供的可用服务，甚至是平台提供的实体服务，以及访问经过验证的数据。对生产者而言，加入 Deliver 生态系统允许它们向大量消费者提供服务，同时获得当前它们自己无法提供的服务。平台所有者从小额交易费用中获得价值，作为维持公证区块链的完整性以及与超级用户和生产者签订特定许可协议的奖励。

第 7 章 区块链项目实践 187

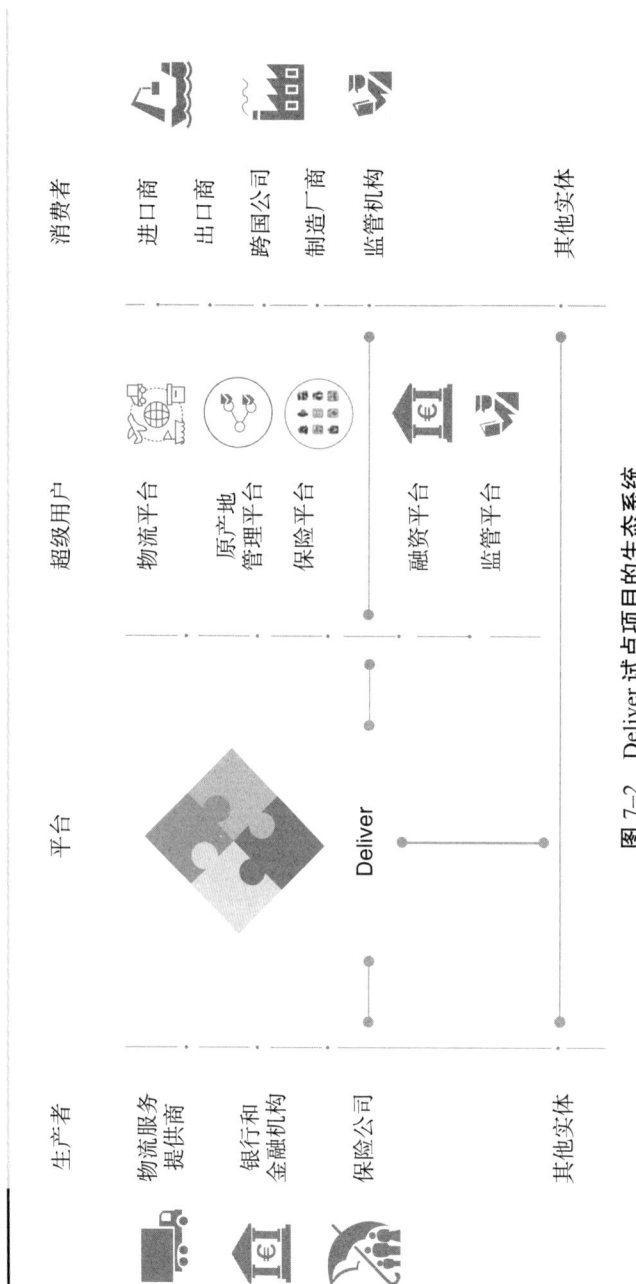

由区块链驱动的平台背后的平台   DELIVER

生产者	平台	超级用户	消费者
物流服务提供商		物流平台	进口商
银行和金融机构	Deliver	原产地管理平台	出口商
保险公司		保险平台	跨国公司
		融资平台	制造厂商
		监管平台	监管机构
其他实体			其他实体

图 7-2 Deliver 试点项目的生态系统

架构

由于 Deliver 试点项目的架构在很大程度上是在试点开始时提出的很多要求的结果，因此如果试点架构想要为建立开放标准做出有意义的贡献，那么技术工作流就面临着根据参考架构以某种方式评估此架构的挑战。幸运的是，几乎在 Deliver 试点项目推进的同时，联合国贸易便利化与电子商务中心（United Nations Centre for Trade Facilitation and Electronic Business，UN/CEFACT）组建了一些工作组，为在国际贸易中应用区块链技术制定了技术规范，其中一个工作组就专注于账本互操作性/公证规范。为了将区块链、物联网和云平台等技术置于国际供应链的背景下，UN/CEFACT 编制了一个采用了相关技术的国际供应链概念模型的草案。

UN/CEFACT 将国际供应链描述为货物流、数据流和资金流的组合，这三种流由信任层补充。正是在这一层，UN/CEFACT 希望区块链技术将带来显著改进和自动化。从本质上说，UN/CEFACT 的背景模型非常接近于本章讨论的集成方法。

我们从图 7-3 中可以看出，终端状态架构明确包括进口方（荷兰）和出口方（韩国）的贸易生态系统，并允许各种来源（如 ERP、云平台、物联网设备、独立解决方案以及私有和公有区块链）的数据。值得注意的是，图中各对象之间的线表示依赖关系，可以理解为"使用"或"依赖"。它们并不代表信息流，信息流存在于不同的平台和分类账之间。

互操作性和互联互通

虽然互操作性本身并不是一个目标，而是达到上述目的的一种方法，但所有联盟成员都将它视为试点中验证的最关键的技术要素。为了使事情变得更加实际，它们定义了以下两个特定的互操作性用例。

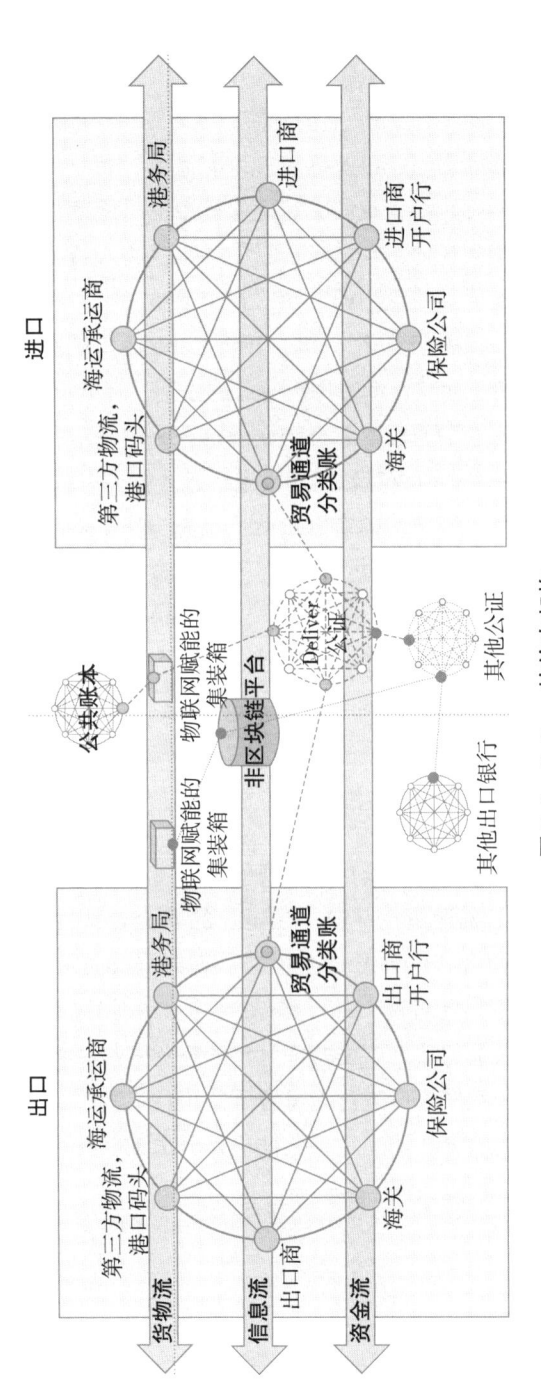

图 7-3 Deliver 的终态架构

1. 一般来说，资产的可转移性涉及将数字资产从其"主分类账"（最终对其所有权具有权威性）安全地转移至另一条链上进行交易，并将其作为抵押物或以其他方式在那条链上充分利用它，以及确定如果有需要，始终可以选择将资产移回"主分类账"。对试点项目而言，我们决定确保提单的可移动性，即买方收到货物时，货物的所有权会发生变化。在试点项目中，当货物卸货环节准备就绪，进口清关完成，所有应付税项和关税均已结清时，交易就发生了。对提单而言，这实际上是通过在 Deliver 区块链上登记提单，并将 Cello 区块链作为初始所有者来实现的。所有者的地址基于拥有资产的特定节点的公钥，在本例中是 Cello。所有权的转移是通过智能合约触发的，智能合约在满足合约中规定的条件时才会向新所有者发送消息。新所有者必须用其私钥签收该消息才能拥有数字资产。

2. 跨链 Oracle 涉及一条链上的节点（该节点充当特定来源提供的资产或数据的 Oracle 服务）和另一条链上的智能合约（该合约验证来自 Oracle 的资产或数据并接受它，如果验证值为正，就登记该资产或数据）。该试点为 Pronto 数据（预计到达时间和实际到达时间数据）、Transfollow 数据（CMR 资产和数据，包括事件数据）、自动识别系统（Automatic Identification System，AIS）[①]数据和物联网数据设置了各种 Oracle 服务。与资产的可转移性相比，跨链 Oracle 是一种互操作性形式，不涉及正在被读取的链上的更改。

尽管有各种确保互操作性的策略，但我们选择了多重署名公证方案。在这个方案中，公证的作用是确保资产从其"主链"的安全转移以及资产在另一条链上的登记。就本试点而言，这涉及将主提单从韩国全球贸易区块链平台转移至 Deliver 平台。该公证方案还对资产进行登记，并允许被授权方通过比较已获得资产的散列值与公证节点上的散列值来验证其已获得的资产。公证的另一个作用是确保可以对各种版本的数据资产进行无可置疑的审计追踪。这种审计追踪可用于解决供应链成员之间的冲突。请注意，数据仍是分散的，并不是存储在一个集中的位置。

---

① 自动识别系统是一种基于转发器的系统，可提供在海上、港口和内河航道中作业的船只的位置信息。

Deliver 公证是基于以太坊协议（它是一个公共分类账）创建的。因此，它可以提供最高级别的完整性，因为任何已被公证登记的资产或数据组的散列都可以被所有访问网络的人查看，但并不意味着所有人都可以访问数据；只有订阅了 Oracle 服务的地址才可以访问。这是通过 Oracle 向该服务的订阅者分发数字令牌来实现的。

尽管使用物联网和区块链产生了很大的影响，但也面临着一些独特的挑战，其中包括安全性、存储容量和数据隐私保护等。解决这些挑战超出了这个试点项目的范围。

与其他形式的互联互通（如电子数据交换）一样，联盟面临的最大挑战是数据交换标准的缺乏和不完善。制定标准甚至决定采用哪种标准都超出了本试点项目的范围，对此，我们确实与区块链平台生态系统的各类代表进行了一些详细的探讨。普遍的共识是，在协议层面（互操作性）和数据层面（互联互通）都有明确的标准化需求，而 Deliver 这类联盟对此起到了强烈的助推作用。这种助推并不是通过重新发明轮子，而是通过连接贸易通道（正如韩国与荷兰之间的贸易通道一样），融入可信和中立的各方（如与国际贸易有关的港口、海关和其他监管机构）来实现的。此外，Deliver 这类联盟涉及来自不同行业的多方，这进一步促进了与 UN/CEFACT、GS1 和世界经济论坛等标准机构共同制定跨行业标准。

试点项目的治理

联盟各方已在谅解备忘录中明确了项目治理的基本规则，其中包括从责权范围到争议解决等一系列广泛的议题。虽然介绍谅解备忘录中的所有条款超出了本用例描述的范围，但我们还是根据它们的相关性和区块链的特殊性选择了以下两个条款进行介绍：

1. 项目治理；
2. 《通用数据保护条例》合规。

项目治理

基于试点的可交付成果确定了以下工作组。

1. 商业工作组。这个工作组负责平台上各种生产者和消费者的商业化验证。活动包括在相关行业峰会上做演讲和参加小组讨论；会见潜在的生产者和消费者；创建一个既满足平台内部业务案例，又满足消费者和生产者的外部商业案例的商业模式。这个工作组的成员来自三个联盟伙伴的业务拓展、销售和市场部门。

2. 技术工作组。这个工作组负责试点解决方案的整体技术开发。工作组的成员是三个联盟伙伴的内部 IT 架构师、开发人员和分析师；Blocklab 作为鹿特丹港的分包商也加入了进来。

3. 沟通工作组。这个工作组负责编写内/外部沟通材料，包括销售宣传稿和新闻稿等。工作组的成员来自联盟成员的沟通部门，他们会定期收到来自商业工作组和技术工作组发来的资料。

4. 法务工作组。这个工作组为项目提供法律咨询，并起草各种法律文件，如联盟三方成员的谅解备忘录、提供给不同消费者和生产者的意向书模板以及潜在合资企业的法律框架。工作组的成员来自联盟成员的法务部，他们会定期收到来自商业工作组和技术工作组发来的资料。

5. 验证工作组。这个工作组是后来添加的，因为解决方案验证最初是商业工作组的一项任务。但这也是一项很繁重的任务，因为验证需要在进/出口两方进行，所以需要用一种统一的方法涵盖这两个过程且可以轻松实现。这种方法应用了典型的业务流程建模、价值流图和类似技术，以清楚地了解"现在"和"将来"情况之间的交易成本差异。我们将在"Deliver 试点项目与 SCOR 流程"部分详细介绍这种方法。这个工作组的成员来自商业工作组和技术工作组。

在项目管理架构方面，每个工作组都有自己的团队领导。在为期两天的研讨会上，各方早已就解决方案的各个组成部分达成了共识。整个试点解决方案的开发均使用 Scrum 软件开发方法，每两周结束时进行一次功能评审。功能评审由三个人组成的小组进行，每个人代表一个联盟成员。虽然这种做法乍一看可能有些过分，但其背后的理由是确保货物流、资金流和信息流的紧密结合；这也是试点项目开发的指导原则。实际的开发是在三个不同的地点（鹿特丹、阿姆斯特丹和首尔）完成的。为了协调开发，他们使用了基于云的团队协作工具 Slack 和基于网络的版本控制服务 Github。商业工作组和验证工作组决定每周开会，以协调他们的行动。

其他两个工作组的会议没有定期举行，因为它们与某些可交付成果有关，如谅解备忘录或围绕某一事件的沟通。

团队领导直接向指导委员会汇报，因为他们用问题挑战指导委员会成员的风险较小（事实证明是很小的）。这主要与各个工作组的关键成员和团队领导的经验水平有关。项目支持专员提供了实际支持，他负责会议记录、准备项目计划和跟踪可执行的项目。

《通用数据保护条例》合规

《通用数据保护条例》于 2016 年 4 月 14 日由欧洲议会通过，并于 2018 年 5 月 25 日生效。该条例重点在于协调隐私监管，加强对自然人的保护，并使数据在欧洲经济区内自由流动。与此同时，欧洲议会发布了另一项不那么广为人知的法规，即《电子隐私条例》(ePrivacy Regulation)，该条例涉及电子通信中的隐私，并将影响从在线媒体到物联网行业和区块链技术的方方面面。值得注意的是，不在欧盟设立的企业如果向欧盟公民提供商品（无论免费还是付费）或在欧盟范围内监督它们的行为，均须遵守《通用数据保护条例》。

《通用数据保护条例》仅适用于处理个人数据（《通用数据保护条例》第 1 条第 1 款）或个人身份信息（personal identifiable information，PII）。个人身份信息是所有非匿名数据，如姓名、邮政地址、电子邮件地址、完整 IP 地址、用户 ID 或假名（如 Cookie ID）、设备 ID 和 MAC 地址等。换句话说，只有真正的匿名数据才不受《通用数据保护条例》的约束。第 3 章中讨论的数据散列通常被视为一种不充分的匿名方法，因为算力的提高允许通过观察你的交易或简单地使用"暴力破解"算法来解密散列以判断你的身份。此外，在线下的某处，自然人可以直接或在实体内用他/她的私钥签署或调用合约来授权交易。因此，区块链（无论是公有链、联盟链还是私有链）上的数据通常都被视为《通用数据保护条例》适用的假名数据。由于详细介绍《通用数据保护条例》已超出本用例的范围，因此我们只讨论与本项目紧密相关的两个要素：第一个要素是联盟各方需要在提供任何个人数据之前签订数据处理协议，第二个要素是"被遗忘权"。

首先，也是最重要的是，在基于更传统技术的 IT 项目中遇到的很多来自《通用数据保护条例》的挑战也适用于区块链技术项目。例如，在区块链上，一方（"处理方"）代表另一方（"控制方"）处理个人身份信息时需要签订一份数据处理协议，以定义控制方将遵守《通用数据保护条例》下的各种义务。这类义务至少包括同意并谨记：（1）正在处理的个人数据的类型；（2）与正在处理的个人数据有关的目的和方法；（3）各相关方（如控制方、处理方或分包处理方）的角色；（4）为防止数据丢失或滥用而必须遵守的技术和组织规范；（5）分包商的责任与义务；（6）防止个人数据泄露的全面程序；（7）全面的协助程序；（8）国际数据传输；（9）审计权；（10）个人数据的保留；（11）业务连续性措施。

其次，所有区块链，无论是公有链、联盟链还是私有链，都必须应对"被遗忘权"（《通用数据保护条例》第 17 条第 1 款）。这项要求与区块链分类账的"仅附加"特性非常不一致。然而，由于《通用数据保护条例》没有一般豁免，允许控制方将数据保存在区块链上（因为从技术上说，删除它是不可行的），因此区块链控制方必须以一种方法来遵守《通用数据保护条例》的这部分内容。幸运的是，Deliver 公证只需要存储数字资产的散列值，而不需存储数字资产中的数据。因此，尽管这些资产本身可能包含个人身份信息，如交付证明上的个人邮件地址，但存储在数字资产公证区块链上的散列只是资产本身的消息摘要，而不是资产中的个人身份信息数据。此外，由于数据本身并未存储在区块链上，仍是去中心化的，想要从这个特定交付证明中删除其电子邮件地址的个人只需联系处理方，并删除这些数据即可。

Deliver 试点项目与 SCOR 流程

现在，我们将更详细地讨论区块链将如何在 Deliver 试点项目涵盖的 SCOR 流程中发挥作用。由于显而易见的原因，制造和退货流程将不在讨论之列，因为试点项目没有涉及这两个流程。因此，我们的重点将是计划流程、采购流程、交付流程和赋能流程。

由于我们涉及了进口和出口两方面，而且在试点中我们有很多消费者、生产者甚至超级用户，因此在评估区块链作用的实现及其涉及的机制时，我们必须不断地在这些角色之间转换。

计划流程

表 7–1 概述了 Deliver 试点项目中实施的计划流程。由于试点的出发点是满载集装箱的装运指示，因此未实施与供应链、采购和生产（制造）相关的计划流程（SCOR 计划流程 sP1 至 sP3）。

采购流程

表 7–2 概述了 Deliver 试点项目中实施的采购流程。正在被运送的产品（液晶电视）是按库存生产的产品。因此，我们实施了涉及备货产品（sS1）的采购流程中的（部分）流程。

交付流程

表 7–3 概述了 Deliver 试点项目中实施的交付流程。正在被运输的产品（液晶电视）是按库存生产的产品。因此，我们实施了涉及备货产品（sD1）的采购流程中的（部分）流程。

赋能流程

表 7–4 概述了 Deliver 试点项目中实施的赋能流程。这些流程适用于所有 SCOR 流程，与履约订单（按库存生产、按订单生产等）无关。

表 7-1　Deliver 项目中实施的计划流程

流程	描述	区块链的作用	相关机制	示例
sP4.3—平衡交付资源和产能与交付需求	为满足交付需求，物流服务提供商制定分阶段行动方案以承诺交付资源的过程	为物流服务提供商提供一个无集中控制的、安全的点对点协作平台	允许以安全和隐私保护（如有要求）方式共享数据的加密原语	Deliver 本质上是一个无集中控制的点对点协作平台。公证员登记数字资产的所有权，并确保区块链的完整性。交付资源和交付能力的平衡发生在集装箱到达卸货港时。此时，各种内陆运输模式（公路、驳船和铁路运输）的可用性与到岸集装箱相平衡。Cello 区块链的出口端也有类似的流程
sP4.4—创建交付计划	在指定的时间内创建行动方案，代表交付资源的预计拨款，以满足交付需求的过程	为物流服务提供商提供一个无集中控制的、安全的点对点协作平台	允许以安全和隐私保护（如有要求）方式共享数据的加密原语	Deliver 本质上是一个无集中控制的点对点协作平台。公证员登记数字资产的所有权，并确保区块链的完整性。来自 sP4.3 的输入用于为负责内陆运输的物流服务商提供交付计划。Cello 区块链的出口端也有类似流程

表 7-2　Deliver 项目中实施的采购流程

流程	描述	区块链的作用	相关机制	示例
sS1.2—接收产品	根据合同要求接收产品的流程和相关活动	提供批次跟踪数据	使用物联网检测、测量和跟踪库存	提供可以在公证区块链上验证的关于集装箱的温度、湿度和位置的实时数据
sS1.2—接收产品	根据合同要求接收产品的流程和相关活动	区块链的附加分类账可以应对与物流服务供应商提供的自报告数据有关的挑战	交易数据在被永久地添加到区块链之前可以由 Oracle 验证	使用 Pronto 和 Transflow 作为 Oracle，分别提供无争议的预计到达时间/实际到达时间和支付证明数据
sS1.5—授权供应商付款	授权向供应商支付产品或服务费用的过程	使支付授权和支付本身实现全自动化处理（"直通式处理"）	事件变化（如所有权的转移）触发智能合约	将运输发票和无争议的支付证明传输至单一发票保理解决方案的直通式处理，允许接近实时批准并支付发票

表 7-3 Deliver 项目中实施的交付流程

流程	描述	区块链的作用	相关机制	示例
sD1.4—整合订单	分析订单以确定导致最低成本/最优服务履单和运输的分组的过程	提供订单跟踪数据	使用物联网实时检测、测量和跟踪库存	有了在码头卸货时的实时和经过验证的数据,就可以让我们更好地对内陆运输的订单(集装箱)进行分组。Cello 区块链的出口端也有类似流程
		区块链的附加分类账可以应对与物流服务提供商提供的自报告数据有关的挑战	交易数据在被永久地添加到区块链之前可以由 Oracle 验证	使用 Pronto 和 Transflow 作为 Oracle,分别提供无可争议的预计到达时间和实际到达时间和交付证明数据
		为订单管理提供一个无集中控制的、安全的点对点协作平台	允许在安全和隐私保护(如有要求)方式下进行数据共享的加密原语	Deliver 本质上是一个无集中控制的点对点协作平台。公证只登记数字资产的所有权,并确保区块链的完整性。订单整合发生在集装箱到达卸货港时。此时,各种内陆运输模式(公路、驳船和铁路运输)的可用性与到岸集装箱相平衡。Cello 区块链的出口端也有类似流程

续前表

流程	描述	区块链的作用	相关机制	示例
sD1.5—制定装运方案	选择运输方式，并制定高效装运方案	为订单管理提供一个无集中控制的、安全的点对点协作平台	允许以安全和隐私保护（如有要求）方式共享数据的加密原语	Deliver 本质上是一个无集中控制的点对点协作平台。公证只登记数字资产的所有权，并确保区块链的完整性 来自 sD1.4 的输入用于为负责内陆运输的物流服务提供商提供交付计划。Cello 区块链的出口端也有类似流程
sD1.6—规划运输方式	按照模式、路线和位置整合装配并规划路线	为订单管理提供一个无集中控制的、安全的点对点协作平台	允许以安全和隐私保护（如有要求）方式共享数据的加密原语	Deliver 本质上是一个无集中控制的点对点协作平台。公证只登记数字资产的所有权，并确保区块链的完整性 来自 sD1.5 的输入人用于为各种负责内陆运输的物流服务提供指引 Cello 区块链的出口端也有类似流程
sD1.8—从采购或制造流程接收产品	企业在其自有仓库进行的收货、核验、记录产品接收、确定上架位置、上架和记录位置等活动	纸质记录的消除减少了人际互动和沟通 提供可用于监控产品运输状况的实时、安全且经过验证的数据	数字签名文档替代纸质文档，验证实体、对象和个人的身份 来自物联网设备或传感器的与温度、湿度、动作、光照条件和化学成分等相关的数据	使用无争议的数字交付证明 Oracle（Transfollow）消除了对纸质副本的需求 提供可以在公证区块链上验证的关于集装箱的温度、湿度和位置的实时数据

续前表

流程	描述	区块链的作用	相关机制	示例
sD1.12—运输产品	运输产品至客户处的过程	提供订单跟踪记录	使用物联网实时检测、测量和跟踪库存	使用物联网设备和Oracle的集装箱运输全程中的实时和经过验证的数据可以实现卓越的跟踪和追溯
sD1.13—客户进行产品接收与核验	客户（在自己的场地或货运自提点）接收运输的产品，并核验订单已发货且产品符合交付条件的过程	纸质记录的消除减少了人际互动和沟通	事件变化（如所有权的转移）触发智能合约	使用无争议的数字支付证明Oracle（Transfollow）消除了对纸质副本的需求
		提供可以用于监控产品运输状况的实时、安全且经验证的数据	通过物联网设备或传感器采集到的有关温度、湿度、动作、光线状况、化学成分等的数据	提供可以在公证区块链上验证的关于集装箱的温度、湿度和位置的实时数据
sD1.15—发票	向金融机构发送以下信号：订单已发送，应该开始计费流程，以及如果已收到付款，则收到支付或关闭流程	使开单流程实现全自动化处理，包括支付授权和支付本身（"直通式处理"）	事件变化（如所有权的转移）触发智能合约	将运输发票和无争议的交付证明一起直接处理至单一发票保理解决方案，允许接收验证实时批准并支付发票

表 7-4　Deliver 项目中实施的赋能流程

流程	描述	区块链的作用	相关机制	示例
sE1—管理供应链业务规则	创建、记录、沟通和发布供应链业务规则的过程	在交易层面记录业务规则以实现直通式处理	智能合约为 M2M 交易赋能	已实施各种智能合约，以确保数字资产（如提单和交付证明）和数据（如运输订单和物联网）的直通处理
sE2—管理供应链绩效	为供应链指标定义与整体业务战略和目标相匹配的绩效目标，以及报告绩效情况、识别绩效差距、分析根本原因、制定和实施纠正措施以弥补差距的过程	提供应链指标定义与评估有用、有意义且具有代表性的绩效指标的数据	使用物联网检测、测量和跟踪供应链管理的关键环节	基于实时和经过验证的数据实现的大范围异常管理
sE3—管理数据和信息	收集、维护和发布规划、运营、测量和管理供应链所需数据和信息的过程	为关键供应链流程提供数据	使用物联网实时检测、测量和跟踪	使用物联网设备和 Oracle 的集装箱运输全程中的实时目已经过验证的数据可以实现卓越的跟踪和追溯
		区块链的"超级审计追踪"可以应对与供应链合作伙伴提供的自报告数据有关的挑战	交易数据在被永久地添加到区块链之前可以由 Oracle 验证	使用 Pronto 和 Transflow 作为 Oracle，分别提供无争议的预计到达时间/实际到达时间和交付证明数据

续前表

流程	描述	区块链的作用	相关机制	示例
sE6——管理供应链合同/协议	为支持业务目的和供应链目标，对合同和非合同协议进行管理和沟通	使合同和非合同协议全自动化处理（"直通式处理"）	事件变更（如所有权转移）触发智能合约	根据商定的业务规则，将提单和交付证明从一个所有者转移至另一个所有者
sE8——管理监管和自愿合规	在标准的供应链流程、业务规则中识别、收集、评估和汇总监管合规要求的过程	确保前期合规	智能合约确保只在满足所有合规条件才可执行交易	智能合约已考虑了各种监管合规要求，如必要的出口文件和交付文件等数字资产的到期日期
sE9——管理供应链风险	识别和评估供应链中的潜在破坏（风险），并制订计划使其对供应链运营造成的威胁最小化的过程	识别、收集和记录所有潜在风险事件的数据	使用物联网检测、测量和跟踪关键的供应链管理流程	使用物联网设备和Oracle的集装箱运输全程中的实时目已经过验证的数据可以实现卓越的跟踪和追溯

试点项目结果

在撰写本书时,这个试点项目仍处于全面的准备过程中,其结果尚不可知。因此,我们会在试点项目结束时进行补充。

Blockchain and
the Supply Chain

第 8 章
区块链在供应链中的用例

集装箱运输：IBM 与马士基公司

最后的革命

1956 年 4 月 26 日，SS 理想 X 号（由第二次世界大战时期的一艘油轮改装而成，如图 8-1 所示）从美国纽瓦克港驶向休斯敦。这艘船的定制甲板上装载着 58 个拖车大小、总重量 15 000 吨的钢铁集装箱。这个事件预示着航运新时代的到来。

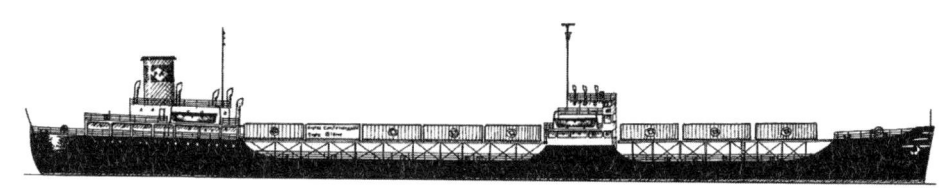

图 8-1 理想 X 号集装箱轮船，由建造于 1944 年的波特雷罗山号油轮改装而成
图片来源：Karsten Kunibert/Wikimedia Commons.

理想 X 号是美国北卡罗来纳州商人马尔康·P. 麦克莱恩（Malcolm P McLean）的创意。他试图摆脱码头工人将一捆捆棉花或一袋袋咖啡装上船再装回卡车的繁琐做法，因为这消耗了大量的劳动力、金钱和时间。集装箱联运改变了这一切。在理想 X 号之前，一艘货船装载散货的成本是每吨 5.83 美元。麦克莱恩的专家计算出，理想 X 号的装载成本是每吨 15.7 美分。

标准化集装箱的构想已经为全球接受。一个标准的集装箱宽 8 英尺，长 20 英尺、40 英尺、45 英尺或 53 英尺不等，高 8 英尺、8½ 英尺或 9½ 英尺不等。由于实现了集装箱化，托运人的平均成本低至难以置信的水平。如今，一件产品的海运价格不及其零售价值的 1%。例如，一个集装箱可以装 10 000 台 iPad，从中国上海运到德国汉堡，每台的运费约为 5 美分；一台电视从中国运往美国的运费不到 2 美元。

集装箱运输不仅降低了运输成本，而且使行业组织化程度大大提高，也促使马士基航运公司（Maersk Line）、达飞集团（CMA CGM）、中国远洋运输（集团）总公司（Cosco Shipping）等全球航运巨头纷纷崛起。它还增加了海上贸易在全球贸易中的份额。在 2017 年超过 40 000 亿美元的货物运输中，有 80% 是通过远洋轮船完成的。

船造得越多，卖得越便宜

受全球化和不断增长的消费需求的推动，集装箱航运业一直在持续增长，直至 2009 年金融危机爆发。由于该行业在快速增长时期仍效率低下，因此它比大多数行业受到的打击更大。最突出的原因是承运人对扩充运力的不懈追求导致了运费呈下降趋势。从那以之后，该行业一直未能站稳脚跟。

然而，最坏的时刻还没有到来。尽管 2009 年的增长速度出现了两位数的下降，但各主要集装箱航运公司仍在以前所未有的速度扩充运力。2001 年至 2008 年间，新建造集装箱船的平均容量一直徘徊在 3400 个标准箱左右。2009 年至 2013 年间，这个数字增长至 5800 个标准箱，并在 2015 年飙升至 8000 个标准箱。这一年，马士基航运公司和地中海航运公司（Mediterranean Shipping Company，MSC）等顶级航运公司都推出了 18 000 个标准箱以上的超大型集装箱船，而且它们计划建造更大的船体。这样做的目的不是为了获得吹嘘的资本，而是有其商业目的。2015 年，18 000 个标准箱及以上超大型船舶的建造成本是每标准箱

7500 美元，较 14 000 个标准箱的船舶低了 20%～30%。此外，由于每艘更大的船能装载更多的标准箱，这就意味着运营成本更低，运费更具竞争力。更重要的是，与小型船相比，超大型集装箱船的燃料消耗更少。低廉的融资成本更是起到了助推作用，使这一趋势得以延续。这让国际引航员协会（International Maritime Pilots Association）秘书长尼克·卡特莫尔（Nick Cutmore）发表评论说："这些船只是地球上最大的移动物体。"

陷入囚徒困境

在经济陷入低迷的数年间，产能过剩和消费者需求放缓共同导致了 2016 年全球集装箱航运业有史以来最严重的危机。Altman Z 是一种预测破产概率的统计工具。Z 值大于或者等于 2.99 时表示实体没有破产风险，而其值小于或等于 1.81 则表示实体存在相当大的破产风险。2016 年，集装箱航运业的 Z 值跌至 1.10 的历史低点。果然，2016 年 8 月 31 日，当时的全球第六大集装箱航运企业韩进海运（Hanjin Shipping）公司宣布破产，令航运业陷入一片混乱。同年，全球最大的集装箱航运企业马士基集团公布了自第二次世界大战以来的第二次亏损，也是 2009 年以来的首次亏损。2016 年，排名前 20 的航运企业累计亏损约 50 亿美元。普遍的财务窘境引发了一波整合浪潮，最终排名前 20 的航运企业缩减至 11 家。埃德文·洛佩兹（Edwin Lopez）和伊丽莎白·罗根（Elizabeth Rogan）在他们于 2017 年发表的文章《大船纪事：过剩产能如何破坏生产》（*Big Ship Chronicles: How Overcapacity Disrupted the Production*）中这样总结了这个行业的困境：

> 因此，航运业目前的困境是咎由自取。这是因为要力争上游，要杀退竞争对手，但终究陷入囚徒困境，甚至以一家主要承运商破产结束。虽然低费率对托运方有利，但随之而来的不稳定和服务质量下降却对它们没什么好处。

博弈论专家经常用囚徒困境来分析非合作行为，这个理论证明了两个囚徒因为彼此不信任而做出了最坏选择（对两人最大的惩罚），而非最佳选择（对两人最小的惩罚）。换句话说，在缺乏互信和合作的情况下，个体理性就意味着集体的自我毁灭。分析师认为，海运公司采取低价倾销的做法，以牺牲对方的利益来抢夺市场份额的行为是典型的囚徒困境。2015 年，《金融评论》(*Financial Review*) 杂志刊登的一篇文章指出："受价格下跌和产能过剩困扰的集装箱航运业应该减少运力，但陷入囚徒困境的行业大玩家们却反其道而行之。"

航运业并非不知道问题所在。早在 20 世纪 90 年代，这个行业就已经结成了联盟，以提高服务水平，遏制供应过剩。1998 年，六大海运联盟的运力占全球船队的 50%。2017 年，这些联盟已经合并为三大联盟（如图 8–2 所示）：由马士基公司和地中海航运公司组建的 2M 联盟；由达飞集团、中国远洋运输（集团）总公司、东方海外（Orient Overseas Container Line，OOCL）公司和长荣海运（Evergreen）公司组成的海洋联盟；以及由赫伯罗特（Hapag Lloyd）公司、阳明海运（Yang Ming Line）、海洋网联船运公司（Ocean Network Express）组成的 THE 联盟。三大联盟占全球集装箱贸易约 80% 的份额，占主要贸易航线集装箱运力约 90% 的份额。

然而，联盟并没有帮助解决供过于求和运费下降这两个问题（如图 8–3 所示），即便全球经济开始出现复苏的迹象，这两个问题对行业的影响依然显著。2018 年第一季度，马士基、赫伯罗特和阳明海运三大集装箱航运企业均出现了亏损。集装箱承运商的平均运营利润率从第一季度的 -3.1% 降至第二季度的 -3.8%，原因是运力过剩压低了运费，而燃料成本却在持续上升。2018 年 4 月，艾睿铂（AlixPartners）在其发布的一份题为《2018 年全球集装箱运输展望：尽管挑战依旧存在，但集装箱航运企业的机遇尚存》(*2018 Global Container Shipping Outlook: Though Challenges Remain, Opportunities Exist for Carriers*) 的报告中指出，随着服务的供应继续超过需求，运费将继续受到"挤压"，总需求至少需要 4%～5% 的增长才能为利润率的增长提供真正的机会。

为什么联盟没有起作用？因为它并没有使运营变得更透明、更简单；相反，它产生了负面的效果。麦肯锡上海分公司专家合伙人史蒂夫·萨克森（Steve Saxon）在 2016 年举行的泛太平洋海运亚洲大会（TPM Asia Conference）上指出：

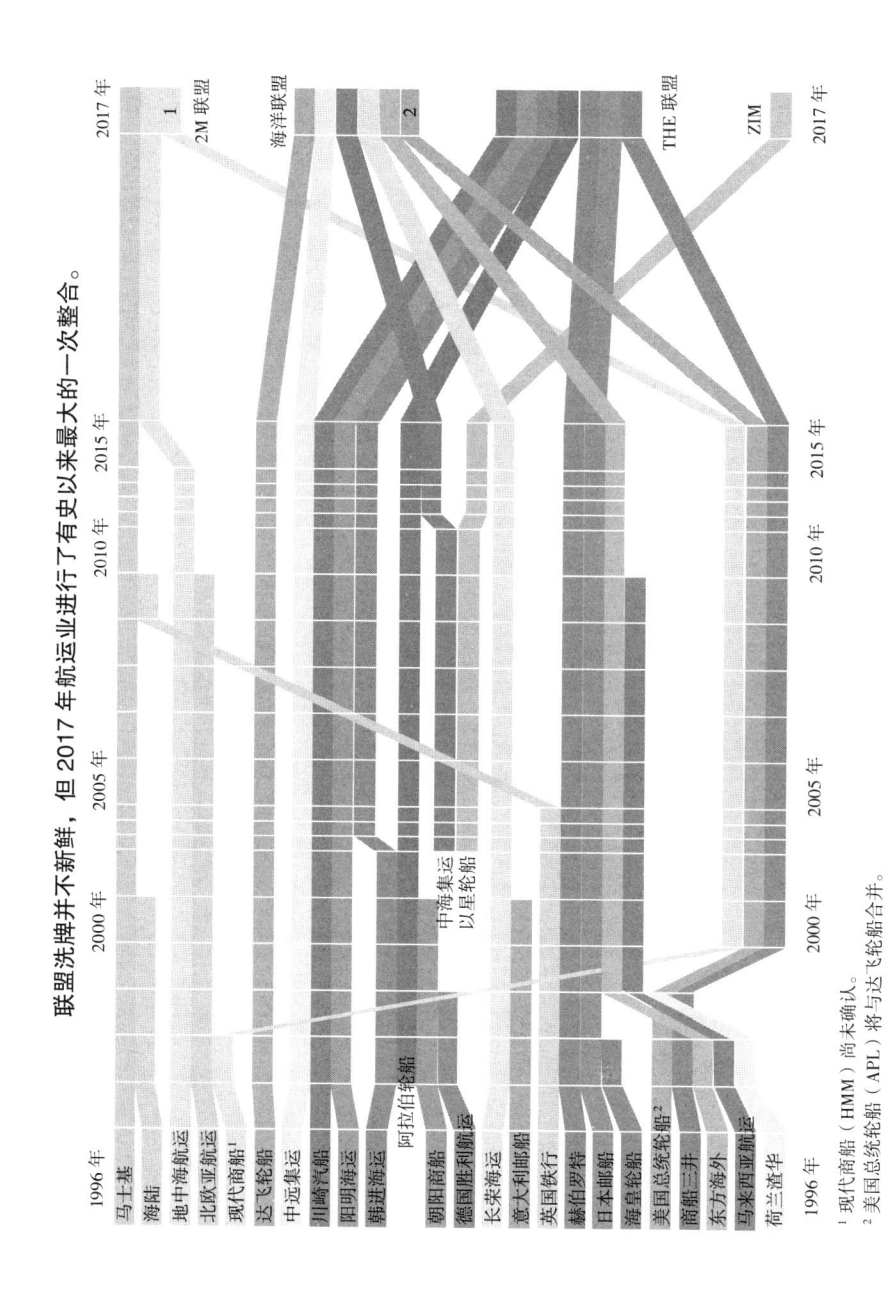

210 区块链供应链：构建智慧物流新范式

联盟洗牌并不新鲜，但2017年航运业进行了有史以来最大的一次整合。

| 1996年 | 2000年 | 2005年 | 2010年 | 2015年 | 2017年 |

1996年：马士基、海陆、地中海航运、北欧亚航运、现代商船[1]、达飞轮船、中远集运、川崎汽船、阳明海运、韩进海运、阿拉伯轮船、朝阳商船、德国胜利航运、长荣海运、意大利邮船、英国铁行、藤伯罗特、日本邮船、海皇轮船、美国总统轮船[2]、商船三井、东方海外、马来西亚航运、荷兰渣华

2017年：2M联盟、海洋联盟、THE联盟、ZIM

中海集运、以星轮船

[1] 现代商船（HMM）尚未确认。
[2] 美国总统轮船（APL）将与达飞轮船合并。

图 8-2　联盟洗牌

散货船的平均协议租金

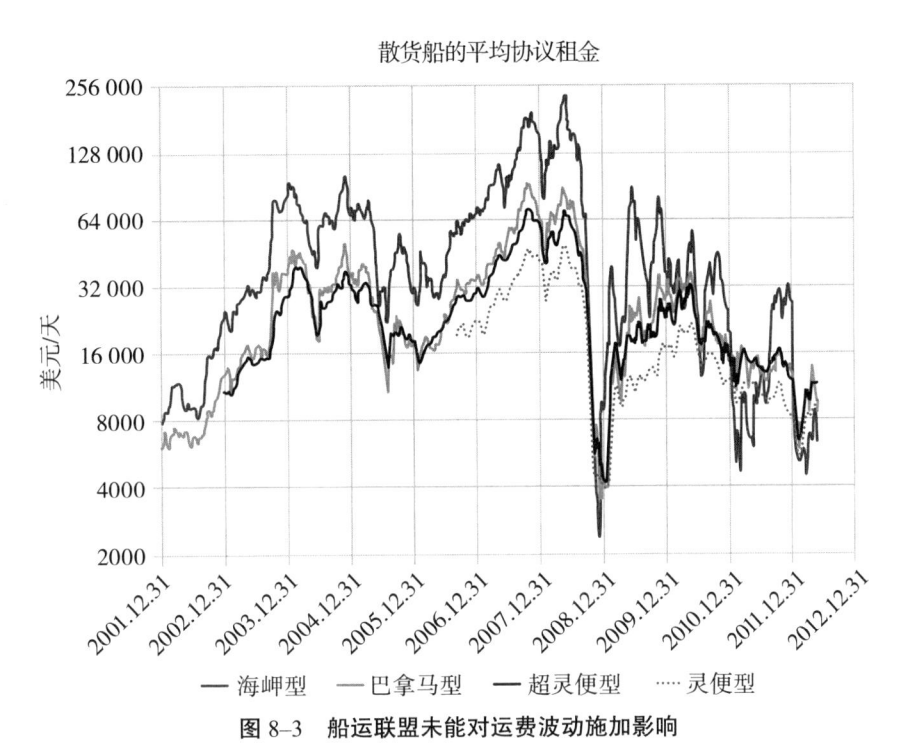

图 8-3　船运联盟未能对运费波动施加影响

图片来源：约舒亚（数据来自安信证券、《航运业风险经理人》杂志和奥普玛船运经纪公司）。

如果说新联盟产生了什么影响，那可能就是提高了复杂度。更大的联盟给航运企业和托运方都制造了困难。例如，新成立的海洋联盟可能意味着托运方的货柜将被运往洛杉矶－长滩地区的七个码头中的任意一个。组织卡车和分离底盘的需要使航运企业和托运方的工作变得更加繁杂了。

简单地说，联盟不仅没能找到帮助航运企业解决问题的方法，而且也没能为历来都可以从价格战中获益的托运方带来任何帮助。萨克森引述了一位托运人的话，这位托运人对仍然存在的"托运方、码头、海运企业和陆路运输企业在调度和移动集装箱进出港口方面的沟通不畅和协调效率低下问题"表示失望。

创建透明度，降低复杂性，在不建立寡头垄断或减少竞争的情况下，让互不信任的人们共享相关信息（解决因徒困境的良药），促进集装箱航运业所有利益相关者的相互协调……这些问题的解决方案在于区块链，这将是一举多得。但这需要长期累积，而对于采用任何技术的任何行业而言，它们都想获得立竿见影的收益。对航运业而言，区块链扩展了两项快速收益：降低管理成本和防范欺诈。

IBM 公司和马士基公司如何在区块链中找到共同目标

2016 年，仍然在经历危机阵痛的马士基公司想要寻找一种降低运营成本的更好方法，而最直接的方法就是减少每个集装箱相关的文书工作。两年前，该公司发现，从东非运往欧洲的单批冷冻货物需要 30 个人或组织经手，涉及 200 多次不同的交互和沟通。

2016 年秋天，马士基公司参与了哥本哈根信息技术大学（IT University of Copenhagen）的一个概念验证项目，将区块链应用于提单。提单是一种传统的纸质文件，特别容易受到欺诈。它是国际贸易中使用的一种重要的纸质文件，用于确保出口商收到付款，进口商收到商品。提单是海运和贸易融资链中最薄弱的环节之一，也是最明显的痛点之一，因为这其中存在一个巨大的漏洞：集装箱的门一旦关上，实际上就不可能将提单所列的所有项目与集装箱的实际内容相匹配。每年，带有欺诈性质的提单都会使船主、承运商、银行和品牌所有者蒙受损失，少则几千美元，多则数十亿美元。解决这个问题的一种选择是改用自 20 世纪 80 年代以来就存在的电子提单，但电子提单的使用受到了限制，原因与每个集装箱都需要大量文书工作的原因相同，即人们仍然可以钻法律法规和电子提单的空子。马士基公司于 2016 年启动的区块链赋能提单概念验证项目对一批从肯尼亚运往鹿特丹的玫瑰花的运输过程中的信息流管理进行了优化。

与此同时，IBM 公司自 2014 年以来就一直在开发自己的区块链。《纽约时报》（*New York Times*）在 2017 年的一篇文章中详细介绍了 IBM 公司研究总监阿尔温德·克里希纳（Arvind Krishna）是如何支持 IBM 公司内部的一个探索性项目的。克里希纳意识到了这项被团队称为开放链（Openchain）的技术的潜力。他在回顾当时的情况时说："这项技术实际上不只与数字支付有关，还与在交易中建立信任有关。"他认为这是"一项可以改变世界的技术"。

最近，IBM 公司印度及南亚地区区块链业务负责人吉坦·尚丹阿尼（Jitan SChandanani）提到了 IBM 公司及其供应商的受益：

    当我们在 IBM 公司开始使用区块链进行供应商管理时，我认为在任意给定日期，我们在（发票付款）纠纷中涉及的金额约为 1 亿美元，而解决这些纠纷所需的平均时间为 21 天 ~ 40 天。区块链的使用使金额降至 1000 万美元以下，解决纠纷的时间降至不到 5 天。区块链用户预期可以在成本效率方面获得 30% ~ 40% 的收益。

IBM 公司欧洲区主席艾里奇·克莱门蒂（Erich Clementi）向马士基公司的一位高管提出了在区块链技术方面展开合作的设想。2016 年夏天，IBM 公司和马士基公司测试了区块链解决方案，跟踪了一批从肯尼亚蒙巴萨港到荷兰鹿特丹的鲜花的运输过程。该项目的成功鼓励它们继续开展更多的项目，其中包括一个欧盟研究项目。这个项目的关注点是施耐德电气从荷兰鹿特丹港运至美国纽瓦克港的货物，这是荷兰海关总署（Customs Administration of the Netherlands）、美国国土安全部科学技术局（US Department of Homeland Security Science and Technology Directorate）和美国海关及边境保卫局（US Customs and Border Protection）的一个试点项目。同样，美国加利福尼亚的橙子和哥伦比亚的菠萝被运送至荷兰鹿特丹的过程也被用来验证区块链运输解决方案。马士基公司也邀请其知名客户参与了试点项目，包括杜邦（DuPont）公司、陶氏化学（Dow Chemical）公司、利乐（Tetra Pak）公司和其他很多公司。

这些项目的成功让马士基公司确信区块链可以帮助其在一个高度安全的共享网络上跟踪所有货物，从而为所有重要参与方提供完整和透明的信息。

2018 年 8 月，马士基公司和 IBM 公司联合宣布创建全球贸易区块链平台 TradeLens。它们向媒体披露，TradeLens 建立在 IBM 公司的区块链基础之上，该技术基于 Linux 基金会创建的开源 Hyperledger Fabric 1.0 规范。两家公司共同拥有知识产权和市场，并通过各自的销售渠道销售 Tradelens 和签订合同。

与比特币（一个开放的区块链，所有参与者均可看到每条录入的数据）不同的是，IBM 公司和马士基公司的解决方案是被集中管理的。因此，制造商、货运代理、码头运营商和海关等行业利益相关方都可以在许可的基础上访问平台的虚拟仪表盘。参与者可以通过实时访问运输数据和运输文件（包括从温度控制到集装箱重量的物联网和传感器数据）进行交互。

项目启动时，TradeLens 吸引了 94 个组织参与，其中包括全球 20 多家港口和码头运营商，如新加坡港务集团（PSA Singapore）、国际集装箱码头服务公司（International Container Terminal Services Inc）、帕特里克港务集团（Patrick Terminals）、中国香港现代码头集团（Modern Terminals in Hong Kong）、哈利法克斯港（Port of Halifax）、鹿特丹港、毕尔巴鄂港（Port of Bilbao）、PortConnect、PortBase 等港口和码头运营商。同样重要的是，太平船务（Pacific International Lines）和汉堡南美航务（Hamburg Süd）这两家全球集装箱运输企业也已经加入了这个平台。

《福布斯》杂志报道称："这些航运企业总计占据了全球供应链市场 20% 以上的份额，在新加坡、美国、荷兰等地拥有 20 家港口和码头运营商，为全球约 235 个海运门户提供服务。"

一个好的开始

自从集装箱发明以来，在航运领域出现的所有创新中，TradeLens 是最具前景的平台之一。凭借与生俱来的各种优势，它可以为困扰航运业的各种问题提供亟需的解决方案。然而，它要想真正发挥作用，就必须有绝大多数船运企业的参与，即便不是全部。目前，除马士基公司之外只有两家公司参与进来，这是可以理解的，因为就 TradeLens 当前（在撰写本书时）的形式而言，它只是 IBM 公司和马士基公司拥有的集中式系统而已。无论它发展成一个最终可以解决产能过剩和价格战问题的泛行业平台，还是行业内会出现一个将所有航运企业聚集在一起的未知平台，这都是一件非常值得期待的事情。然而可以肯定的是，区块链可能正是业界等待已久的灵丹妙药。

棕榈油供应链

越来越不安

你在超市购买的包装产品中有 50% 的可能性含有棕榈油。棕榈油是一种用途广泛的植物油，可用于食品、清洁产品和燃料。它可以锁住口味，创造奶油般的质感，这让它成为制作蛋黄酱、比萨饼、巧克力和冰激凌等食品最受欢迎的原料之一。它能够黏合产品并起到稳定剂的作用，因此是洗发水、保湿乳液、肥皂、身体护理油和其他很多个人护理产品的理想选择。它在家用清洁剂和其他很多家庭护理产品中也起着类似的作用。

商用棕榈油是从油棕树的果实中提取的，这种树由于原本种植于非洲西南部的热带雨林，因此也被称为非洲油棕。

人类使用棕榈油的历史可能已经超过 5000 年了。19 世纪末，考古学家在埃及阿比斯的一座古墓（其历史可以追溯至公元前 3000 年）中发现了棕榈油。19 世纪末，由于有利的气候和社会经济条件，印度尼西亚和马来西亚开始大规模生产棕榈油，棕榈油因此成为一种全球性商品。一棵棕榈树不仅可以连续 30 多年结果，而且其每公顷的产量也高于其他重要的油料作物。自然，它成了贫困地区赖以生存和就业的宝贵来源。目前，在全球价值 620 亿美元的棕榈油产业中，超过 85% 的棕榈油来自印度尼西亚和马来西亚。

供应链的复杂性和环境的不可持续性

棕榈油供应链非常复杂。这种产品经常与其他原料混在一起。此外，由于棕榈油对各国出口收入的贡献大，最大的棕榈油生产国对棕榈油的生产几乎没有制定法律法规。

当新鲜果束从种植园被送到工厂，棕榈油的旅程就开始了。在棕榈油进入企业供应链之前，它们被各种中间商带到精炼厂进行加工。

棕榈油企业的新鲜果束主要来自两个渠道：第一个渠道是企业直接拥有或代管的小农场主的种植园。由企业控制的直供渠道相对透明，企业可以确保遵守全球各地的法规；第二个渠道由第三方供应商构成，它们从包括独立农民在内的不同来源收集新鲜果束，这使得监管变得相当困难。

2018年3月，世界资源研究所（World Resources Institute，WRI）印尼分所的赫尔玛华蒂·威德雅普拉塔米（Hermawati Widyapratami）和布克提·巴贾（Bukti Bagja）在位于印度尼西亚廖内省洛坎胡拉的种植企业PPTN V进行了实地调研。研究人员发现，直接从农民那里收集新鲜果束的工作人员通常会把果束混在一起，然后根据质量将它们分类后再运往工厂。由于小农与中间商的交易没有记录，因此混合和分类使追溯新鲜果束的来源变得相当困难。研究人员指出，由于目前尚无任何系统来控制中间商的业务，即使它们在棕榈油供应链中发挥着重要作用，它们也是不受监管的参与者。

棕榈油的供应链不仅复杂，而且会引起许多环境和社会问题。农民们为了开辟种植油棕的土地而焚毁森林。棕榈油生产的快速集约化和扩张已经导致生产国的热带雨林遭到大面积破坏。据称在1990年至2008年间，全球约8%的森林砍伐都应归咎于棕榈油生产。最近，刊登在《科学美国人》（Scientific American）杂志上的一篇文章指出，棕榈油生产一直是印度尼西亚及其他赤道国家森林砍伐的最主要原因之一。

砍伐森林不仅会导致洪水和水土流失，而且会导致全球变暖，因为砍伐树木会弱化地球吸收二氧化碳的能力。此外，砍伐森林还对这些地区的野生动物构成明显且直接的威胁。2017年7月，英国《卫报》（Guardian）上的一篇报道称，百事可乐、联合利华和雀巢等公司被指控共谋破坏了苏门答腊的最后一片热带雨林，在那里，大象、猩猩、犀牛和老虎共同生活在一个生态系统中。近年来，印度尼西亚依赖热带雨林生存的濒危猩猩的数量减少了高达50%。

该报告引用了雨林行动网络（Rainforest Action Network）的一份实地调查。研究人员发现了勒塞尔生态系统中非法侵占极度濒危的苏门答腊大象栖息地的证据。勒塞尔生态系统中有着苏门答腊最大的一片热带雨林，被联合国教科文组织（United Nations Educational, Scientific and Cultural Organization, UNESCO）列为世界遗产。被指控的罪魁祸首是一家名为 PT Agra Bumi Niaga 的公司，该公司拥有复杂的供应链，并通过世界上一些最大的贸易商接触到主要品牌。由于棕榈油种植园的扩张，动物栖息地的碎片化导致人类与动物之间的冲突增加，2012 年至 2015 年间，至少有 35 头大象在勒塞尔被射杀。正在消失的雨林生态系统使老虎、云豹和马来熊等很多物种在这些地区更容易遭到偷猎者的攻击。"如果不立即采取行动执行'禁止砍伐森林'的政策，这些品牌巨头就将因恶名被铭记，它们将为破坏了地球上最后一块供苏门答腊大象、猩猩、犀牛和老虎并排漫步的地方负责。"雨林行动网络的研究报告指出。

来自这些地区的种植园的棕榈油通过各种途径可以用于麦当劳、家乐氏、玛氏、联合利华、雀巢和宝洁等知名品牌的产品。2010 年，绿色和平组织（Greenpeace）指责雀巢公司在其产品中使用了不可持续的棕榈油，带动了热带国家的森林砍伐。多年来，公众对棕榈油生产造成的森林砍伐和所谓的"主要品牌共谋"的强烈抗议已经敦促行业利益相关者发起并开展了很多重大行动。

建立透明、可持续的供应链

多年来，人们提出了各种各样的建议来简化棕榈油的生产并减轻其对环境的影响，但是大多数提议并没有产生多大影响。

全世界最重要也是最具影响力的棕榈油行业协会——可持续棕榈油圆桌倡议组织（Roundtable on Sustainable Palm Oil, RSPO）为引领棕榈油供应链的可持续发展提供了最有效的推动力。RSPO 认证可以向棕榈油产品的购买者保证，产品的生产标准在社会和环境方面均满足可持续发展的要求。要获得认证，棕榈油生产商必须满足一系列条件和准则，如遵循最优农耕操作方法、公平对待工人、正确获得土地和保护环境、维护生物多样性以及其他类似准则。

雀巢和百事可乐等消费品公司以及嘉吉（Cargill）等主要棕榈油贸易商也承诺要实现其供应链的可持续性。2010 年，雀巢公司做出了"不砍伐森林"的承诺，声称到 2020 年，该公司在全球范围内的所有产品都不会与砍伐森林有关。该公司已经取得了良好的进展：2017 年，该公司报告称，在当年购买的所有棕榈油中，有 58% 的棕榈油是负责任采购的，48% 的棕榈油可追溯其来源。2018 年 9 月，雀巢公司向实现 2020 年的目标又迈出了一大步，它开始部署基于卫星的 Starling 服务，用于监控其全球棕榈油供应链的整体状况。

联合利华则于 2018 年公开了其整个棕榈油供应链，包括其采购的所有供应商和工厂，以提高行业举措的透明度。这家快消品巨头披露了 1400 多家工厂和 300 多家棕榈油直接供应商的所在地，这些棕榈油可用于该公司的食品、肥皂、化妆品和生物燃料等产品。

联合利华首席供应链官马克·恩格尔（Marc Engel）表示，该公司希望共享这些信息将是整个行业迈向供应链透明化的新起点。恩格尔在联合利华网站上的一份声明中表示"这是迈向更高透明度的一大步，但我们知道，要实现真正可持续的棕榈油产业还有很多工作要做，我们将为实现这一目标而继续努力。"联合利华公司指出，透明度和追踪棕榈油的能力对于解决森林砍伐和侵犯人权等问题至关重要。

在区块链中寻找盟友

2017 年，全球棕榈油出口销售总额为 333 亿美元，其中全球最大的出口国印度尼西亚贡献了 55.5%，其次是马来西亚，占 29%。可持续棕榈油圆桌倡议组织的倡议以及雀巢和联合利华等领先品牌的倡议并没能阻止和减轻棕榈油生产对环境的影响，尤其是在这两个国家。世界自然基金会（World Wide Fund For Nature，WWF）于 2016 年进行的一项全行业调查发现，全球只有 17% 的棕榈油生产获得了可持续性认证。在过去的几年中，业界已经开始意识到区块链不仅是一种可以帮助解决重大供应链挑战的技术，而且还将带来更多额外的好处。

印度信息技术咨询公司威普罗有限公司（Wipro Limited）班加罗尔总部的赫苏斯·奥雷吉（Jesus Oregui）和克兰·库马尔（Kiran Kumar）在他们于 2017 年 11 月为 Linux 基金会的超级账本（Hyperledger）项目（一个区块链的合作平台）

撰写的一篇文章中阐述了区块链应如何"弥补当前的透明度差距",以创建一个有审计追踪的可持续供应链。

作者认为,区块链不仅可以提供前所未有的透明度,而且可以改善现场工作人员的工作条件,为生产者提供丰富的作物收获数据。此外,区块链还可以帮助最大限度地减少棕榈油在供应链中的损耗。作者还指出:

> 借助区块链和物联网支持的传感器,运输企业可以在分拣、存储和运输过程中监控温度和湿度,并将数据集成到区块链上,以记录超出范围的数据,从而有效地识别不良批次。区块链的智能合约可以自动执行规则对产品进行分级,只让那些符合最高标准的产品进入市场,供人类消费。

与此同时,其他拥有类似供应链的行业也开始意识到区块链的好处。2018年1月,世界自然基金会与美国科技公司 ConsenSys 和 TraSeable 以及金枪鱼捕捞和加工企业 Sea Quest Fiji Ltd 合作,在太平洋群岛启动了一个金枪鱼行业的试点项目,使用区块链跟踪金枪鱼从"鱼钩到餐盘"的整个过程。

最近,棕榈油行业似乎也开始效仿。2018年9月,马来西亚政府成立了一个工作组,即马来西亚高科技行业-政府工作组,将使用区块链来提高其棕榈油供应链的透明度和可持续性。区块链将用于帮助卖方和消费者跟踪棕榈油的来源、监控相关交易,并全面帮助政府推动该行业走上可持续发展之路。同月,世界银行邀请各方参与了一个概念验证项目的投标,该项目将成为印度尼西亚小农户棕榈油供应链可追溯性的区块链用例的原型。

同样在2018年9月,一些棕榈油生产企业、消费品制造企业、非营利组织和技术公司聚集在新加坡,成立了可持续发展保障与创新联盟(Sustainability Assurance and Innovation Alliance,SUSTAIN)。该联盟旨在启动区块链解决方案,以提高棕榈油供应链的可追溯性和可持续性。联盟成员包括棕榈油生产企业 Apical 集团和亚洲种植(Asian Agri)集团、可再生柴油生产商耐思特(Neste)油业集团、消费品制造商花王株式会社(KAO)、促进团队 CORE 以及技术合作伙伴思爱普(SAP)公司。更多来自整个棕榈油供应链的其他合作方也有望加入这个新联盟。SUSTAIN 的区块链平台将为棕榈油行业的利益相关者（如经销商和小农）提供开放访问权限，他们可以使用可下载的工具来建立可追溯性机制、监控政策合规性、高效地交易新鲜果束、获得最佳实践指导并获得小额信贷等。媒体报道称，联盟的技术合作伙伴 SAP 已与全行业 60 多家公司合作，在供应链、制造、运输和制药领域创建区块链用例。

联合利华对棕榈油的需求

英荷合资的消费品公司联合利华是全球同业中营收最高的公司，2017 年的营收达 626 亿美元。每天，世界上有 1/3 的人口在使用联合利华的产品。

供应链是联合利华公司的主要业务领域之一，其 16.5 万名员工中有一半以上在从事与供应链相关的工作。2017 年，该公司在其超过 7.6 万家供应商的供应链上花费了 290 亿美元。

仅在亚洲和非洲，联合利华公司的产品就有超过 1000 万个销售点，累计物流里程达 5 亿千米。它拥有 380 多个生产基地，供应链总成本的 12% 流向第三方制造商。

联合利华公司 2/3 的原材料来自超过 10 万小农户，其 400 多个品牌的产品系列使用最广泛的原材料之一是棕榈油。

可想而知，联合利华公司将成为全球最大的棕榈油买家。该公司每年将购买约 100 万吨的粗制棕榈油和约 50 万吨的棕榈仁油和其他衍生产品。

联合利华公司尚未披露其用于追踪棕榈油供应链的技术，但该公司一直支持使用区块链来提高供应链的透明度。2017 年 8 月，联合利华加入了包括雀巢和泰森食品在内的 10 家大型食品和零售企业组成的团队，与 IBM 公司合作开展了一个项目，研究区块链系统如何帮助跟踪食品供应链和提高食品的安全性。该项目的目标之一是生成可靠的数字记录，并在几秒钟而非几周内提高食品的可追溯性。

利用区块链跟踪茶叶供应链

2017 年 12 月,联合利华启动了一个为期一年的试点项目,利用区块链技术跟踪其在英国塞恩斯伯里超市(Sainsbury's)出售的茶叶的供应链。该公司与大型银行和技术初创企业合作,跟踪为其供应茶叶的马拉维茶农。试点项目使用技术来保持供应链的透明度,因此公司和消费者都能够清楚地知道茶叶的来源。剑桥大学可持续发展领导力研究所(University of Cambridge Institute for Sustainability Leadership,CISL)可持续金融主任安德鲁·沃塞(Andrew Voysey)说:"马拉维茶只是开始,而不是结束。"马拉维有多达 10 000 名农民有资格参与试点项目。该项目旨在通过提供优惠贷款和信贷等经济措施,奖励那些种植出质量更好、更可持续的茶叶的农民。联合利华的茶叶供应链的区块链用例很有可能会鼓励快消品巨头将其扩展至棕榈油供应链。

汽车工业的区块链

想象一下,没有交通拥堵的世界将会怎样?如果生活在这样一个世界,你可以享受快速开车上班,更美妙的是可以更安全、安静地开车回家。有什么事情是比这更幸福的呢?福特汽车公司已经对如何通过加密货币的功能来实现这一点有了一些构想。

2018 年初,美国专利及商标局(United States Patent and Trademark Office)授予福特汽车公司子公司——福特全球技术(Ford Global Technologies)公司一项名为"协作管理并线和通行"(Cooperatively Managed Merge and Pass,CMMP)的汽车通信平台专利。众所周知,交通拥堵可能是由于个别司机急于选择通往其目的地的路线造成的。然而,汽车只要按照标准协议行驶(如为救护车或消防车让道使其通过),就可以神奇地实现让路。CMMP 在同一原理上进行了改进,它利用的是合作的可变巡航控制(cooperative adaptive cruise control)模块,该模块允许汽车司机以一定数量的加密货币购买或出售优先车道使用权。

该专利的内容是，"CMMP 系统通过基于代币的个人交易运行，其中供应商车辆和消费者车辆同意交易加密货币。（卖方）车辆自愿占用较慢的车道，方便消费者车辆并入其车道并在需要时通过"。

然而，区块链驱动的 CMMP 的好处目前只能在美国纽约和英国伦敦等少数大城市才能显现出来，在这些城市，司机会遵守或被迫遵守车道行驶规则；而在班加罗尔等新兴大城市中，CMMP 却毫无用处，那里的司机在变换车道时如同神风敢死队飞行员一般勇猛。

在全球范围内，汽车制造商已经发现区块链的直接应用可以帮助它们应对一些重大挑战。汽车工业是世界上最复杂、最具活力和全球网络布局最紧密的行业之一，其面临的关键问题大致可以分为三类：复杂性日益增加；客户服务、安全和与售后相关的挑战；以及跟上行业变迁的节奏。汽车制造商正在所有这些领域寻找区块链的用例。

汽车制造业的未来：变幻莫测

增长缓慢的直接后果是原始设备制造商（original equipment manufacturer, OEM）的底线面临越来越大的压力，这在它们最新的财务报告中得到了证实。这促使它们急于寻找节省成本和整合市场的方法。

这一趋势导致的最明显结果是，最近，三家汽车制造商——雷诺、日产和三菱成立的独特的汽车制造联盟。2016 年，该联盟宣布每年节省 62 亿美元，并承诺到 2022 年将增加一倍。在市场占有率方面，这三家汽车制造商将欧洲、中国和美国等利润丰厚的市场集合在一起。2017 年，该联盟的总销量为 1061 万辆，超越了大众汽车，成为全球最大的汽车制造商。

汽车行业增长乏力，使其容易受到新挑战的冲击，其中最突出的是仍在持续的全球贸易战。虽然这个行业可能正处于引进装配线生产方式以来最深刻变革的风口浪尖——电动汽车和自动驾驶汽车的兴起，但是这可能仍然无济于事。

当你无法改变影响你成长的外部因素时,下一步自然是关注影响内部的变化,专注于那些阻碍你发展的方面,并对市场的潮起潮落做出更积极的回应。对汽车制造商而言,答案是显而易见的。汽车工业的阿喀琉斯之踵是日趋复杂的供应商生态系统。尽管一个多世纪以来,流程在不断改进,技术在不断进步,但这个生态系统对汽车制造企业的三个关键绩效指标——成本、质量和交付——产生了重大影响。君迪(JD Power)发布的 2018 年美国汽车可靠性研究报告显示,2018 年,工厂订单汽车从订单到交付的周期为 4~8 个月;在美国,每 100 辆汽车遇到的问题数量为 142 个。这些事实很难说这是一个运转良好的系统。

幸运的是,区块链能够以很多独特的方式解决供应链的复杂性问题,这给汽车制造业带来了一线希望。但汽车制造业是如何变得如此复杂的?

现状:很复杂

自从 1879 年新年前夜,世界上最快的汽车——奔驰专利一号车(如图 8-4 所示)——的实心橡胶轮胎首次上路以来,汽车在其零部件的数量和效率方面就已经取得了长足的进步。

图 8-4 奔驰专利一号车:第一辆汽车由戴姆勒·克莱斯勒公司制造

图片来源:戴姆勒·克莱斯勒公司网站。

奔驰专利一号车的零部件包括一个带火花塞的电动振动器点火装置的单缸四冲程引擎、一个由弯曲和焊接钢管制成的底盘以及少量驱动部件，一本口袋大小的服务手册对所有这些零部件进行了详细介绍。

相比之下，现在的汽车制造商需要使用一系列令人眼花缭乱的零部件。一辆汽车由 30 000 多个零部件组装而成（如图 8–5 所示），这些零部件（包括钢铁、玻璃、橡胶、塑料和来自全球供应商网络的半组装部件）是通过物流和装配"走"到一起的。

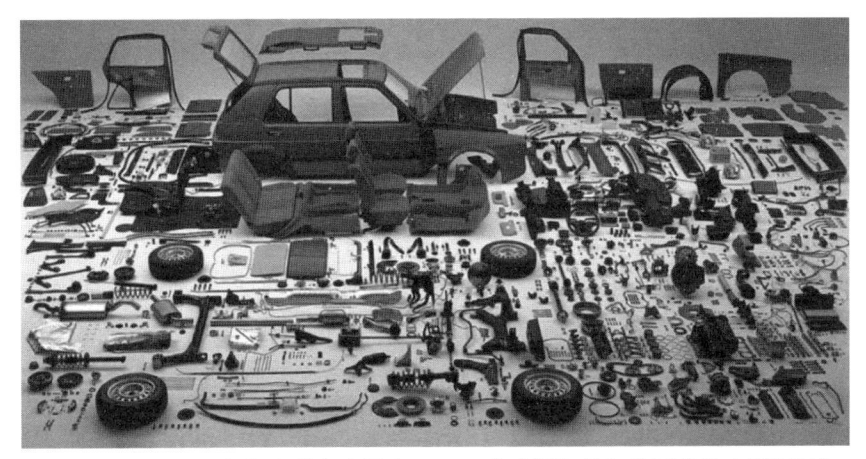

图 8–5　如今，一辆标准的汽车是由 30 000 多个零部件组装而成的（示意图）

图片来源：Aaron 'Tango' Tang.

要获得原始设备制造商供应网络中系统和子系统数量的准确数字是非常困难的。制造商出于很多正当理由严守与供应商相关的信息，其中竞争是最主要的原因。2010 年，牛津大学和克兰菲尔德大学（Cranfield University）的学者对丰田汽车公司的供应经连会（Supply Keiretsu，即丰田供应网络的层级结构）进行了研究，可以说，这些学者是最接近原始设备制造商供应网络的规模的研究人员了。研究报告发表于 2014 年一篇题为《丰田供应网络的结构：实证分析》(*The Structure of the Toyota Supply Network: An Empirical Analysis*) 的研究论文中，确认有 2192 家企业直接或间接向丰田汽车公司供应零部件。研究人员指出，对供应商网络的研究如此之少，以至于直到 2011 年日本东北地震和海啸灾难对供应链造成严重破坏后，该公司才意识到其供应商网络结构的真实状况。2011年，《日本时报》(*Japan Times*)的一篇报道援引丰田汽车公司一位官员的话说："我们认为它是金字塔形的，但事实证明它是桶形的。"看一看报告中的"丰田汽车公司供应网络示意图"，你就会对其复杂性惊叹不已。

拓展企业

汽车的制造工艺并不总是那么复杂。快速浏览一下汽车生产的历史就会发现，世界上第一款价格亲民的汽车——福特T型车依赖于垂直整合和集中化制造流程。福特在20世纪初的装备线创新彻底改变了生产方式，将一辆车的生产时间从12小时缩短至90分钟。大幅缩短组装时间也要求汽车制造商自己生产大部分关键零部件。例如，1926年，汽车制造商从外部供应商处购买的零部件数量只占汽车零部件总数的26%，然而，通用汽车等顽强的竞争对手很快意识到，分散制造的模式更有利于产品创新。给集中式生产最后一击的是20世纪50年代丰田汽车公司领导的精益制造革命以及随之而来的准时制（just-in-time，JIT）生产技术，这项技术不仅重塑了全球汽车制造业，而且引入了被称为"扩展企业"系统的全面组织变革。

扩展企业是克莱斯勒公司在20世纪90年代首次提出的一个术语，用来描述其与供应商的伙伴关系。该公司认为这个系统很重要，于1999年为其注册了商标，并这样定义扩展企业："通过向……供应商和供应商各层级提供流程管理咨询和研讨会来扩展业务关系，以缩短周期时间，最大限度地降低系统成本并提高供应商提供的商品或服务的质量。"

扩展企业的供应链管理方法对克莱斯勒公司和汽车制造商以及汽车零部件制造商都非常有效。克莱斯勒公司在其总裁托马斯·斯道尔坎普（Thomas Stallkamp）[①]的领导下将这种方法与供应链成本降低计划（Supplier Cost Reduction Effort，SCORE）结合使用，在大约10年的时间里节省了55亿美元的成本。天合汽车（TRW Automotive）集团也采用了类似的SCORE方法，在前五个月就节

---

① 托马斯·斯道尔坎普被广泛认为是扩展企业方法之父。

省了 63 亿美元。受这些成功的启发，汽车制造商们纷纷扩大了企业体系，让供应链上的从采购到交付再到售后服务的所有各方都参与进来。

然而，就像任何层级系统一样，扩展企业系统随着时间的推移已经变得僵化。汽车制造业目前面临的增长缓慢和交货时间漫长进一步加剧了挑战。而且，扩展企业也无法对其他一些问题做出快速响应。甚至有事实表明，它可能会导致一些问题。美国人正在为新车和新卡车支付比以往任何时候都多的钱。2018 年 1 月，汽车的平均交易价格达到了创纪录的 36 270 美元，主要原因是汽车零部件价格的飙升。2018 年 2 月，芝加哥的消费汽车记者吉姆·乔泽兰尼（Jim Gorzelany）在《福布斯》杂志的一篇文章中指出，汽车零部件的更换成本已经高得离谱。此外，暴涨的成本也助长了汽车盗窃案的增加。

扩展企业模式在汽车行业发挥了很好的作用，使该行业成为历史上最复杂、最具弹性的行业之一。它只需要一些改进，就可以使系统更加敏捷，响应更快。有关在汽车行业使用区块链的持续讨论关注的正是区块链在帮助系统变得足够敏捷，以应对与日俱增的挑战方面的作用。

管理复杂性：让扩展企业再次伟大

解决系统僵化问题的方法是改善企业系统内各合作伙伴之间信息交换和采取行动的方式。连接原始设备制造商与供应商的信息系统是基于电子数据交换（electronic data interchange，EDI）的。EDI 是一项有 50 年历史的关注内部的技术。正是汽车行业实施了为全球所遵循的 EDI 标准（ANSI ASC 是美国的标准，EDIFACT 是欧洲及其他地区的标准）。基于 EDI 的文档涵盖了所有类型的交易通信，包括采购订单、发票、提前发货通知，当然，货币工具除外。

企业通过 ERP 系统的后端业务系统捕获（或中继）EDI 文档，以便进行进一步处理。仓储管理方案、运输管理方案和配送流程管理是 ERP 模块的一些例子。

尽管技术不断进步，但从现有的 EDI 到 EPR 的通信、解释和执行系统仍面临着很多限制了其响应能力的挑战。将区块链与企业系统集成不仅可以解决这些问题，而且还将创建一个高度敏捷的自动化系统，助力行业转型。让我们来了解一下系统性挑战、区块链如何提供帮助以及将区块链技术应用于此目的的用例。

首先，我们简要回顾一下区块链的独特优势。区块链是一个共享的、不可篡改的、可扩展的、加密的安全文档，可确保可追溯性和真实性，无需中间商即可提供点对点信任，并允许使用智能合约实时购买资产，从而降低成本、缩短交付周期和降低风险。现在，让我们思考一下现有系统的挑战以及区块链的适用用例。

对差错说不

供应商和原始设备制造商在其自定义的 ERP 系统上操作意味着信息必须通过无数个集成点，所以经常导致库存协调问题。在每个集成点都需要 ERP 用户从不同来源收集数据，并及时、准确地录入。这个过程很容易出错，而且非常耗时。例如，制造商经常抱怨从供应商处得到的数据的质量非常差。此外，影响任意节点数据质量的问题通常是在会计环节发现的，这可能会对财务造成重大影响。

基于区块链的记录无需多次手动录入，而且它们是防篡改的。简单地说，当一家公司在其区块链分类账上记录时，区块链软件会在网络中所有对等点的仪表盘上复制该记录。而且，你可以将 EDI 和 ERP 数据无缝、无差错地传输至区块链，即在任何集成点都无需手动录入数据。例如，区块链在供应链中的一个用例是，在 ERP 系统中保存的采购订单和采购协议等采购信息可以转换为区块链驱动的数字格式，这种格式可以在互不兼容的 ERP 系统中使用。因此，整个供应链中数据的完整性确保了减少订单差错，改善了准时制物流，提高了库存周转率。

IT 供应商已经开始推出区块链–ERP 系统集成。2017 年 1 月，金融服务提供商 Finlync 公司创建了全球首款面向 ERP 系统的隐式区块链集成。同年，总部位于挪威的 Skye Consulting 公司开发出了区块链与 SAP 的集成，为财务、人力资源和供应链提供解决方案。现在，市场上已经有很多用于各类 ERP 解决方案的区块链集成了。

无缝且透明的供应链

物流公司乔达国际（Geodis）集团在 2017 年对 623 家公司进行的一项全球性调查显示，供应链可见性在 2017 年上升为排名第三的战略优先事项。然而，77% 的受访公司要么没有可见性，要么可见性有限。只有 6% 的公司有完全可见性！

咨询公司毕马威（KPMG）表示，对供应链可见性的需求不仅仅来自制造业的 OEM，监管机构也很坚持。2016 年，欧洲汽车制造商及其供应商被要求通过发布一套新的标准来协调汽车供应链中不同的评估和认证体系。毕马威的艾里奇·甘彭雷德尔（Erich Gampenreider）指出："所有欧盟汽车制造商都同意确保每一辆汽车的零部件都能受到监控，这样每家公司就能知道这些零部件的来源及其生产方式。"

对企业而言，供应链的可见性已变得越来越重要，因为这提供了一系列竞争优势，包括更好地监控流程、减少纠纷、提高风险预见性和敏捷性、更高的客户满意度，以及最重要也更强的盈利能力。

2016 年，在加拿大多伦多举行的 LinuxCon 大会上，IBM 院士（企业解决方案方面）唐娜·迪伦伯格（Donna Dillenberger）展示了一个区块链用例，让听众了解了 IBM 公司在过去两年中发生的一些不可思议的事情。迪伦伯格女士告诉听众，IBM 公司已将其计算机制造部门的供应链整合到了区块链上。结果是惊人的。IBM 公司制造的是大型计算机、企业服务器和存储区域网络硬件，在全球有 4000 家供应商和合作伙伴，每年（在会议召开时）产生约 25 000 起纠纷。通常，当 IBM 公司和其中一家供应商对某张发票或货物装运的付款出现不一致时会产生纠纷。截至 2015 年，IBM 公司在给定时间点有近 1 亿美元困于其供应链，有争议发票的金额平均为 3.1 万美元。解决一起纠纷大约要花一个半月的时间。通过实施区块链，IBM 公司及其供应商都可以逐一验证从采购订单到汇款的整个过程，使解决纠纷的平均时间缩短至 10 天以内。受该项目成功的鼓舞，IBM 公司于 2016 年与 IBM Global Finance 的六名成员启动了一个概念验证项目。IBM Global Finance 是 IBM 公司为其供应商和合作伙伴提供融资服务的分支机构，每年管理着价值超过 500 亿美元 IT 软硬件。

同样，区块链赋能的汽车供应链的透明度提高可以使文档（如买方银行开具的信用证和汽车制造商的提单）得到更快速的处理，从而大幅缩短了供应商、银行、进出口管理机构与原始设备制造商之间的结算时间。同样重要的是，这将帮助原始设备制造商更快地从终端用户那里通过分销商和经销商收到交付的汽车的货款。已经为 IBM 公司的计算机供应链赋能的区块链自执行智能合约，甚至可以使整个流程自动化。智能合约可以确保交付的内容和交付内容的支付。

当然，按时结算的一个受欢迎的"副产品"将是改善供应商的绩效。作为扩展，连接的物联网传感器和智能设备可以衡量集装箱的状况和其他信息，这些信息可以被记录在区块链上，并在发生货物损坏等情况时通知最终结算。

例如，德勤公司的 TraceChain 解决方案为供应链中的实体货物创建了数字身份，并实现了对成品和材料的跟踪和追溯。

建立信任

在同一场演讲中，迪伦伯格女士和听众分享了与 IBM 公司合作开展区块链项目的公司要求增加一些额外的功能。

首先，这些公司希望为谁能够看到它们的数据设置权限。其次，它们还希望区块链上的每条记录都必须留下数字签名，以便它们知道谁输入了特定的记录。如今的区块链解决方案（如 IBM、SAP 和 Intel 等技术领袖都在使用的 Linux 基金会的超级账本）都已内置了这些功能。超级账本的区块链解决方案和相关工具都是基于"许可"的，用行业术语说就是，每个条目都有一个遵循既定协议的数字签名。

这些公司的担心并非没有根据。供应链合作伙伴有理由隐瞒敏感的成本数据（如产量和零部件价格），因为公开这类信息可能不利于它们的竞争优势。艾睿铂于 2018 年发布的一项研究报告显示，近年来旨在弥补汽车零部件缺陷而进行的召回以每年 30% 的惊人速度增长。2016 年是汽车召回创纪录的一年，仅美国就有 5200 万辆汽车被召回。该研究称，2016 年，美国汽车制造商和供应商共支付了近 118 亿美元的索赔，加上 103 亿美元的应计保修费用，总计 221 亿美元，比上一年增长了 26%。

《财富》杂志发布的一份报告称，自 1966 年以来，美国总共召回了近 4 亿辆汽车。最常见的召回原因是安全气囊充气机爆炸、车轴或转向部件、刹车、车胎、车轮、有缺陷的安全带和引擎部件损坏。

这说明有以下两种可能性：要么是汽车制造商及其供应商重视的是降低成本和创新，而不是消费者安全；要么是由于固有的系统性问题致使它们无法解决日益严重的危机。综上所述，正如本章前面所指出的，问题似乎在于后者。汽车行业的供应链已经变得过于复杂，无法达到消费者预期的安全水平。

日益提高的复杂度和供应链可见性的缺失也影响了价值 7400 亿美元的全球汽车售后服务行业，该行业难以满足不断增长的库存需求，因此为假冒零部件留出了足够的发展空间。

据欧盟知识产权局（European Union Intellectual Property Office，EUIPO）估计，每年仅假冒轮胎和电池所造成的损失就超过 2 亿欧元（约 22.6 亿美元）。在美国，海关在 2016 年共查封了 31 560 批与汽车零部件有关的货物，零售总额为 14 亿美元。

全球最常见的假冒汽车零部件包括离合器箱、刹车片、照明灯、点火线圈、轮辋、挡风玻璃和安全气囊，其中很多零部件都可能造成直接的安全隐患，如果出现故障，就可能会导致严重的事故。

与物联网传感器连接的基于区块链的解决方案可以纠正这些问题。通过使原始设备制造商和供应商获得实时的、端到端的监控，有助于减少汽车召回的数量。原始设备制造商和合同制造商可以依靠智能合约，通过违反预设的阈值（如在一定时间内连续振动）来重新订购有损坏或缺陷的零部件。这些应用程序可以针对这些车辆发布具体的召回或维保公告，从而减少对客户的干扰，降低召回成本。它们还将跟踪召回的状态，这可以用于向监管机构报告监管情况。

从客户的角度看，服务中心和车主可以通过追溯供应链中的每一个步骤，直至其原始生产日期和地点，来发现假冒的售后配件。

SmartID（实体的数字 ID，用于区块链上的数字资产、合同和工作流程）、TraceChain 和德勤的 ArtTracktive（一个概念验证项目，提供一个分布式分类账来跟踪物品的来源和位置）等解决方案正在被用于解决汽车召回和假冒汽车零部件的问题。

售后和转售服务

消费汽车金融是区块链用例的一大应用领域。金融服务提供商可以通过查看汽车的驾驶、销售和保养方面的历史记录，为汽车的转售和租赁提供适当的融资服务。通过进行"了解你的客户"调查、记录租赁合同和在车辆归还时自动付款，此类应用程序有助于将车辆租赁给客户的过程自动化。例如，2017 年 6 月，戴姆勒公司和德国巴登 – 符腾堡州银行（Landesbank Baden-Württemberg，LBBW）联合使用区块链技术执行了一笔金融交易。戴姆勒公司通过 LBBW 发行了 1 亿欧元（约 1.26 亿美元）的一年期公司债券。整个操作——从贷款协议的发起、承销、配置和执行到利息支付的确认）——都是使用 TSS（戴姆勒公司的 IT 部门）和 Targens（属于 LBBW）合作开发的区块链技术、以数字化方式进行的。

目前，行车里程是确定车辆返修价值最关键的参数。宝马和奥迪等顶级汽车品牌通过汽车融资和租赁赚了很多钱，这就是为什么它们对维持租赁或被转让后回归市场的车辆的残值如此上心。2018 年 5 月，宝马和 Alphabet（谷歌的母公司）与加密初创企业 DOVU 进行了第一次试点，使用区块链用例来使里程收集过程实现自动化。

同样，保险公司可以使用区块链向用户支付汽车维修费用和共享数据，这些数据将用于精算估值和提请保修索赔。

丰田汽车的远程通信汽车保险部门正在与日本的 Aioi Nissay Dowa 保险公司和区块链平台 Gem 合作，为一款类似的应用程序——丰田保险管理解决方案进行概念验证。三位合作伙伴正在搭建基于汽车使用状况的保险平台，该平台可以根据车辆的使用状况信息来设定保险费率。同样，carVertical 的区块链工具会从不同来源（包括国家和私人登记机构）收集汽车的历史信息，帮助用户找到发现里程欺诈和事故的方法。

汽车品牌还可以使用区块链，并根据购买历史向客户和经销商发放忠诚度积分。忠诚度积分可以在原始设备制造商忠诚度网络（其中包括零部件供应商和服务中心）中作为货币使用。忠诚度和奖励平台 Loyyal 正在使用区块链和智能合约技术来完善忠诚度计划。

汽车工业 4.0 时代的区块链

2018 年 11 月 26 日，通用汽车公司宣布将裁员 14 000 多人，并关闭其在美国和加拿大的五家工厂，到 2020 年可节省现金开支 60 亿美元，这完全出乎大部分投资者和消费者的意料。该公司表示，其目标是根据"零事故，零排放，零拥堵"的新方针，将生产重心转向电动汽车和自动驾驶汽车。

2018 年 4 月，福特宣布将停止在北美地区的所有轿车生产，希望在 2021 年推出数千辆自动驾驶汽车。Alphabet、苹果、特斯拉和优步等新生代企业正在投资数十亿美元来打造未来的汽车。

百科全书网（Encyclopedia.com）关于汽车行业发展的研究论文显示，汽车行业的发展经历了三个阶段：（1）手工生产（1890 年至 1908 年），在这个阶段，众多小型汽车制造商竞相建立标准的产品和流程；（2）大规模生产（1908 年至 1973 年），由亨利·福特提出的移动装配线开始应用；（3）精益制造（1973 年至今），由丰田汽车公司领导，引入了革命性的产品开发和生产管理流程。业内人士认为，电动汽车的复苏以及自动驾驶汽车、互联网汽车和共享出行服务的兴起将推动汽车行业的发展进入第四个阶段。业界领袖似乎也同意这一点，通用汽车、丰田汽车、保时捷和戴姆勒等公司都在全力整合区块链、人工智能和物联网等新兴技术，以开发出更新颖的车辆和车队管理解决方案，其中包括路线规划、支付系统、数字内容和共享移动出行的接入服务。以下我们将介绍一些为汽车工业 4.0

时代部署的区块链与其他技术结合的用例。

- 总部位于德国的区块链和物联网初创企业 Slock 正在开发一种点对点电动汽车充电站。该公司正在与德国能源公司莱茵集团（RWE）合作，以帮助用户使充电过程自动化。
- 为了改善拼车和叫车服务，基于区块链的应用程序可以让来福车（Lyft）和优步等服务提供商为订阅服务的用户提供适合其出行偏好（如座位设置和温度等）的车辆。
- 德国采埃孚（ZF）集团与瑞银和 IBM 公司合作开发的汽车电子钱包平台将使用户能够支付通行费、停车费、信息娱乐服务或汽车共享费用。新闻稿显示，汽车电子钱包的首个试点项目即将推出。
- 丰田研究院（Toyota Research Institute）与 Oaken 创新公司合作开发了另一种移动支付解决方案，支持汽车共享、车辆使用授权和互联自动驾驶汽车。
- Oaken 创新公司是一家物联网和区块链初创企业，也是最大、最常被提及的大型汽车制造商和科技初创企业区块链联盟——移动开放区块链计划（Mobility Open Blockchain Initiative，MOBI）的成员之一。MOBI 于 2018 年推出，合作伙伴包括宝马、博世、福特、通用汽车和雷诺等汽车制造商，它们占全球汽车产量的 70% 以上。MOBI 旨在加速区块链和相关技术标准的采用和推广，以造福汽车行业和消费者。该联盟最近发起了 MOBI 大挑战（MGC）竞赛。新闻稿宣称，预计 MGC 的获胜者将展示区块链和相关技术（分布式账本、密码学、代币和共识机制）如何利用车辆的连接和算力来拓展自动驾驶汽车的"有效感知范围"，使出行更安全、更快捷、更高效和更方便。

汽车行业一次又一次地成为先驱（如装配线、精益制造和准时制生产）和革命性技术和流程的早期采用者，在准备和快速采用分布式账本技术方面依然如此，这些技术具有重塑所有行业的潜力。

各种场景中的区块链与其他技术：值得考虑的问题和挑战

在本章中，我们探讨了区块链在供应链场景中发挥作用的各种不同用例。第一个用例是关于集装箱航运的，重点介绍了 IBM 公司 – 马士基公司的项目以及涉及 90 多个参与方的 TradeLens 跨国联盟。第二个用例是创建基于区块链的可持续和环境友好的棕榈油供应链。第三个案例是关于汽车行业结构的，尤其是合约制造供应链。这些用例不同寻常的多样性表明，区块链作为一种革命性技术可能具有巨大的潜力。

我们可以从这些用例研究和前几章的内容清楚地看出，区块链带来了一些根本性的新功能，以创建更大的信任，并减少供应链合作伙伴之间基于数据的交互摩擦。它创建了一种共享知识的方式，这些知识不仅可以在全球范围的供应链中的所有公司之间共享，而且当出于业务需要时，也可以在特定的公司之间共享。由于区块链技术的不可篡改特性，它共享的数据更可信。收到某些信息的所有各方都可以确信自己收到的信息和其他方收到的信息在内容和接收顺序方面是一致的。它允许使用自主、透明和公平的计算方式，有恶意或自私的参与者很难轻易对其进行篡改。它支持创建和执行智能合约，这些合约由业务逻辑触发，以完成从下订单到在合作伙伴之间运输再到支付的所有操作。

在这些用例和其他类似用例的场景下，有以下几个与技术相关的问题值得我们思考。

1. 公有链与许可链。正如我们所讨论的，供应链应用实质上可以使用两类区块链技术，因此我们必须决定要使用哪类技术。以太坊或 EOS 等公有链的安全性更高，因为它们在更多的节点上运行，本质上更加开放，允许更灵活的参与；然而，对于交易处理频次高的业务应用而言，它们的速度相对较慢且扩展性较差。另一方面，Hyperledger Fabric 等许可链系统在原则上速度更快，但在允许参与者交互之前需要一些集中许可条件。对公有区块链启用权限的新型混合系统尚在开发中，但可能需要几年时间才能满足很多应用程序的性能要求。

2. 联盟治理。在将各种业务网络加入区块链时，它们必须在一个联盟（如由 TradeLens 组织的集装箱运输联盟）的背景下"走"到一起。但是，各方必须认真考虑这样一个联盟的治理规则，从而使整个生态系统被视为公平和值得信赖的。即使是确定以区块链为基础的供应链联盟的形成和运营的最佳实践，目前也为时尚早。

3. 标准与互操作性。不同领域的不同行业，甚至同一行业中的不同企业，可能会使用不同的数据和运营管理软件（如 ERP 和 CRM 系统），并且需要通用的数据标准才能上传和下载使用区块链共享的数据。虽然以前有在供应链的某些方面采用了通用数据标准（如 GS1 标准）的用例，但未来采用区块链技术将需要更多的标准化工作。现有的软件工具将需要增强或与新的网关软件集成，以将它们连接到区块链。此外，在供应链中采用物联网系统的新进展也将带来挑战，例如，集装箱中用于监控温度敏感商品在途状况的温度传感器可能需要连到基于区块链的验证或智能合约，以自动方式触发相关操作（如付款或拒收一批已交付的货物）。

4. 设备完整性。虽然区块链可以保证分类账上的数据是防篡改的，但它无法保证数据来自一个合法来源（只有输入数据的源拥有特定的密钥）或源数据本身在硬件层面未被篡改。

5. 身份和访问管理。同样，为各种供应链用例开发许可链的关键点和挑战在于在多层级上对身份（从设备身份到个人身份和相应的访问权限再到组织身份）进行管理。

6. 隐私。《通用数据保护条例》等新法规的出台对保存从其他实体获取的隐私敏感数据提出了严格的要求（包括废止数据访问权限的可能性），设计用于共享数据的系统时必须非常谨慎，确保以符合法规的方式管理隐私敏感数据，避免数据资产变成数据负债。

随着区块链技术的发展以及在供应链中采用本章所述的用例，我们也必将解决上述挑战。

Blockchain and
the Supply Chain

第 9 章

经济影响和未来前景

在本书前面的章节中，我们追溯了数千年贸易和商业的发展轨迹，包括从人类第一次走出非洲的移民浪潮到现在以及未来现代化城市的发展。我们探讨了供应链的演变，它使人们以商品和服务为载体在各大洲交流思想，还探讨了区块链的基础，以及物联网、人工智能、机器学习、机器人流程自动化等技术如何为不断进化的生态系统提供支持。我们的目标是通过这些章节搭建的认知基础，帮助未来的供应链领导者认识到区块链与新兴技术的结合将如何帮助他们改变供应链。然而，组织仍在为何时、为何以及如何参与实现其传统供应链网络与新兴技术的集成而犹豫不决。

区块链经济

问题依然存在，你的组织应该在何时实施区块链？你该投入多少资金？有没有关于投资回报率（ROI）的案例？它是否超出了内部预设的最低回报率？我们是否应该等待市场成熟再迎头赶上？我们为什么应该率先入局？有先发优势吗？如果有，是什么优势？关于区块链技术及其实施还有很多问题，这是很正常的。然而，在当今这个混乱的世界中，组织必须进行范式转变，即从专注于投资回报率的传统方式转变为专注于创新投资回报率（ROI^2）。这是我们刚刚创造的一个术语，也许它有潜力成为流行语，因为它反映了时代的要求。关于 ROI 与 ROI^2 的对比详见图 9–1。

```
传统意义上的 ROI          =    收益      -    投资
（投资回报率）                (年 = 0)        (N = 1)
                              ─────────────────────
                                     投资
                                    (N = 1)

ROI² 新范式              =    收益      -    投资
（创新投资回报率）            (年 > 3)        (N > 1)
                              ─────────────────────
                                     投资
                                   *(N > 1)

* N > 1，多数情况下，在一揽子创新项目组合里，有 10 ~ 20 个小项目
产出 ROI²。
```

图 9-1　ROI 与 ROI² 的对比图

图片来源：NVyas.

传统意义上，当我们配置资本并希望产生回报时，ROI 时钟就开始滴答作响了，以 0、1 年等计算。自然，组织会开始专注于更快地获得回报。而 ROI² 是一个不同的概念。我们可以从一位农民的角度来理解它。这位农民花 100 美元买了 100 颗种子，并把这些种子种了下去，他心里很清楚，并非每颗种子都能结出果实。他明白需要将他的精力和资源用在那些发了芽的种子上，这一策略将在有限的资源上产生更多的回报。今天的创新组织也在遵循这个简单的策略。这种 ROI² 策略的工作原理是将你的投资分配给各种潜在机会，但只培育那些有望取得成果的机会，而不是一次只专注于一项投资。实际上，一位经验丰富的 ROI² 领袖会同时进行多个尝试。我们希望通过书中提到的用例和未来更多的分享来吸引这些未来的领袖，为创建一种内部观点提供一个具体的理由，以确定所有可能的实现领域。

组织必须意识到创建 ROI² 范式的迫切需要，以便能够生存下去并利用许多正在重塑世界的强大力量。事实上，区块链技术的快速进化和业界对它竞相追逐的原因正是这项技术与这些力量实现了很好的融合。让我们了解一下其中的一些力量以及如何证明区块链只是加速这些进程的应用程序。

全球化的逆流

过去三年中三个重大的发展可能向观察家表明，以我们在过去 30 年间所看见的形式兴起的第一波全球化浪潮可能正在消退。2019 年，英国计划退出欧盟，标志着为期两年的脱欧进程可能即将结束。2017 年 1 月 23 日，美国总统特朗普签署了一份总统备忘录，指示美国贸易代表"让美国退出跨太平洋伙伴关系协定（Trans-Pacific Partnership Agreement），并在可能的情况下开始进行双边贸易谈判，以促进美国工业、保护美国劳动者和提高美国的薪资水平"。跨太平洋伙伴关系协定是包括美国在内的 12 个国家拟定的一项贸易协定，旨在降低签署国之间的关税壁垒，建立投资者 – 国家争端解决机制。

最近的这些发展对国际贸易的未来预示着什么？这是全球化终结的开始吗？我们会回到 20 世纪 50 年代之前的经济民族主义时代吗？这对全球供应链而言意味着什么？答案是，全球化是不可逆转的。未来，国际贸易即便失去主要经济体的积极支持，也仍将继续向前发展。毕竟，全球顶级跨国企业都已实现了大规模扩张，并在使其供应链的成本、竞争优势和质量多样化方面投入了大量资金。例如，苹果公司在全球 30 多个国家都有供应商；波音飞机大约 30% 的零部件都来自美国以外的供应商（如图 9–2 所示）。

未来的贸易协定和多边谈判很有可能会在组织之间进行，并通过部署区块链等技术来实施。因此，贸易谈判将不会出现动辄数千页的详细描述规则和法规的文档，它将是流程驱动的，而且基于区块链的跟踪和追溯功能将验证和执行双方共同商定的条款。这将为新兴国家和不发达国家打造一个公平的竞争环境，使它们能够真正地专注于经济增长。

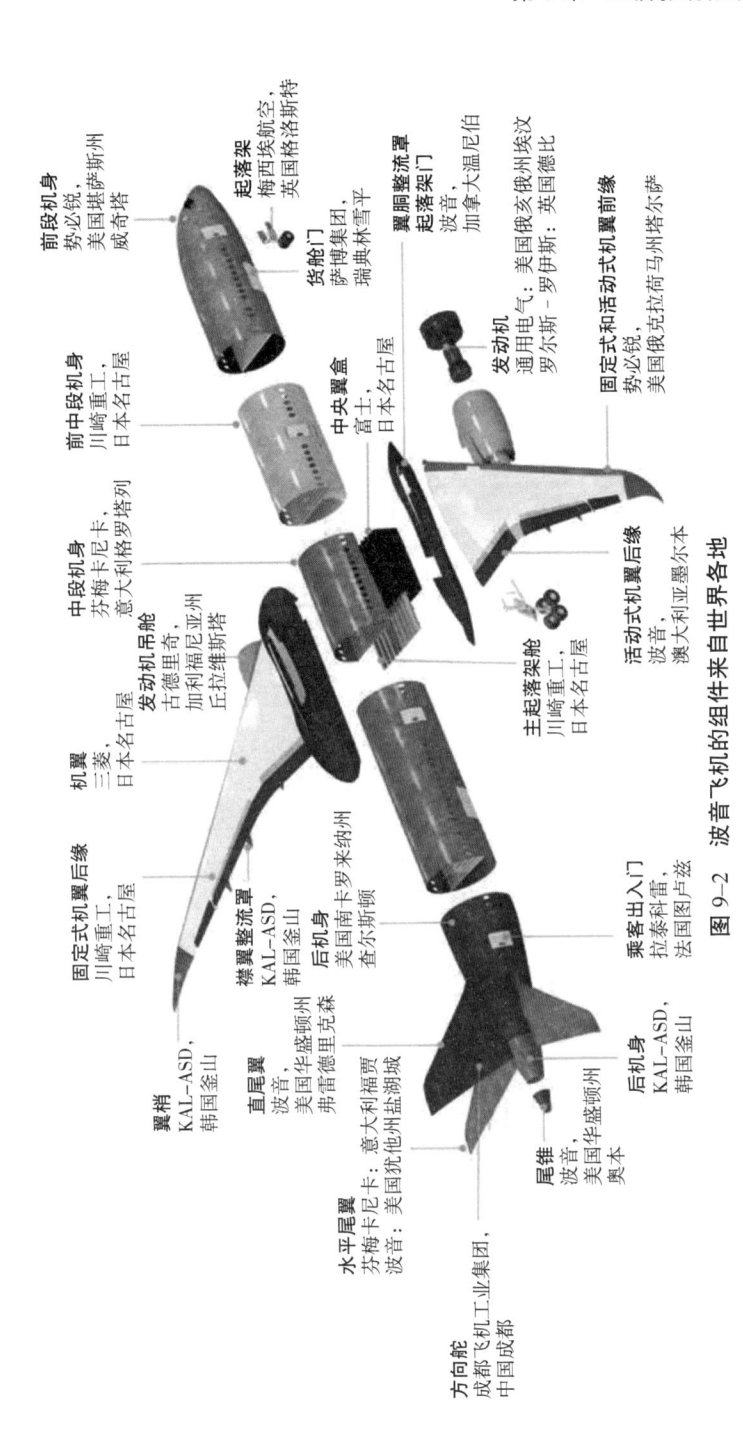

第 9 章　经济影响和未来前景 / 241

前段机身
势必锐，
美国堪萨斯州
威奇塔

起落架
梅西埃航空，
英国格洛斯特

货舱门
萨博集团，
瑞典林雪平

翼胴整流罩
起落架门
加拿大温尼伯

发动机
通用电气，美国俄亥俄州埃文代尔，
罗尔斯-罗伊斯，英国德比

固定和活动式机翼前缘
势必锐，
美国俄克拉荷马州塔尔萨

前中段机身
川崎重工，
日本名古屋

中翼盒
富士，
日本名古屋

中段机身
芬梅卡尼卡，
意大利格罗塔列

发动机吊舱
古德里奇，
加利福尼亚州
丘拉维斯塔

机翼
三菱，
日本名古屋

主起落架舱
川崎重工，
日本名古屋

活动式机翼后缘
波音，
澳大利亚墨尔本

固定式机翼后缘
川崎重工，
日本名古屋

襟翼整流罩
KAL-ASD,
韩国釜山

后机身
美国南卡罗来纳州
查尔斯顿

乘客出入门
拉泰科雷，
法国图卢兹

翼梢
KAL-ASD,
韩国釜山

垂尾翼
波音，美国华盛顿州
弗雷德里克森

水平尾翼
芬梅卡尼卡，意大利福贾
波音：美国犹他州盐湖城

尾锥
波音，美国华盛顿州
奥本

后机身
KAL-ASD,
韩国釜山

方向舵
成都飞机工业集团，
中国成都

图 9-2　波音飞机的组件来自世界各地

图片版权归波音公司所有。
图片来源：波音公司。

在线市场

近年来，我们见证了共享经济的崛起，如爱彼迎、优步和来福车等，或者借用硅谷的话说，是初创企业让"未充分利用的资产得到了充分的利用"。

短租在线公司爱彼迎对酒店业产生了颠覆性影响。2017年，全球 80 000 多座城市的 300 万人在爱彼迎公司的公寓度过了新年前夜。晨星公司最近发布的一份研究报告指出，爱彼迎公司的市值约为 550 亿美元，超过了其他任何一家酒店集团，包括全球最大的酒店集团、市值 460 亿美元的万豪国际酒店集团（Marriott International）。

成立于 2009 年的出租车服务整合公司优步取得了惊人的成功，并催生了一个新生词语"优步化"（Ubernization），用来指通过远程网络利用未充分利用的产能或技能，提供高度经济化和高效的服务。这个行业的主要市场驱动力是技术创新，包括库存感知自动化、仓库执行系统（仓库管理系统的升级版）、物联网平台、经过优化的运输管理系统和数据分析以及供应链数字化等。

产能的持续增长和跨供应链货运可见性的新兴解决方案也催生了 Freightos 和 Saloodo 等成功的物流电商初创企业，以及 Flexe、Warehouse Exchange 和 Flowspace 等按需仓储企业。

物流服务的在线市场正在实现一个长期以来的承诺，即利用闲置产能而不是为峰值需求扩充产能，从而实现全球运输和仓储网络的"优步化"，所有这一切都是闻所未闻的。在线产品和服务市场的成功将推动区块链和集成技术的采用，以扩大规模、提高效率和降低运营成本。

超大城市和千禧一代消费者

超大城市一般拥有超过 1000 万的庞大人口数量。美国有 15 个新兴的超大城市；其他新兴的超大城市分布在世界各地，它们可以帮助我们更好地了解新兴市场在哪里以及为什么会出现新兴市场。

在接下来的10年里，全球范围内超大城市的数量将显著增加。到2030年，有12座城市有望进入超大城市的行列，它们是波哥大、拉合尔、利马、卢安达、约翰内斯堡、艾哈迈达巴德、海得拉巴、班加罗尔、钦奈、曼谷、成都和胡志明市。值得注意的是，这些城市并不位于美国和欧洲的衰退市场，而是遍布亚洲和南美洲的新兴市场。

"千禧一代"指的是新千年开始时进入成年期的人口统计学群体。根据皮尤研究中心（Pew Research Center）的定义，千禧一代指的是出生于1981年至1996年之间的人。与他们的前辈相比，他们更有可能生活在这些位于新兴市场的超大城市，属于不断壮大的中产阶级，他们可以凭借技术、更多的可支配收入和更高的受教育水平等优势进入全球市场。

得益于他们的受教育水平和技术熟练程度，千禧一代消费者更有可能在全球（而非本土或国内）背景下感知他们的经济或社会状况。他们更倾向于快捷、便利、可获得的零售体验，也更喜欢致力于可持续供应链和企业社会责任的零售商，他们甚至愿意向这类零售商支付更多的钱。

此外，千禧一代的中产阶级已经成为新兴市场消费支出的引擎。如果我们按地域划分千禧一代的中产阶层，那么很明显，这一代中的多数人将集中在新兴市场。到2020年，东南亚联盟地区的中产阶级收入群体将超过1亿人。

摩根士丹利的一份报告指出，到2020年，印度将有4.1亿名千禧一代，他们每年的消费将达到3300亿美元。麦肯锡发现，占中国人口总数16%的九零后将"将帮助中国经济向消费驱动型经济转型，因为他们有消费倾向"（如图9-3所示）。

同时，专家预测，到2020年，非洲中产阶级家庭的平均收入将达到20 000美元或更多。通过研究这一群体对可支配收入的使用以及关于消费的理念，人们能感受到这对消费和供应链造成的影响。

39% 享乐派	27% 追求成功者	16% 佛系一族	10% 节俭一族	8% 宅系一族
86% 的人认为成功意味着追求幸福的生活（全体为43%）	64% 的人认为富裕就是成功（全体为55%）	32% 的人认为"只要努力工作，你就能改变人生"（全体为45%）	48% 的人更愿意为尝试新鲜事物而花钱（全体为34%）	96% 的人让父母为其购买大宗商品（全体为21%）
54% 的人不关心品牌，只关心实际的产品（全体为44%）	58% 的人喜欢就买（全体为41%） 更少的人 倾向于未雨绸缪：只有28%的人认为应该常备不时之需（全体为39%）	更少的人 不倾向于为新技术花高价（27%，全体为37%）	38% 的人认为产品越贵，质量越好（全体为25%） 42% 为自己能买得起轻奢产品凸显品味而自豪（全体为33%）	47% 的人愿意购买最新的科技产品（全体为37%） 54% 的人喜欢寻找优质产品并愿意接受更高的价格（全体为41%）
53% 的人愿意为环境友好型产品支付更高的价格（全体为46%）				

图 9-3 中国的九零后消费者有不同的倾向

注：括号内为调查人口的统计数据。
图片来源：麦肯锡中国，2017 年。

除了千禧一代个人的旅行和零售消费目标之外，人们还普遍认为企业和零售商应该对资源短缺、气候变化和收入不平衡等一系列社会问题施加正面影响。这对零售商（以及新兴的电子商务市场）在未来的运作方式产生了很大的影响。城市中心的崛起和千禧一代享有的更大话语权这两大趋势将推动企业利用机器人、自动驾驶汽车、机器学习、人工智能等技术与区块链集成来驱动效率的提高。

产业日益复杂化

汽车、耐用消费品、制药、食品和航运等行业都面临着三个共同的挑战：日益复杂的供应链、日益增长的市场不确定性以及满足客户快速变化的需求。所有这些行业都找到了区块链的用例。汽车制造商已经开始为供应链的所有节点开发基于区块链的解决方案，从采购、制造、供应商关系管理、保险、售后和服务，到车联网和自动驾驶汽车等创新服务。

在航运业，最大的航运企业马士基公司已经与 IBM 公司共同搭建起一个基于区块链的平台 TradeLens，将港口、码头运营商和客户聚集在一起，以创建透明度、降低复杂性，使集装箱航运业的利益相关者之间共享相关信息成为可能。沃尔玛、联合利华、雀巢、必和必拓、沃尔特迪士尼、福特汽车、西门子等大公司都在探索区块链的各种用例。最近，《福布斯》杂志报道称，福布斯全球 200 强企业中约有 50 家正在行动。

区块链标准化与 ROI[2]

供应链行业是协同工作在现实世界中如何发挥作用的典型例子。任何依赖于其成员之间协作关系质量的生态系统都需要多年的不懈努力和调校来实现职能效率。就供应链的生态系统而言，甚至在其尚未成形时，就已经被参与者之间的信任问题所困惑，这些参与者继续表现出不愿进行有效协作的态度。以任何一个行业为例，在仔细研究其端对端供应链网络之后，你一定会发现不同的数据竖井导致了拖慢行业增长速度的低效。例如，来自英国的海外贸易公司会通过电话或电子邮件在贸易伙伴之间收集数据，每批货物浪费约三个小时，而这完全可以通过数字方式完成。英国数字货运代理公司 Zencargo 的最新一项研究显示，总体而言，每年有超过 1 亿小时的时间被浪费在供应链职能方面，每年的成本总计约 19.8 亿美元。据麦肯锡公司测算，在制药行业，由于缺乏透明度和不愿分享数据所造成的信任问题导致供应链效率低下，每年给制药企业造成的损失总额高达 250 亿美元。

解决信任和低效运作问题的关键一步是创建各方都认可的标准。

试想一下美国铁路基础设施发展的历史。如果最初参与建设铁路线的铁路公司，如大干线铁路（Grand Trunk Railway）公司和南太平洋铁路公司（Southern Pacific Transportation Company）决定建造不同宽度和尺寸的铁轨，那么我们今天就不可能扩大我们的铁路系统，并将服务货币化。实际上，在 19 世纪初，美国的铁路公司非常愿意合作，将铁路行业变成寡头垄断行业，但在同意标准票价，以使所有客户都可以享受服务时，情况就不一样了。实业家和银行家 J. P. 摩根也是一家铁路公司的老板，他召集各家铁路公司的总裁开会，就旅客的标准票价达成了一致。我们可以从这个例子中看出：（1）标准的制定必须以提高效率为主要目标，从而使客户受益；（2）制定标准是确保大企业不会相互协作以防止竞争的一种方式。制定标准的一个好方法是搭建一个不是由某个行业、某个实体或企业拥有，而是由所有参与者共享的平台。

互联网工程任务组（Internet Engineering Task Force，IETF）是这样一个很好的共享平台的例子，它是一个决定互联网协议标准化的非营利组织。来自世界任何地方的任何实体，只要具备所需的专业知识就可以成为 IETF 的成员。实际上，IETF 负责开发和管理互联网协议套件（TCP/IP），这是一套使互联网在世界范围内普及的标准。

另一个创建供应链标准的例子是集装箱运输。在讨论 IBM-马士基公司区块链平台时，我们了解了 1956 年引入的集装箱化如何重塑了航运业。只需建造一个 8 英尺宽、40 英尺长、8 英尺高的标准集装箱，就能将装载成本降至原来的 1%。这是最大的一次供应链创新，它推动了航运业的指数式增长，加速了全球化进程。

当我们探讨区块链和集成技术的标准以及它们在供应链中的应用时，需要有一个类似的思考过程。区块链是一项新兴技术。因此，可以理解的是，目前还没有一个既定的标准，而没有这个标准，用户就无法访问区块链，就像设备（和人）在没有执行 TCP 握手的情况下就无法访问互联网，运输人员在不将货物放入标准尺寸集装箱的情况下就不能通过海路运输货物一样。

有几个组织正在致力于为区块链制定标准。问题在于，没有哪个组织的标准被普遍采纳。在英国，英国标准学会（British Standards Institution，BSI）委托兰德欧洲（RAND Europe）公司进行了一项研究，以了解哪些与区块链相关的领域可以采用满足英国利益相关者诉求的标准。BSI 是一家历史悠久的机构，它制定了最早的关于火车机车、机床的标准以及用于质量管理的 BS 5750 标准（它是 ISO 9000 的前身）。BSI 的区块链标准被称为公共可用规范（Publicly Available Specification，PAS）19688。

在美国，这项工作由 IEEE 标准协会来承担，它是美国电气与电子工程师协会（Institute of Electrical and Electronics Engineers，IEEE）的一个负责制定标准的机构。IEEE 成立于 19 世纪，因制定 IEEE 802.11 的 Wi-Fi 标准而闻名于世。IEEE 一直走在技术发展的最前沿，例如，目前 IEEE 正在为车联网和自动驾驶汽车制定标准。它还为区块链开发了一个被称为 IEEE 2418.3 的标准，用于区块链在农业领域的应用。

在澳大利亚，澳大利亚标准协会（Standards Australia）向国际标准化组织（International Organization for Standardization，ISO）提交了一份新技术活动领域提案，以考虑制定支持区块链的标准。ISO 因其质量管理标准（如 ISO 9000）而家喻户晓。自 2016 年 9 月以来，ISO 与澳大利亚标准协会共同创建了一个名为 ISO/TC 307 的计划，旨在制定新的区块链国际标准。

ISO/TC 307 计划目前有 33 个成员国，包括德国、英国、日本、俄罗斯、法国、新加坡、中国和美国等。它目前正在开发 11 个 ISO 区块链标准。

同样，每个行业都在开发一个或多个协作平台，以推进区块链的应用。例如，Everledger 是钻石行业用于跟踪钻石原产地的区块链应用程序；Hyperledger 是一个由 Linux 基金会主持的开源协作项目，IBM 和 SAP 等主要技术公司都在用它来推进跨行业区块链技术；还有由 IBM-马士基公司驱动的许可链 TradeLens，有望重塑航运业。

我们需要更宏大、更大胆的举措，将所有行业的供应链利益相关者聚集在一起，以形成全球标准。

大学中的课题研究中心可以在创建这样一个由政府和行业参与的共享平台时发挥重要作用。这样的共享平台将为每个人提供一个平等的机会，不仅是贸易方面的机会，而且是充分利用 ROI[2] 的机会。

我们在南加利福尼亚大学马歇尔全球供应链管理中心成立了区块链供应链研究所（Institute of Blockchain in Supply Chain，IBISC）。IBISC 的目标是促进行业利益相关者和与我们合作的不同的政府部门（如美国商务部）的合作，推动区块链在供应链领域的标准化和实施。

未来属于那些向上下游延伸，并寻找机会与其他参与方合作的组织。这只能通过一个集成了透明和协作技术的共享平台来实现。这样的共享平台将带来快速的转型和高 ROI[2]。

用区块链重新想象未来

采用区块链标准驱动的组织将能够创造出一个我们今日无法想象的壮阔未来。

试想一下，在未来，你可以看到食物从农场到餐盘的碳足迹。你可以通过扫描麦当劳汉堡上的标签，了解五个 SKU 中任意一个的端对端供应链。你可以看到种植小麦的农场的位置、农场的土质、在农场工作的员工的数量、员工的工资、将小麦运往仓库的运输公司的名称、小麦被磨成面粉的地方、面粉厂最近一次进行病虫害防治的时间。你还可以了解自己餐盘中那个包装整齐、等你大快朵颐的汉堡在上游的每个节点的碳足迹。想象一下，组织为了成为供应链网络的一部分而必须建立的可信度、信任度和真实性水平。

2018 年，美国因食品污染和疾病暴发而导致的食品召回事件数量有所增加。家乐氏（Kellog's）和嘉吉（Cargill）等公司不得不召回数千种食品。当年 9 月，零售业巨头沃尔玛采取行动，要求所有绿叶菜供应商在一年内将它们的数据上传至区块链。沃尔玛与 IBM 公司共同开发的区块链解决方案不仅有助于提高供应链的透明度，而且有助于未来在食品召回的情况下降低成本。通过将疾病暴发的发生率与源头绑定，零售商可以在食品上架之前确定其来源，并将它们丢弃。

受此启发，星巴克也宣布推出一个试点项目，将区块链纳入咖啡供应链。2018 年，该公司在西雅图召开的股东大会上发布的一份声明显示，在最初的两年时间里，哥斯达黎加、哥伦比亚和卢旺达等地的一些生产商将参与该试点。

同样，棕榈油行业的 SUSTAIN 区块链平台将为棕榈油行业的利益相关者（如经销商和小农户）提供开放的访问权限，他们可以通过下载工具来创建可追溯性、监控政策合规情况、高效地交易新鲜果束、获得最佳实践指导，并了解获取小额贷款的途径等。

区块链将帮助跨国公司确保其在发展中国家承包商所在地公平做事。总部在美国纽约的公司可以检查员工的指纹、面部识别、年龄等生物特征数据。这将有助于该公司防范不得当的操作，如使用童工等。

反思

不管你喜不喜欢，全球化已经开始了且势不可挡。尽管在当前的政治气候下，意识形态的纷争不断，每天都有新的对抗和摩擦发生，尽管英国脱欧和贸易战，但全球经济的增长和因此对经济合作的需求仍将继续加速。得益于各种技术进步，世界正在变得更加一体化。2019年首次亮相的5G比4G快了近100倍，算力的迅速提高将很快使人工智能无所不在。现在，使用3D打印技术可以制造火箭的零部件，手表可以监控心脏状况。所有这些发展都为区块链和集成技术提供了巨大的机遇。

人类真正的机遇在于支持循环经济和可持续发展。然而，与此最相关的是供应链参与者目前无法跟踪整条链上材料、零部件和产品的来源，以使任何一方都能证明自己是否支持循环经济（从产品被创建开始到整个生命周期）。

有一些基于区块链的解决方案已经在这样做了。例如，美国企业家丹尼尔·琼斯（Daniel Jones）推出了一款名为Bext360的区块链软件，它利用物联网、区块链和人工智能在咖啡、海鲜、木材、矿产、棉花和棕榈油的供应链上跟踪商品。Bext360最近与乌干达咖啡出口商Great Lakes咖啡公司和位于美国丹佛的Coda咖啡公司合作，跟踪咖啡豆从农场到浓缩咖啡机的全过程。

归根结底，我们面临的最大危险是关键资源（水、空气和土壤）的流失。使用集成区块链技术不仅有助于保护我们的关键资源，而且可以通过对后代负责并保持端到端的问责制和可见性，保护我们未来几个世纪的关键资源。

Blockchain and the Supply Chain: Concepts, Strategies and Practical Applications
ISBN: 9780749484026

Copyright © Nick Vyas, Aljosja Beije, Bhaskar Krishnamachari, 2019

This translation of Blockchain and the Supply Chain is published by arrangement with Kogan Page.

No part of this publication may be reproduced, stored in a retrieval system or transmitted in any form or by any means, electronic, mechanical photocopying, recording or otherwise without the prior permission of the publisher.

Simplified Chinese rights arranged with Kogan Page through Big Apple Agency, Inc.

Simplified Chinese version © 2022 by China Renmin University Press.

All rights reserved.

本书中文简体字版由 Kogan Page 通过大苹果公司授权中国人民大学出版社在中国大陆地区范围内独家出版发行。未经出版者书面许可，不得以任何方式抄袭、复制或节录本书中的任何部分。

版权所有，侵权必究。

北京阅想时代文化发展有限责任公司为中国人民大学出版社有限公司下属的商业新知事业部，致力于经管类优秀出版物（外版书为主）的策划及出版，主要涉及经济管理、金融、投资理财、心理学、成功励志、生活等出版领域，下设"阅想·商业""阅想·财富""阅想·新知""阅想·心理""阅想·生活"以及"阅想·人文"等多条产品线，致力于为国内商业人士提供涵盖先进、前沿的管理理念和思想的专业类图书和趋势类图书，同时也为满足商业人士的内心诉求，打造一系列提倡心理和生活健康的心理学图书和生活管理类图书。

《金融AI算法：人工智能在金融领域的前沿应用指南》

- 汇集人工智能和金融领域意见领袖和专家的实战经验和真知灼见，颠覆金融领域的传统模式和技术。
- 全面透析人工智能在金融市场、资产管理和其他金融领域的前沿应用和未来发展趋势。

《人单合一：量子管理之道》

- 量子管理奠基人、当今世界最伟大的管理思想家、后德鲁克时代的管理大师丹娜·左哈尔全新力作。
- 用站在未来看未来的量子思维思考后疫情时代的管理创新、组织变革和公司治理。

《凭什么投你：成为独角兽的精明创业法》

- 拥有多年科技企业创业和融资成功经验的精明企业家的创业实战指导，帮助创业者获得投资人青睐，争取最大投资，实现从0到1的创业梦想。
- 本书作者立足于初创企业筹备、成立和早期运营的流程，为有抱负的创业者们提供了一套投资人不会告诉创业者的创业秘诀。

《区块链冲击：改变未来产业的核心技术》

- 葡萄创投创始合伙人、飞鸟社群 CEO 王昆作序推荐。
- 日本 15 位权威专家专业解读骑快了对金融、商业以及个人、社会和世界所带来的深刻变革，前瞻性展望区块链技术未来的发展趋势。

《成为变革领导者》

- 帮助企业管理者提升重要能力，实现从变革管理者到变革领导者的成功转型，以拥抱技术快速迭代、充满不确定性和变数的未来。
- 只有当企业中的每个人都成为变革的推动者，不断提升企业领导者的变革领导力，并根据不同世代员工的特点，激发他们自身变革的意愿，从而自下而上、自发地推动变革，才能实现企业的成功转型。

《微观中国经济之变》

- 11 个行业，31 个企业案例，从中国经济发展的见证者和参与者的角度解码中国经济的变革之道，以微观之例见证宏观之势。
- 中国的发展离不开经济转型。经济转型的主体是企业，因此要通过深化改革让企业将转型和升级作为根本目标，从而推动和实现产业的升级和转型。

《区块链数字货币投资指南》

- 国内极富影响力的权威数字货币平台巴比特团队倾心之作。
- 全面解析区块链数字货币投资价值、趋势与风险，助力投资者掘金未来资本市场的主流战场。
- 本书针对基于区块链技术的数字资产产品种类、投资技巧、风险识别等进行了阐述，对未来数字资产的投资极具指导意义。